에센스 Menu Management

메뉴관리론

김동균 · 김영은 · 이원영 · 이재현
이형근 · 이훈희 · 조재덕 · 한재원

지구문화사
JIGU PUBLISHING Co.

머리말

성공적인 외식사업의 조건에는 철저한 기획과 경영전략, 그리고 관리가 되겠습니다만 그에 못지않게 중요한 요소가 바로 "메뉴의 선택"입니다.

비식과 클릭Hubrt E. Visick & E. Van Kleek은 "메뉴는 고객이 무엇을 어떻게 원하는가?를 찾아서 구매욕구를 충족시켜 주는 식당영업의 강력한 촉진도구"라고 했습니다.

우리는 많은 식당들이 파리만 날리다가 문을 닫는 것을 흔히 보아 왔습니다. 그들의 말을 들어보면 "경기가 좋지 않다." "음식점이 너무 많이 생겼다."라고들 합니다. 모두 틀린 말은 아니지만, 그 와중에도 대박을 치는 식당들은 얼마든지 많습니다. '대박'이 나는 식당을 가만히 들여다 보면 한결같이 '특별히 개발된 메뉴'가 눈에 띕니다.

외식사업자가 메뉴의 성공적인 계획과 제작을 위해서는 고객에게 제공될 여러 종류의 음식을 판매하기 전에 "어떤 재료를 가지고 어떻게 조리하여 어떤 메뉴로 어떤 가격에 판매할 것인가?"를 사전에 종합검토하여 작성해야만 합니다. 아울러 고객과 접촉하면서 끊임없이 경청하고 선호도를 체크하여 메뉴개발에 반영해야 합니다.

그럼으로써 그 지역의 경제적 수준, 사회적 구성원, 공통적인 선호도를 파악하여 많은 고객들이 식도락의 즐거움을 느낄 수 있도록 서비스해야 비로소 '성공한 외식 사업체'가 될 것입니다.

코체바Lemdel H. Koteschevar에 의하면 "메뉴계획은 고객의 음식습관과 선호에 미치는 경제적 · 사회적 · 종교적, 그리고 행태적 영향을 감안하여 계획되어야 한다."라고 했습니다.

이 책은 외식산업 현장에서 실제로 '성공한 메뉴개발자'들과 대학에서 오랫동안 메뉴관리를 연구 · 강의해 온 교수들이 '노하우'와 '강의 노트'를 체계적으로 정리하여 햇빛을 보게 되었습니다.

앞으로도 새로운 메뉴의 요소들을 집대성하는데 최선을 다하고자 합니다. 선후배 여러 교수님들과 메뉴개발에 성공하신 사업자 여러분의 지도와 편달을 바라오며, 독자 여러분의 사랑과 반려자가 되기를 기원합니다.

정유년 성하에

필자 대표

차 례

Contents

차 례

Chapter 05 메뉴 가격결정

Chapter 06 메뉴 디자인

Contents

차 례

Contents

차 례

Chapter 14 음료 메뉴관리

Chapter 1

메뉴의 개념

1. 메뉴의 해석
2. 메뉴에 영향을 주는 요인

Chapter 01.

메뉴의 개념

1. 메뉴의 해석

1. 메뉴의 어원

프랑스어 Minuts에서 유래한 메뉴menu는 영어의 Minute에 해당하는 말로서 "자질구레하다. 상세하다."라는 의미를 가지고 있으며 일반적 발음은 "메뉘"이다.

현재 일상 생활에서는 요리 종목 즉, "식단食單"으로 통용되고 있으나, 메뉴는 원래 주방에서 식재료를 조리하는 방법을 기술한 것이었다.

흔히 우리는, 메뉴가 뭐지? 어떤 메뉴를 먹지? 오늘의 메뉴가 뭐야? 라고 말한다. 이와 같이 메뉴는 "요리의 상세한 목록"이라 정의할 수 있다.

메뉴는 시간과 세대에 따라 많은 변화가 있었는데, 현재는 마케팅의 도구로도 사용되고 있다. 메뉴는 레스토랑의 운영에 있어서는 관리도구이며 소비자에게는 정보를 제공한다. 그리고 고객과 연결하는 커뮤니케이션의 도구이기도 하며 기업의 입장에서는 판매 및 홍보의 도구이다.

메뉴는 1540년 프랑스의 한 공작이 연회를 개최할 때 요리에 대한 내용과 순서를 작성하여 음식을 즐겼다는 데에서 비롯되었다고 한다. 이후로 초대된 손님들도 음식에 대해 관심을 가지게 되었고 메뉴를 궁금해 했다고 하며, 19세기 들어서 메뉴란 명칭이 일반적으로 사용되기 시작하였다.

2. 메뉴의 사전적 의미

웹스터Webster 사전에는 "식사로 제공되는 음식들에 관해 상세하게 기록한 목록

A detailed list of the foods served at a meal"으로, 옥스퍼드Oxford 사전에서는 "연회나 식사로서 제공되는 음식들에 관해 상세히 기록한 목록A detailed list of the dishes to be served at a banquet or meal"으로, 한영사전에서는 "차림표 또는 식단"으로 정의되어 있다.

3. 메뉴의 현대적 의미

고객에게 음식에 관한 설명을 덧붙이고 음식 선택에 도움을 주며 고객의 육체적 · 정신적 만족을 증대시키기 위하여 여러 음식의 품목과 형태를 체계적으로 짜놓은 섬세한 목록이나 차림표로 해석할 수 있다.

4. 경영면에서 메뉴의 의미

① 소비자 욕구의 반영 및 가격, 종류, 구성, 질적 · 양적 메뉴의 품평, 구매, 검수, 입고, 출고 및 먹을 장소와 음식의 선택, 미각과 영양의 촉진, 기호음식의 촉진, 그리고 특별음식의 시식기회 제공을 위한 수단이다.

② 메뉴는 이와 같은 기능을 가지고 있기 때문에 경영상 중요한 역할과 의미를 갖는다.

5. 메뉴의 시대별 트렌드

① 50년대 : 생존단계(자연식품)

② 60년대 : 인식단계(가공식품)

③ 70년대 : 선택단계(패스트푸드)

④ 80년대 : 식도락단계(체인레스토랑)

⑤ 90년대 : 식품의 예술화(초자연 식품)

⑥ IMF 이후 : 식품의 정보화(건강식품)

⑦ 21세기 : 식품의 탈 국적화(기능성 식품)

6. 현대 메뉴의 트렌드

1990년대 중 · 후반 불황으로 인하여 가격 파괴나 절약형 업종들이 강세를 보였으나 경제가 활성화 되면서 소비자들은 점차 합리적인 소비 패턴을 보이기 시작했다. 이런 흐름은 급격한 경기 변화가 없는 한 앞으로도 지속될 전망이다.

양질에 적당한 가격, 개성 추구 욕구, 편의성에 대한 선호, 건강과 환경에 대한 관심 등에 대한 소비자의 요구가 증가하고, 소비적인 면에서는 여성, 아동, 신세대 등을 타깃으로 하는 외식사업들이 상대적으로 불황을 덜 탈 것으로 전망된다.

(1) 고품격 트렌드

대중적인 이미지에서 벗어나 카페 분위기로 변신한 고깃집들이 신세대 고객으로 만원이다. 요즘 신세대들은 중장년층에 비해 인테리어나 환경에 민감하다. 따라서 감각세대를 공략하려면 고품격은 필수 조건이다. 한때는 사양산업이었던 업종들도 고품격으로 옷을 갈아입고 다시 번창하고 있다.

(2) 테이크아웃 트렌드

실속을 중요시하는 요즘 세대들에게 테이크아웃이 일반적인 정서로 자리 잡고 있다. 요즈음에는 매장에서 구입한 음식을 거리를 걸어 다니며 먹는 테이크아웃 문화가 급속히 확산되고 있다. 커피에서 시작되었으나 샌드위치는 물론 심지어 한식이나 중식, 일식, 프랑스 요리에까지 테이크아웃이 적용되고 있다.

(3) 편의 트렌드

모든 쇼핑을 한 곳에서 편리하게 이용하고, 더 나아가 거실에 앉아서 서비스를 받고자 하는 현 추세에 따라서 업종에도 많은 변화가 양산되고 있다. 다양한 분야에서 편의점 형태의 업종이 생겨나고 있는데, 배달 위주의 반찬편의점, 컴퓨터편의점, 인쇄편의점, 건강즙편의점 등 역시 편의를 극대화하려는 고객을 겨냥하고 있다. 스마트 기기를 이용하여 보다 저렴하고 질적 · 양적으로 만족할 수 있는 곳에 소비자들의 관심이 집중되고 있으며 이에 대응하여 대형 패스트푸드점이나 피자전문점들도 배달 서비스를 강화하고 있으며, 심지어 일식초밥이나 삼겹살처럼 매장 판매가 위주이던 전문음식점들도 배달전문점으로 변신하고 있다.

(4) 건강, 청결, 환경 테마 트렌드

소비 수준의 향상은 새로운 소비 트렌드를 양산하고 있는데, 이 중에서 소비자의 건강에 대한 관심은 외식업에 가장 많은 영향을 미치고 있다. 생식하는 인구가 급속히 늘어나는 것이나 소화하기 좋은 면요리, 건강식 우동, 생과일주스와 아이스크림이 인기를 얻는 것도 건강에 대한 욕구가 상품 선택에 중요한 영향을 미치기 때문이다.

7. 메뉴에 담긴 욕구

(1) 고객의 욕구

① 고객은 메뉴에 대한 기대감과 선택에 대한 욕구가 있다.

② 메뉴 구성은 서민층 · 중산층 · 상류층과 같이 계층별, 그리고 연령, 지역, 인종, 종교, 계절, 나라에 따라 다르다.

③ 따라서 메뉴는 고객이 원하는 맛, 질과 양 등을 고려하여 제공해야 한다.

(2) 경영자의 욕구

① 경영자는 메뉴를 통해서 식당 경영을 원활하게 하여 이익을 추구하려는 욕구가 있다.

② 이를 위해 경영자는 고객에 대해 잘 파악하고 그에 맞는 메뉴 서비스를 제공하여 신뢰를 얻어 단골고객과 충성고객을 확보하고자 한다.

(3) 사회적·시대적 욕구

① 경영자는 개인의 이익만이 아닌 사회적 · 지역적 공통의 이익을 추구하여 고객의 신뢰를 얻어야 한다.

② 고객의 신뢰를 얻은 후에는 고객들에게 양질의 정보를 제공하며 그 지역에서 명성 있는 식당으로 자리를 잡도록 해야 한다. 사회적으로도 지역 특성이 반영된 음식문화와 식당을 선호하는 경향이 있다.

③ 고객과 메뉴 그리고 고객과 식당 간의 관계를 형성하는데 영향을 미치는 중요한 변수로는 종업원의 능력이 크므로 직원들의 교육 또한 매우 중요하다.

8. 메뉴의 중요성

"메뉴란 무엇인가?"라는 질문을 고객에게 하면 대부분은 음식 혹은 요리라고 답을 할 것이다. 물론 틀린 답은 아니다. 그렇지만 메뉴는 단순히 매장에서 제공하는 음식 이상의 의미를 가지며 그 이유는 다음과 같다.

① 고객이 외식업체를 방문하는 근본적인 이유

② 외식업체를 대표하는 얼굴

③ 외식업체를 구성하는 콘셉트의 핵심

④ 메뉴는 고객에게 식욕을 부여하고 목표고객과 그에 따른 수익성과 연관

⑤ 영업의 시작이자 영업의 핵심

⑥ 말없는 판매자

9. 메뉴의 성공적·체계적 제작

메뉴의 성공적인 계획과 제작이란 제공될 여러 종류의 음식을 판매하기 전에 어떤 고객에게 어떤 재료를 가지고 어떻게 조리하여 어떤 가격으로 어떻게 판매할 것인가를 사전에 종합 검토하여 작성하는 작업을 의미한다.

메뉴는 고객의 필요와 욕구, 원가와 수익성, 이용 가능한 식품, 조리설비의 한계, 메뉴의 다양성, 그리고 영양적 요소를 고려하여 계획해야 한다. 메뉴 계획과 관련하여 콧체바Lendal H. Kotschevar는 고객의 음식습관과 선호에 미치는 경제적 · 사회적 · 지역적 · 윤리적 · 종교적 그리고 형태적 영향을 감안하여 메뉴를 계획해야 한

다고 지적하고 있다.

주방 조리기구의 특성과 고객의 미각 변화에 대처할 수 있는 영양적 요소와 메뉴 제시의 다양성 · 매력성이 가미되어야 하고, 고객의 선택을 돕기 위해서 표현방법과 설명이 추가되어야 한다.

10. 메뉴 계획

(1) 고객의 만족 및 수익성

① 고객 만족과 더불어 높은 수익성 달성

② 벤치마킹을 통한 차별화

(2) 메뉴 계획과정

시장 탐색과 개발과정 → 목표시장 분석 → 기존상품 분석 → 아이디어 창출 및 채택 → 수요예측 및 정보수집

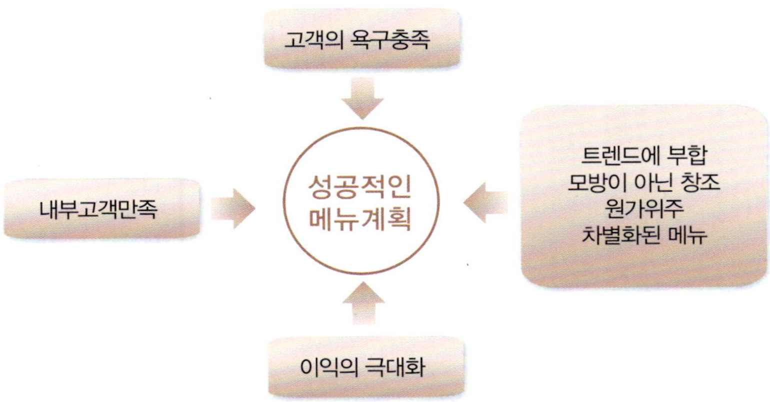

그림 1-1 성공적인 메뉴 계획

(3) 메뉴 계획 시 고려사항

① 메뉴 계획은 외식업에서의 풍부한 경험을 바탕으로 식재료에 대한 전문적인 지식과 원가관리 능력을 겸비한 전문가가 담당해야 한다.

② 메뉴 계획은 고객의 관점에서 욕구와 필요성, 영양과 위생, 방문목적, 메뉴의 질, 가격 등을 검토해서 해야 한다.

③ 메뉴 계획은 경영자의 관점에서 조직의 목표, 식재료의 공급 여건, 원가와 수익성, 시설과 장비, 종사원의 능력, 서비스의 형태, 메뉴의 사이클 주기 등을 고려해야 한다.

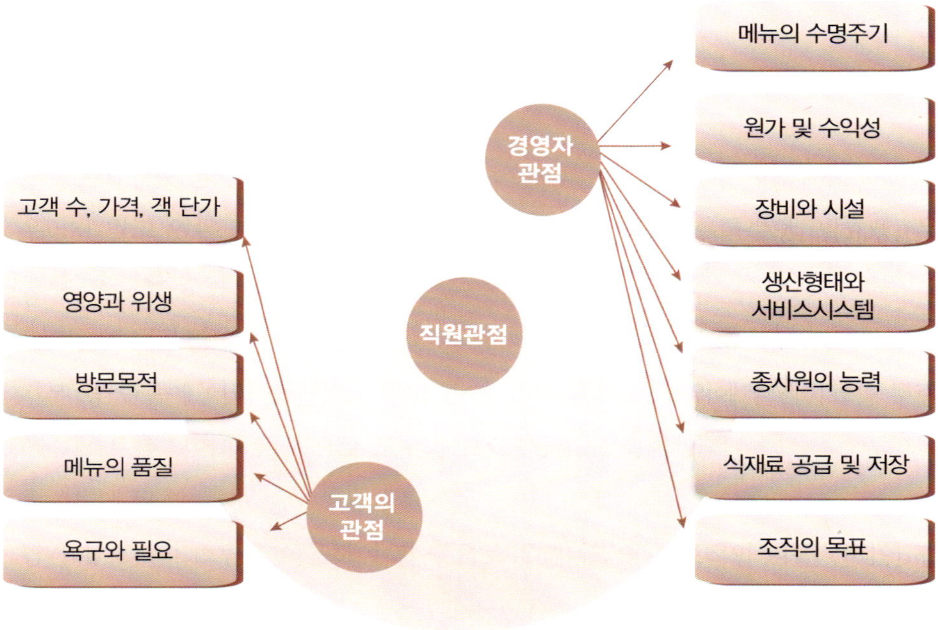

그림 1-2 메뉴 계획 시 고려되어야 할 사항

(4) 메뉴의 분류

① 제공기간에 따른 분류(고정메뉴, 순환메뉴, 단기메뉴)

② 식사가격 및 내용에 의한 분류(정식메뉴, 일품메뉴, 결합메뉴)

③ 기타 분류(국적: 한, 중, 일, 양, 이태리식, 식사시간 : 조식, 브런치, 석식)

(5) 업태별 메뉴의 특성

테이크아웃 및 패스트푸드, 패밀리레스토랑, 파인 다이닝 등에서 사용하는 메뉴의 특징을 이해하고, 시대적 흐름과 경제상황에 따라서 더욱 세분화되고 다양화될 수 있음을 인식해야 한다.

(6) 메뉴의 구성

① 메뉴는 체계적 구성이 필요하며, 주력 메뉴와 중점 메뉴, 임시 메뉴, 보조 메뉴, 유인 메뉴 등으로 구성된다.

② 메뉴 선택의 폭과 다양성의 전략이 필요하다.

③ 고객이 만족할 수 있는 효과적인 메뉴 구성전략을 가지고 있어야 한다.

④ 메뉴의 수를 늘리되 추가적으로 발생하는 비용을 줄이는 전략을 강구한다. 한 가지 메뉴로 재료에 변화를 주어 다양성을 활용하여 메뉴의 수를 늘리게 되면, 보다 적은 비용으로 메뉴의 수를 늘리는 효과를 얻을 수 있다.

2. 메뉴에 영향을 주는 요인

1. 주방의 중요성

고객에게 매력적이고 특별한 메뉴를 계획하기 위해서는 적합한 장비를 갖추고 있는 주방이 필요하다. 주방은 음식을 생산하는 주체로서 제반 비용과 생산성 및 경영 성과에 많은 영향을 끼친다. 메뉴는 주방의 크기와 인원, 장비의 종류 및 생산능력을 감안하여야 하며, 메뉴는 또한 장비의 이용에 큰 부담이 없는 한도 내에서 개발되어야 한다.

주방 담당자들은 다양한 고객의 욕구를 충족시키기 위하여 새로운 메뉴 상품을 지속적으로 개발해야 하며 합리적 원가관리와 시설관리로 경영의 효율성을 높여야 한다.

2. 식재료의 중요성

훌륭한 메뉴라도 재료를 적기에 구입하지 못한다면 아무 쓸모없는 메뉴가 된다. 계절에 따른 특정 식재료의 출하상황이라든가 재배작황 또는 산지의 가격형성 등 모든 재료에 대한 정보를 입수하고 재료의 물량 공급 및 기간에 유념하여 사시사철 알맞은 재료에 대한 메뉴를 작성할 수 있어야 한다.

또한 계절별로 미각을 살릴 수 있는 식재료의 출하 여부를 고려하며, 재고를 감안한 메뉴 작성이 이루어져야 한다. 재고가 충분하지 않은 품목은 구입소요 기간을 고려해야 하며, 악성 재고의 처분을 위한 특별 메뉴의 운용도 생각해야 한다.

질 좋은 식재료는 신선도 유지와 위생이 필수이며 가장 핵심적인 요소라고 할 수 있는데, 이렇게 구입한 식재료는 보관 기간과 저장 온도가 다르기 때문에 적정 온도 보관 및 위생에 많은 신경을 기울여야 한다.

3. 고객의 중요성

고객이라는 용어는 접대하는 사람이나 기업의 입장에서 볼 때, '다시 보았으면', '또 와 주었으면 하는' 사람을 일컫는다.

일반적인 관점에서 고객에 대한 정의는 다양하다.

"고객은 손님이 아니라 주인이고 왕이다."

"고객은 항상 옳다."

"가장 무서운 고객은 돌아오지 않는 고객이다."

"20%의 단골고객이 80%의 매출을 올려 준다."

"고객은 월급을 주는 사람이다."

"고객은 쉽게 변한다. 입맛에 맞는 업소에는 자주 찾아가 단골손님이 되지만 맘에 안 들면 갑자기 등을 돌리고 말없이 떠나가 남남이 되어버리기도 한다."

(1) 고객의 니즈needs

고객만족은 고객의 관점에서 생각하는 것으로부터 시작되는데 이것이 바로 고객의 니즈이며, 이 고객의 니즈에 관심을 가져야 한다. 고급식당에서의 식사는 단순히 생리적으로 공복감을 채워주는 것이 아니고, 일종의 커뮤니케이션 수단으로 이용된다.

가정에서의 식사가 가족의 단란한 화합의 장이 되고, 레스토랑에서의 식사가 사회적인 커뮤니케이션의 상징이 되듯이, 사람들은 식사를 통해서 집단의 귀족의식과 자존의 니즈needs를 충족시키기도 한다. 고객은 서비스 직원에게 단순한 메뉴 주문 접수나 음식물 운반의 역할만을 기대하는 것이 아니라 서비스 직원과의 인간적 커뮤니케이션을 통해서 자기의 존재를 사회적으로 확인시키는 목적도 있다.

(2) 고객의 기대

고객의 요구를 정확하게 파악하여야 하는데, 고객의 실제 니즈는 서비스 제공자의 해석과는 많은 차이를 보이는 경우가 흔하다. 따라서 고객의 기대를 이해하고 고객만족을 성취하기 위해서는 고객의 기대가 무엇이며 고객이 과연 무엇을 원하는지 그 요구사항을 정확하게 파악하는 작업이 무엇보다 선결되어야 한다.

고객은 기본적인 것을 원하는 경우가 많은데 고객의 서비스에 대한 기대는 매우 단순하고 기본적인 것으로서 이 기본만 잘 지켜도 고객은 감동할 수 있다. 고객은 서비스 업체가 하기로 되어 있는 것만을 그대로 해 주기를 바란다. 즉 약속한 대로 서비스가 제공되기를 바랄 뿐이다. 환상적인 것이 아니라 기본적인 것을 원하며, 공허한 약속보다는 실행하는 것을 원한다.

서비스 제공자는 다음 사항을 인식해야 한다.

① 메뉴는 업체의 소유주가 아니라 고객을 대상으로 하는 것이다.
② 메뉴는 업소로 유도하고 싶은 사람들을 유인하는 도구이며 이들에게 제공하고자 하는 상품이다.
③ 영업의 규모가 크면 클수록 영업의 초점을 고객에게 맞추어야 한다.
④ 고객과의 지속적인 소통은 고객의 호불호를 알아내기 위해서, 그리고 그들의 질문에 답하기 위해서 중요한 과정이다.
⑤ 소비자와의 접촉은, 고객의 메뉴 수용에 관한 계속적인 평가뿐만 아니라 메뉴 개발에 있어서도 중요하다.

Chapter 2

메뉴의 분류

1. 시간에 의한 분류
2. 메뉴 구성에 따른 분류
3. 이용 빈도에 의한 분류
4. 스페셜 메뉴

Chapter
02.

메뉴의 분류

일반적으로 메뉴의 분류는 시간, 구성, 그리고 이용 빈도에 따라 구분할 수 있다. 메뉴 분류의 목적은 다양한 고객의 욕구를 충족시키기 위함이며, 업장의 목적과 콘셉트에 어울리게 형태와 종류를 다양하게 할 수 있다.

1. 시간에 의한 분류

시간에 의한 분류는 통상적으로 아침breakfast, 점심lunch, 저녁dinner으로 나뉜다. 하지만 현대 식생활의 변화에 따라 브런치brunch와 애프터눈 티afternoon tea 등 다양성을 보이고 있다. 메뉴의 제공 시간에 의한 분류는 산업화, 여성의 사회 진출, 외식산업의 발달 등으로 인하여 변화되고 다양성을 나타내고 있다.

1. 조식 Breakfast

(1) 조식의 종류

① 미국식 조식American Breakfast

가장 일반적으로 알려져 있는 아침식사로 계란 요리가 메인이 되며 햄, 베이컨, 소시지 등을 각 개인의 취향에 따라 곁들이고 시리얼, 과일 주스, 토스트 등 여러 음식이 제공된다.

Fruit/ Juice → Egg with Bacon, Ham or Sausage → Toast → Beverage

② 비엔나 조식Vienna Breakfast

계란요리에 빵과 커피나 우유를 같이 곁들여 먹는다.

Roll Bread → Egg → Coffee/ Milk

③ 유럽식 조식Continental Breakfast

다른 종류의 조식에 비해 비교적 간단하다. 유럽식 조식은 계란요리를 제외하고 주스나 과일, 빵 그리고 커피나 차 등 한 종류씩 선택하여 먹는다.

Juice → Toast → Beverage

④ 영국식 조식English Breakfast

미국식 조식과 매우 흡사하지만 영국식 조식에는 미국식 조식에 생선요리를 곁들인다.

Fruite/ Juice → Fish → Egg → Toast → Beverage

2. 브런치 Brunch

아침과 점심 사이에 먹는 이른 점심의 개념으로 Breakfast와 Lunch의 합성어이다. 아침과 점심 사이에 먹는 식사이므로 아침보다는 무겁게 점심보다는 가볍게 먹는 것이 좋고 대부분 아침과 점심이 혼합되어 있는 메뉴들이 많다. 주로 일요일이나 공휴일에 제공되며 메뉴는 조식에서 가장 많이 먹는 음식이 제공된다.

3. 중식 Lunch

중식은 일반적으로 오후 12시 ~ 오후 2시 사이에 먹는 식사이다. 한국에서는 일반적으로 찌개류, 쌀밥, 라면 등을 많이 먹으며 서양에서는 수프와 고기류, 생선류 또는 샐러드, 스파게티, 빵, 커피 등을 많이 먹는다. 석식보다는 가벼워 가격이 저렴하다. 우리나라는 직장인들이 많고 점심시간이 짧아 빨리 먹어야 하기 때문에 단일메뉴가 인기가 높다.

4. 애프터눈 티 Afternoon Tea

점심에서 저녁 사이에, 보통 오후 4~5시에 가볍게 홍차와 케이크, 토스트 등을 같이 곁들여 여유롭게 먹는 것을 말한다. 이 메뉴는 영국에서부터 유래되었으며 현재는 전 세계에서 즐긴다.

5. 석식 Dinner

보통 일상을 마치고 먹는 식사를 석식이라 부르고 오후 5~7시 사이에 먹는다. 석식은 하루 일과를 마치고 하루를 돌아보며 먹는 식사이기 때문에 가장 중요한 식사이며 조식, 브런치, 중식 중에 제일 다양하며 가격 또한 비싸다. 뷔페 Buffet 에서는 점심 메뉴에 비해 저녁 메뉴가 종류도 많으며 근사한 음식들로 제공된다.

6. 서퍼 Supper

서퍼 메뉴는 예전에는 만찬식을 의미하였으나 현대에는 각종 모임이 끝난 저녁 식사 후, 늦은 저녁에 먹는 간단한 식사이며. 보통 보통 오후 9~11시 사이에 제공된다. 잠자기 전에 먹는 음식인 만큼 소화가 잘 되는 샌드위치나 수프에 간단한 음료가 좋다.

표 2-1 시간에 의한 메뉴 분류

종류		시간대	특징
조식	American Breakfast	AM6 ~ AM9	계란 요리가 메인. 취향에 따라 햄, 베이컨, 소시지를 곁들이고 과일, 주스, 시리얼, 토스트 등이 제공된다.
	Vienna Breakfast		계란요리에 빵과 커피/우유 등을 곁들여 먹는다.
	Continental Breakfast		비교적 간단한 조식. 계란요리를 제외하고 과일, 주스, 시리얼 등을 먹는다.
	English Breakfast		American Breakfast에 생선 요리를 추가하여 먹는다
브런치(Brunch)		AM9 ~ AM11	Breakfast 와 Lunch의 합성어 아침과 점심 사이에 먹는 가벼운 식사이다.
중식		PM12 ~ PM2	점심에 먹는 식사로 간단한 것이 특징이다.
애프터눈 티(Afternoon Tea)		PM4 ~ PM5	점심과 저녁 사이에 허기질 때 먹는 간식 개념이다.
석식		PM5 ~ PM7	하루 일과를 마치고 먹는 식사로 종류가 가장 다양하고 화려하다.
서퍼(Supper)		PM9 ~ PM11	회식이나 모임이 있는 늦은 저녁에 먹는 식사이며 일명 야식이라고도 한다.

2. 메뉴 구성에 따른 분류

메뉴 구성에 따른 분류는 크게 4가지로 나뉘는데, 정식 메뉴, 일품요리 메뉴, 연회 메뉴, 뷔페 메뉴 등이 있다.

메뉴의 구성은 각 음식점의 특징과 콘셉트에 의하여 정해진다.

1. 정식 메뉴 Full Course Menu

정식 메뉴는, 고객이 선택할 여지가 없는, 음식점에서 정해놓은 코스요리이다. 이 메뉴는 고객의 선택권이 매우 좁으나 가격이 저렴하고 식자재 관리가 수월한 점이 특징이다. 하지만 고객의 욕구 충족이 중요한 현대 사회에서는 이처럼 선택권이 좁은 메뉴는 고객에게 만족을 주지 못하기 때문에 이와 비슷한 Special Menu를 선보이기도 한다. 매일 다른 코스요리가 정식 메뉴로 제공된다. 보통 9 Course가 가장 일반적인 정식 메뉴 코스다.

표 2-2 정식 코스요리

5 Course	애피타이저(Appetizer) → 수프(Soup) → 메인 요리(Main Dish) → 후식(Dessert) → 커피/차(Coffee or Tea)
7 Course	애피타이저(Appetizer) → 수프(Soup) → 생선(Fish) → 메인 요리(Main Dish) → 샐러드(Salad) → 후식(Dessert) → 커피/차(Coffee or Tea)
9 Course	애피타이저(Appetizer) → 수프(Soup) → 생선(Fish) → 셔벗(Sherbet) → 메인 요리(Main Dish) → 샐러드(Salad) → 후식(Dessert) → 커피/차(Coffee or Tea) → 초콜릿/과자(Chocolate or Cookies)

2. 일품요리 메뉴 A La Carte Menu

일품요리 메뉴는 조리사가 각 코스마다 여러 종류의 메뉴를 제공하고 고객이 각 코스마다 요리를 선택할 수 있는 방식의 메뉴이다. 코스요리 메뉴는 정해진 정식 메뉴와는 달리 고객의 취향에 따라 선택할 수 있지만 가격이 저렴하지 않다. 주로 고급 레스토랑에서 쓰는 메뉴이다.

3. 연회 메뉴 Banquet Menu

연회 메뉴는 정식 메뉴와 일품요리 메뉴의 혼합형이다.

연회를 하기 전에 고객과 상의하여 가격과 질을 결정하는 일품요리 메뉴로, 고객이 원하는 요리를 골라서 정식 메뉴로 구성하여 연회 시에 사용한다.

4. 뷔페 메뉴 Buffet Menu

뷔페 메뉴는 일정한 가격을 지불하고 기호에 따라 이미 준비된 음식을 먹을 수 있도록 한 self-service 식사이다.

오늘날 뷔페가 많은 인기를 얻고 있기 때문에 케이크, 디저트, 한식, 양식 등 많은 종류의 뷔페 음식점들이 생겨나고 있다.

뷔페의 형태

① Open Buffet : 이용 고객 수를 정하지 않고 누구나 일정 금액을 지불하면 마음껏 먹을 수 있다. [예] 애슐리와 같은 뷔페 음식점

② Closed Buffet : 오픈 뷔페와는 달리, 이용 고객 수와 금액이 정해져 있다. [예] 호텔 연회장

3. 이용 빈도에 의한 분류

고정 메뉴, 시장 메뉴, 순환 메뉴, 변동 메뉴로 나뉜다.

고객이 주로 많이 찾는 음식, 계절, 특별한 기간, 고객의 욕구에 따라서 음식점에서 사용하는 메뉴의 기간이 다르다.

1. 고정 메뉴 Static Menu

일정기간 동안 지속적으로 제공되는 메뉴를 뜻하며 '장기 메뉴'라고도 불린다. 보통 정식요리 메뉴, 일품요리 메뉴, 콤비네이션 메뉴를 포함하고 장기간 동안 제공된다. 고정 메뉴는 주로 한 식당의 대표적인 메뉴이자 기본적인 메뉴이며, 이러한 메뉴는 전문 식당에서도 흔히 볼 수 있다.

2. 시장 메뉴 Market Menu

오늘의 특선 메뉴 혹은 주간 메뉴처럼 매일 또는 주간별로 메뉴를 교체하여 제공하는 것이다.

시장 메뉴는 순환 메뉴와는 달리, 메뉴를 일정기간을 두고 계속 순환시키지 않고 고객의 욕구에 따라 기간에 상관없이 바뀌기 때문에 '단기 메뉴'라고도 불린다. 단기 메뉴인 만큼 식재료의 품질과 원가관리에 특히 신경을 써야 하며 계절에 주로 나오는 식재료를 쓰는 것이 좋다. 이 메뉴는 변화하는 고객의 욕구를 충족시켜 주지만 계속하여 아이디어를 창출해야 하므로 메뉴를 자주 교체하기는 힘들다.

3. 순환 메뉴 Cycle Menu

특정기간, 월별, 또는 계절별로 일정기간 동안 메뉴를 주기적으로 순환시킨다. 메뉴를 주기적으로 반복하여 제공하기 때문에 메뉴의 생산 예측이 쉽다.

[예] 병원과 같은 단체 급식소의 식단

4. 변동 메뉴 Changeable Menu

계절별, 월별 또는 특별한 일정 없이 아무 때나 메뉴 변동이 가능하다. 변동 메뉴는 식재료 원가 상승, 재고, 남는 재료 활용 등 운영의 효율을 위해 변동되는 메뉴이다. 남은 식재료 처리에 많이 쓰이는 방법이다.

표 2-3 메뉴별 장 · 단점

구분	고정 메뉴 Static Menu	시장 메뉴 Market Menu	순환 메뉴 Cycle Menu	변동 메뉴 Changeable Menu
장점	• 노동력 감소 • 재고 감소 • 잔여음식, 원가 감소 • 품질의 표준화 • 교육 훈련 수월	• 소비자 욕구 충족	• 메뉴의 생산 예측이 쉬움	• 언제든지 메뉴 변동 가능 • 남은 식재료 처리 용이
단점	• 원가 변화에 쉽게 대처 불가, • 다른 메뉴에 대한 지식 부족	• 식재료의 한계	• 식재료 신선도와 원가 관리가 중요	• 전체적인 레스토랑의 콘셉트와 이질성이 발생할 수 있음.

4. 스페셜 메뉴 Special Menu

1. 계절 메뉴 Seasonal Menu

신선한 제철 식재료를 이용하여 만드는 메뉴로, 2주에서 길게는 3개월 동안 쓰인다. 봄에는 나물류가 많이 나오기 때문에 나물을 이용한 메뉴가 많이 나온다. 여름에는 시원한 국수류, 냉면, 냉모밀, 콩국수 등과 보양식 삼계탕, 그리고 차가운 디저트들이 많이 나오고, 가을에는 굴, 홍합, 고등어와 같은 제철 식재료를 이용한 메뉴가 나오고, 겨울에는 딸기가 대표적이며 계절마다 다양한 종류의 디저트가 제공되고 있다.

2. 건강식 메뉴 Health Food Menu

건강식 메뉴는 환자나 건강이 좋지 않은 사람들을 대상으로 하여 만든 스테미나 메뉴이다. 환자나 건강이 나쁜 사람뿐만 아니라 미용을 위한 다이어트 식단도 여기에 포함된다.

3. 오늘의 요리 Menu of the Day

레스토랑에서 조리사가 특별한 메뉴를 그날그날 정하여 판매한다.

오늘의 요리는 시장 메뉴에 속한다.

4. 경식 메뉴 Light Menu

경식 메뉴는 신체질량지수 BMI Body Mass Index 가 평균 수치보다 높은 사람, 즉 비만한 사람들을 위한 메뉴이다. 이 메뉴는 비만인들을 위한 메뉴이기 때문에 너무 자극적이지 않아야 하며 칼로리 등을 고려하여야 한다.

5. 채식 메뉴 Vegetarian Menu

채식 메뉴는 육류, 생선 등은 먹지 않고 우유와 계란도 제한적으로 먹는 채식주의자 Vegetarian 를 위한 메뉴로서 육류, 생선을 제외한 채소, 과일, 해초가 주 식재료가 된다. 국내 채식 인구가 늘어나며 채식 전문식당도 꾸준히 증가하고 있다.

Chapter 3

메뉴의 계획

1. 메뉴 계획의 의의
2. 메뉴 계획 수립

Chapter 03.

메뉴의 계획

1. 메뉴 계획의 의의

메뉴 계획은 식음료 부문의 관리자가 관리하여야 할 가장 중요한 관리 대상 중의 하나이다. 고객의 필요와 욕구, 그리고 조직의 목표를 평가한 후에 행해야 하는 다음 단계가 바로 메뉴의 계획이다.

메뉴 계획이란 여러 가지 음식에 대한 메뉴를 결정하는 것을 말하며 고객의 욕구 파악, 원가와 수익성과의 관계, 구입 가능한 식자재, 조리시설의 수용력, 영양적 요인, 다양성 등을 결정하는 것이다.

품목의 선정을 위해 합리적인 메뉴 계획은 구매 ➞ 저장 ➞ 생산 ➞ 판매 ➞ 평가와 분석 ➞ 결과 ➞ feed back 등 전 과정을 통해 유기적인 체계를 구축하여야 한다. 메뉴 계획은 다음의 요인들을 고려하여 계획하여야 한다.

(1) 미식적 측면Gastronomic aspects

메뉴는 단편적이지 않고 전체적으로 조화를 이룰 수 있도록, 음식의 색상, 재료, 질감, 맛 등을 고려하여 계획하여야 한다.

(2) 경제적 측면Economic aspects

경영방침은 식당의 콘셉트와 타깃 고객의 수준에 맞고 경영상 이익 목표에 부합되어야 하며 고객의 구매 욕구를 침해하지 않는 범위에서 결정하고 주방에서도 원가에 적정하게 계획해야 한다.

(3) 실제적 측면 Practical aspects

식당규모, 서비스형태, 주방설비, 직원수 등을 고려하여 제한된 시간 안에 음식을 조리해 낼 수 있는지, 서비스 형태에 맞는 메뉴인지 등을 판단해 메뉴 계획을 하여야 한다.

2. 메뉴의 계획 수립

1. 메뉴 계획 시 고려되어야 하는 요인

(1) 고객의 욕구 파악

시장의 흐름과 목표 고객의 기호를 정확히 파악하는 것은 메뉴의 종류를 결정하는 중요한 요소이다. 인간의 생리적, 심리적, 사회적 욕구를 고려해야 한다.

① **생리적 욕구** : 생존에 있어 필수적인 만큼 영양가 있고 건강한 음식을 만들어야 한다.

② **심리적 욕구** : 음식의 섭취를 통해 심리적인 욕구를 채워줄 수 있어야 한다.

③ **사회적 욕구** : 음식은 사회적인 매개체로서 사교나 사회적 기능을 하고 있다.

(2) 원가와 수익성과의 관계

메뉴의 원가는 식재료비, 인건비, 광열비 등을 산출하여 총원가에 대한 수익성을 산정하여야 한다.

(3) 식자재 공급 시장

경제적으로 원하는 품목을 적정시기에 구매, 공급받을 수 있도록 식재료의 공급시장과 시장위치를 파악해야 한다.

(4) 시설과 장비의 효율성

신속하고 경제적으로 생산할 수 있도록 시설과 장비를 파악하여 생산 계획이 이루어져야 한다.

(5) 다양화

업소의 경영 콘셉트에 맞아야 하며 고객의 다양한 욕구 충족을 위해 조리법이나 식재료에 변화를 주어 다양한 메뉴를 개발할 수 있어야 한다.

(6) 영양적 요소

고객이 욕구는 점점 더 높은 수준으로 올라가고 있다. 음식의 균형과 다이어트, 신선도와 영양, 그리고 건강에 대해 고려하여야 한다.

(7) 직원의 업무 숙련도

조리사라고 하여 모든 품목을 다 잘 생산해 낼 수는 없다. 조리사의 수준을 잘 파악하여 메뉴 계획을 실행하여야 한다.

(8) 고객의 음식에 대한 습관과 선호

특정 음식에 대한 습관과 선호에 영향을 미치는 요소들은 재료의 독립적인 문제보다는 여러 가지의 요인들이 결합되어 복합적으로 영향을 미친다.

(9) 예산

메뉴는 원가계산 비율에 따라서 계획되어야 하고 원가를 맞추기 위해서는 표준화된 조리법에 의하여 조리하여야 한다.

계절별 식재료 변동 원가에 따라 메뉴 선택과 가격을 조정할 필요가 있으므로 유연하게 대처해야 한다.

2. 점포 운영 목표 설정

(1) 업종·업태에 따른 메뉴

한식, 양식, 일식, 중식 등 업종과 업태에 따른 업체의 추진방향과 방법, 시대의 적합성과 상표의 선택이 명확하고 각 업체별로 운영체제를 명확하게 해야 한다.

(2) 메뉴의 수와 종류

업소의 경영목적에 따라 고객의 필요와 마케팅 전략, 원가관리 목표 등에 의해 주력제품을 위주로 메뉴가 구성되어야 한다.

(3) 콘셉트

주고객 층에 맞게 콘셉트를 만들어 안정된 분위기 또는 활기찬 분위기를 연출하면서 신선함, 다양함, 건강함 등을 전략으로 세워야 한다.

(4) 주고객

연령대별 목표 고객의 수요와 접근성을 파악하여 포커스를 어느 연령대에 맞출 것인지 파악해야 한다.

(5) 시간대별 기대수익

가장 손님이 많이 방문하는 시간대를 중심으로 영업을 어떻게 할 것인지에 대해 파악해야 한다.

(6) 입지 선정

충분한 수요가 있는지, 주변 환경요인과 건물의 특성을 확인하고 경쟁적인 요인이 있는지를 파악해야 할 필요가 있다.

표 3-1 메뉴 계획의 5C

Convenience(편리성)	먹기, 만들기, 식재료 구입이 편리한지를 파악해야 한다.
Casual (간편성)	구매, 먹기, 만들기, 유통하기가 간편한지를 파악해야 한다.
Comfort (안정성)	위생체계에 대한 안전성이나 위험성 등을 파악해야 한다.
Cleanliness (청결성)	위생적으로 유지가 가능한지를 파악해야 한다.
Care (배려)	가격이나 서비스 등을 고객입장에서 생각하여야 한다.

3. 메뉴 계획 시 고려사항

(1) 영업장의 형태

① 영업장의 형태는 메뉴 계획에 있어서 제일 먼저 고려해야 한다.

② 한식당, 일식당, 프랑스 식당, 이탈리아 식당 등 그 식당에 맞는 메뉴 계획을 하여야 한다.

(2) 메뉴의 수와 종류

① 업소의 경영목적, 고객의 필요와 마케팅 전략, 원가관리 목표 등에 의거하여 정한다.

② 업소의 콘셉트에 맞게 정한다.

(3) 고객의 욕구 파악

① 메뉴는 고객에게 초점을 맞추어야 한다.

② 인간의 생리적 · 심리적 · 사회적 욕구를 고려해야 한다.

- 생리적 욕구 : 생존에 있어 필수적인 만큼 영양과 건강한 음식을 만들어야 한다.
- 심리적 욕구 : 음식의 섭취를 통해 심리적인 욕구를 채워줄 수 있어야 한다.
- 사회적 욕구 : 음식이 사교나 사회적 기능을 하고 있다는 점을 명시해야 한다.

③ 고객의 만족감을 충족시키기 위해서는 고객에 대한 정보를 파악해야 한다. 이러한 정보는 고객이 어떠한 음식을 좋아할 것인가를 판단하는 근거가 되기 때문이다.

④ 음식에 대한 습관과 선호는 가족의 전통과 식습관, 윤리적 배경, 지역적인 선호도와 종교적인 전통에 의해 제한을 받는다.

(4) 영양적 요소

메뉴 계획에서 적용되는 영양적인 요소는 사람들의 생활 수준에 따라 다르며, 개인의 연령, 성별, 활동성에 따라 열량 요구량도 다르기 때문에 이를 고려해야 한다.

(5) 설비 및 시설

① 설비와 시설은 메뉴 계획을 할 때 크게 영향을 미친다.

② 공간의 크기, 장비의 종류와 수용능력은 조리 인원과 음식의 가짓수를 결정하는 데 중요하다.

③ 메뉴 계획은 종업원과 주방 직원의 작업 부담을 덜어줄 수 있는 선에서 계획되어야 한다.

(6) 조리인원

① 메뉴 계획 시에 조리인원은 그들의 기술 · 능력 · 노동시간을 고려해야 한다.

② 조리인원을 고려해서 메뉴의 수를 결정해야 한다.

③ 조리사들의 능력에 따른 메뉴 계획을 한다.

(7) 메뉴의 다양성

① 업소의 경영 콘셉트에 맞아야 한다.

② 메뉴는 음식의 색깔과 형태 그리고 음식의 종류와 조리법에 따라서 다양화될 수 있다. 예를 들어, 생선을 다양한 모양으로 삶거나 튀기거나 볶는 등 여러 가지 조리법으로 다양화할 수 있다.

(8) 풍미의 조화

① 풍미의 조화는 메뉴 계획 시에 가장 중요한 요소이다.

② 여러 종류의 풍미는 서로 보완해 주고 맛을 더욱 가미시켜 주지만 고유의 풍미를 해칠 수 있다.

③ 양념류나 향료 등을 쓸 때는 재료와 조화를 이루게 해야 한다.

(9) 재료의 계절성

① 메뉴 계획 시에는 제철에 맞는 메뉴 선택이 중요하다.

② 유통 및 수송 구조의 발달로 제철이 아닌 식재로 메뉴 구성에 활력을 불어 넣어 줄 수 있다는 점도 고려해야 한다.

(10) 예산

① 수입금액과 예상 수입에 따라 식재료를 구매한다.

② 음식판매가에는 인건비와 운영비가 모두 포함되어야 한다.

③ 메뉴는 설정된 원가 비율에 따라서 계획되어야 하고 원가 계산은 수시로 이루어져야 하며, 이를 위하여 표준화된 조리법에 의하여 조리되어야 한다.

④ 원가변동이 발생할 경우에는 메뉴와 가격을 조정할 필요가 있다.

(11) 메뉴의 용어

메뉴의 철자규칙은 다음의 법칙에 따라야 한다.

국제 메뉴용어에서 명사의 첫 글자와 추상명사는 대문자로 쓰며, 이는 어떠한 경우에도 변하지 않는 원칙이다.

① 프랑스 메뉴에서는 첫 문자를 제외하고는 모든 단어는 소문자로 쓴다. 단, 고유명사, 추상명사, 지역 이름은 명사로 사용될 때만 대문자로 쓴다.

[예] Entreôte Café de Paris 장소명, Coupe Melba 고유명사

② 러시아 메뉴의 고유명사 철자에서 일반적으로 'OV'나 'OF'로 끝나는 어미의 단어는 'OFF'로 끝낸다.

[예] Steroganoff Demidoff

③ 영어 메뉴에서는 고유 명사나 지역 명칭을 제외하고 모두 소문자로 쓴다.

[예] Swiss cheese

④ 고유명사에서 파생된 모든 형용사들은 대문자로 쓴다.

[예] French dressing

⑤ 모든 용어에 적용되는 규칙

- 국적 : 메뉴명은 관련된 나라의 언어로 쓰는 것이 원칙이며, 국제적인 식당에서는 프랑스어 표기가 원칙이나 근래에는 영어로 많이 표기한다.
- 메뉴의 표기 : 메뉴의 배치와 철자는 오류가 없어야 하며 단어는 대칭적으로 써야 되고 새로운 줄은 왼편의 빈칸에서부터 시작한다.
- 새로운 줄 : 일반적으로 첫 줄의 첫 글자는 대문자로 표기하나 요리이름이 길어서 다른 새로운 줄까지 사용할 때는 예외이다.
- 메뉴의 단수표기 : 메뉴는 보통 고객 1인을 기준으로 하여 작성 · 표기한다.
- 1인분의 양 : 손님에게 음식의 한 조각만 제공되는 경우는 단수로 표기하고, 최소한 두 조각 이상 각 손님에게 제공되는 경우라면 복수로 표기한다.
- 코스요리의 분리 : 각각의 코스요리는 줄이나 칸을 명확하게 분리시킨다.
- 줄 끝에서 나누어지는 설명 : 부가적으로 서술하는 어휘는 줄 끝에서 줄을 바꾸지 말고 계속 표기한다.
- 축약 : 메뉴의 본문에서 축약 표기를 해서는 안 된다.
- 고유명사 : 전통적인 요리 이름인 고유명사는 해석하지 않고 설명에 사용하는 'à la'나 'Style'의 형태로도 사용하지 않는다.
- 이중 서술 : 요리의 기본명에 음식에 대한 설명이 포함되어 있다면 다시 반복표현할 필요는 없다.

(12) 메뉴의 구성

① 메뉴의 구성은 메뉴판의 디자인이라고 요약할 수 있으며, 고객이 첫인상을 받으며 메뉴를 읽기 전에 전체적으로 살펴보는 요소이다. 따라서 메뉴 구성은 그 식당을 상징하는 표본이 될 수 있도록 해야 한다.

② 메뉴에 배열되는 아이템의 구성순서는 보통 전형적으로 제공되는 식사의 순서에 따른다. 즉, 전채 → 수프 → 생선 → 육류 → 후식 → 음료 등과 같이 정식메뉴table d'hote menu의 서빙순서를 기본으로 하나 메뉴의 순서 변경은 가능하다. 하지만 일반 규칙을 무리하게 어길 필요는 없다.

③ 최근에는 메뉴 양식이 간소화되고 메뉴 선택의 수가 감소하는 경향이 있다.

④ 보통 4~8가지 정도로 메뉴를 구성하는 것이 조리와 서비스에 적당하다.

⑤ 적절한 포맷을 이용하여 가독성을 높이고 전체적인 균형을 높여 고객이 메뉴를 쉽게 선택할 수 있게 작성해야 한다.

(13) 메뉴의 구성 원칙

① 메뉴판은 얼룩이 지지 않는 견고한 종이를 사용해야 한다.

② 메뉴판의 크기는 테이블에서 고객이 쉽게 다룰 수 있는 크기여야 한다.

③ 메뉴판은 적당한 공간과 여분을 두어 형태를 단순화하고 활자의 종류와 크기는 읽기 쉬워야 한다.

④ 메뉴의 특별요리는 눈에 띄게 표시한다.

⑤ 품목에 대한 설명은 시각적인 요소를 활용하여 명확하고 흥미를 줄 수 있도록 구성하며 정확한 전문용어와 함께 안내한다.

⑥ 문법, 철자, 가격과 안내에 오류가 없어야 한다.

⑦ 영업장의 이름, 주소, 전화번호, 서비스 시간 등을 메뉴판에 기재한다.

(14) 메뉴의 장기 계획

① 메뉴를 계획할 때는 장기적인 측면에서 고려해야 한다.

② 메뉴는 바꿀 때마다 비용이 많이 들 뿐만 아니라 잘못된 메뉴로 인해 경영에 지장을 초래하는 결과도 생기게 되므로 장기적인 계획을 세워야 한다.

③ 한 예로, Daily Special Menu가 손님에게 인기 있는 메뉴가 되면, 3~4번 다시 권유해서 호응이 좋으면 메모해 두었다가 메뉴를 바꿀 때 새로운 메뉴에 삽입하는 것도 좋은 방법 중의 하나이다.

Chapter 4

메뉴 계획의 모형

1. 모형의 종류
2. 메뉴 개발
3. 신상품 메뉴 개발

Chapter 04.

메뉴 계획의 모형

1. 모형의 종류

1. 쉐징 Schaetzing 의 메뉴 계획 모형

① 메뉴 계획에 있어서 고려할 사항들이 많지만 어떠한 관점에서 계획하느냐가 중요하다.

② 고객 중심이냐, 경영자 중심이냐, 관리자 중심이냐 등이 중요하다.

③ 외적사항과 내적사항 중 어떤 측면에 중점을 두느냐가 중요하다.

④ 결론적으로는 고객의 만족과 기업의 이윤추구가 동시에 이루어져야 한다.

쉐징은 메뉴에 영향을 주는 요소로 식당형태, 서비스 종류, 종업원의 교육 수준, 결산 등이 있다고 하였으며, 〈그림 4-1〉과 같이 주방 크기와 시설, 재료의 질, 고객 수, 좌석 수, 식당 분위기 등 14가지 요소들을 제시했다.

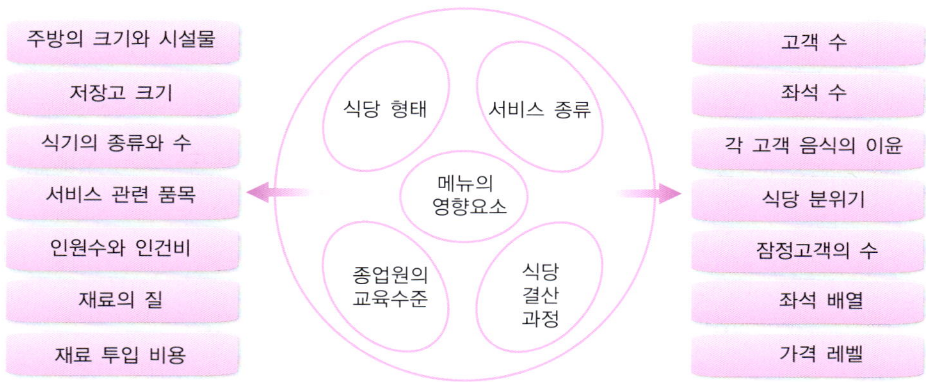

그림 4-1 쉐징의 모형

2. 칸Mahmood Khan의 메뉴 계획 모형

① 칸은 메뉴에 영향을 주는 요소로, 고객 측면과 관리 측면으로 분류하였다.

② 고객 측면에서는 음식의 특성과 감각적 속성, 음식에 대한 선호 식습관, 영양적 욕구 등을 제시했다.

③ 관리 측면에서는 조식의 목적과 목표, 생산형태와 서비스 시스템, 식재료 공급 시장조건, 종사원 기능, 예산, 시설장비 등을 제시했다.

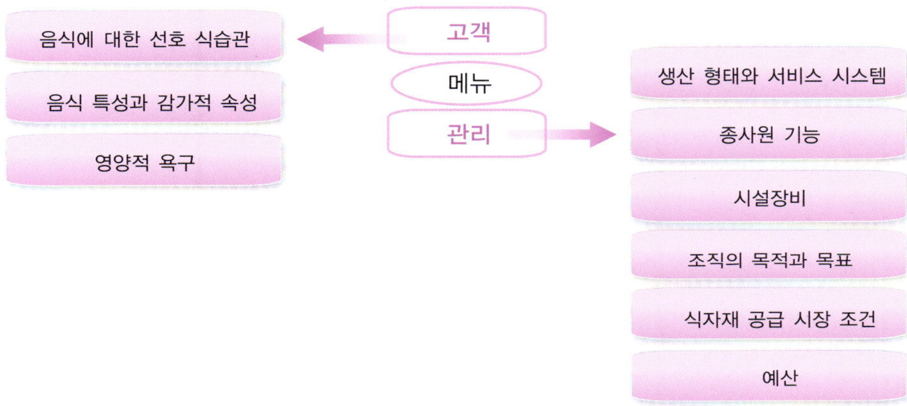

그림 4-2 칸의 모형

3. 나인마이어Ninemeier의 메뉴 계획 모형

① 메뉴에 영향을 주는 요소로 원가, 식재료 구입 가능성, 최대 생산과 운영관계, 조리기구, 레이아웃 등을 제시했다.

② 고객 측면은 요구, 가치, 가격, 특성, 목적, 사회 경제적 요인, 인구통계학적 관계, 종교적 요인, 인종적 요인 등을 제시했다.

③ 품질 측면은 맛, 일관성, 구조형태와 종류, 영업적 배려, 시각적 매력, 향기 매력 등을 제시하였다.

④ 나인마이어는 마케팅 측면을 또한 강조했다.

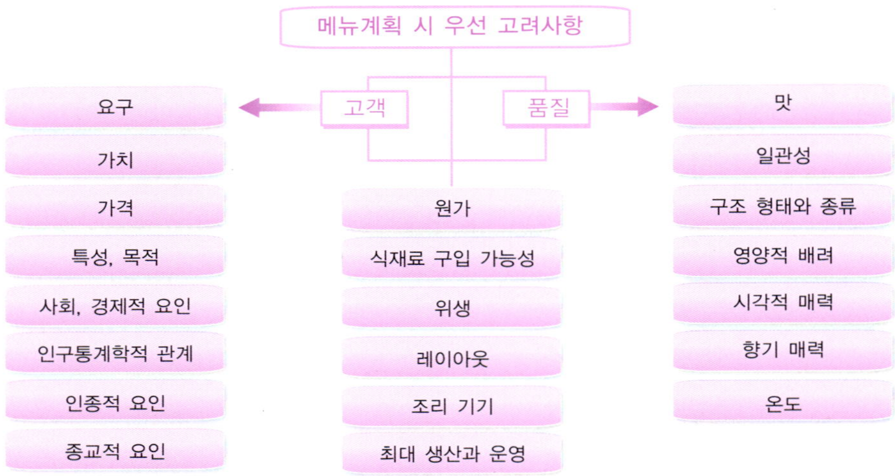

그림 4-3 나인마이어의 모형

4. 크렉Kreck의 메뉴 계획 모형

① 크렉은 메뉴에 영향을 주는 요소를 투입, 과정, 산출로 구성했다.

② 투입 요소는 가격수준, 종업원의 기능, 장식, 주방의 시설과 기기, 때, 식재료 공급 가능성 등을 제시했다.

③ 과정 요소는 정치적, 경제적, 사회적 요인에 대한 변환을 제시했다.

④ 산출은 고객 만족과 조직 목표달성을 제시했다.

⑤ 산출된 메뉴와 표준 메뉴를 비교하여 개선할 사항은 피드백하는 진보된 모형이다.

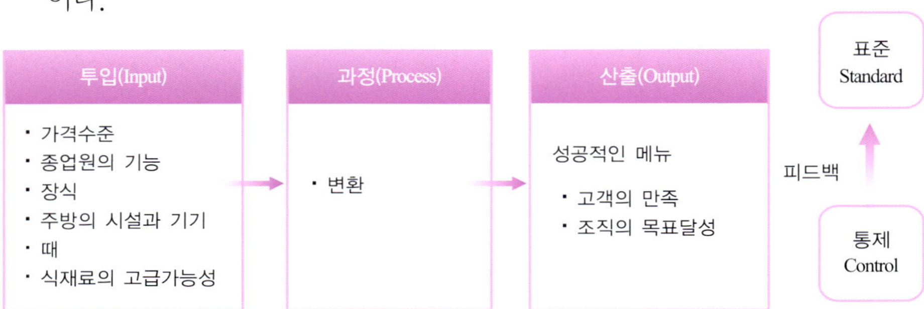

그림 4-4 크렉의 메뉴 계획 모형

5. 메뉴 계획 모형별 특징

제시자	내용
쉐징	• 메뉴 영향 요소를 항목별로 제시. • 식당, 서비스, 종업원, 결산과정으로 나눠 제시.
칸	• 고객과 관리 측면을 동시에 수행. • 고객의 과정을 보다 구체적으로 함.
나인마이어	• 고객 측면과 품질 측면을 구분하여 강조함. • 고려사항을 세분화하고 구체화함. • 마케팅 측면을 강조.
크렉	• 투입, 과정, 산출로 시스템적 접근. • 성공적인 메뉴를 고려하여 제시. • 피드백을 통한 표준 메뉴 제시.

2. 메뉴 개발

1. 메뉴 개발의 정의

① 트렌드 및 시장분석을 통하여, 신 메뉴 기획 및 개발뿐만 아니라, 기존 메뉴의 개선작업까지 모두 포괄한다.

② 외식산업 성공과 직결되며 메뉴 기획, 메뉴 계획, 그리고 메뉴 개발로 이어지는 시스템적 접근이 필요하다.

③ 지역에 맞는 업종 · 업태의 메뉴 콘셉트 설정이 가장 중요하다.

④ 정치 · 경제 · 사회 · 문화 현상에 따라 변해가는 고객의 취향에 맞게 개발이 이루어져야 한다.

2. 메뉴 개발의 필요성

수익창출 목적

- 수요창출
- 매출증대
- 신규고객 창출

신규고객 창출과 단골고객에 대한 배려로 매출증대를 꾀해야 한다.

Check point

고객만족 → 매출증대 → 신규고객 창출

① 경쟁력 강화로 업계 선도적 위치 확보

② 새로운 분야의 개척 및 확대 목적

③ 시장점유율 확보 목적

④ 기존고객에 대한 판매증대 목적

⑤ 보다 더 좋은 상품을 제공하기 위함

3. 메뉴 개발 원칙

(1) 메뉴의 조건

1) 경영자 측면

① 메뉴 개발은 식당의 목표와 목적을 반영해야 하며 식당의 음식서비스 존재를 알릴 수 있어야 한다.

② 예산은 음식 판매소득과 음식 원가비율에 따라 달라지므로 음식 판매소득은 고객의 가처분소득, 시설의 위치, 서비스의 유형과 기타 결정요인에 따라 산정되어야 한다.

③ 납품시장 상황, 즉 원재료의 수요 · 공급의 측면, 계절적인 변동 등을 고려해야 한다.

④ 물리적 시설과 장비, 이용 가능한 주방비품의 크기와 수용력 등을 고려해야 한다.

④ 기술을 필요로 하는 메뉴 개발은 직원의 능력과 이용 가능한 조리 직원의 수, 인건비 등도 고려하여야 한다.

⑤ 메뉴 개발을 위해서는 조리와 서빙 시간도 고려하여야 한다.

2) 소비자 측면

① 균형적인 영양음식 제공과 고객의 연령, 성별, 건강 등을 파악하여 세분화시켜, 타깃에 맞는 메뉴를 개발해야 한다.

② 고객의 식생활 습관과 원하는 서비스, 선호 음식을 고려한다. 내적인 요인으로는 모양, 색깔, 냄새, 질감, 온도, 맛, 제시되는 방식과 온도, 플레이팅 방식 등이 있으며 외적인 요인으로 매장의 위치, 소비될 상황의 기능과 광고, 홍보, 식사시간, 계절 등이 있다.

③ 생물학적 · 생리학적 · 심리학적인 요인 등도 고려해야 한다.

④ 소비자의 기대수준, 타인이 소비자에게 미치는 영향과 식욕 분위기와 정서, 가족상황, 교육수준도 고려해야 한다.

⑤ 그 밖에 사회 · 경제적인 요인과 문화와 종교적인 요인도 고려해야 한다.

3) 음식적 측면

① 음식의 색깔은 관심과 식욕을 촉진시킨다.

② 음식의 질감과 형태는 다양성을 제공하고 음식에 대한 고객의 관심을 자극한다.

③ 음식의 농도는 메뉴의 점도와 밀도의 정도를 말하는데, 음식에 다양성을 제공한다.

④ 음식의 맛은 아주 중요하며, 단맛 · 쓴맛 · 짠맛 등의 간을 가미 또는 혼합하면 독특한 맛을 창출할 수 있으므로 고객 특성에 잘 맞출 수 있도록 고려해야 한다.

⑤ 음식 조리방법과 서빙 시의 온도와 시각적인 효과를 위한 음식 제시 방법도 아주 중요하다.

(2) 메뉴의 개념

① 고객과의 의사소통에 가장 중요한 수단

② 메뉴는 식당의 판매촉진을 위한 도구

③ 식당의 특성과 이미지를 조성해 주는 수단

④ 메뉴는 식당의 조리기술이나 분위기와 조화

⑤ 중장기적인 식당경영의 판매 계획 및 원가 파악

(3) 메뉴 구성 시 고려사항

① 메뉴 종류의 수에 대해서 고려

② 누구나 알기 쉽도록 메뉴에 대한 설명 필요

③ 기대했던 가치를 지닌 가격대 형성

④ 철저한 품질관리

⑤ 쉽게 이해할수 있는 용어 사용과 분위기와 어울리는 디자인 선택

4. 메뉴 개발에 있어서 고려해야 할 사항

① 고객의 욕구에 부응하는 아이템 선정

② 표준화된 양, 원가표, 조리방법 결정

③ 경영관리적인 측면

- 예산, 현재의 생산 · 서비스 시설, 종업원 수와 숙련도, 공급시장의 조건, 식자재의 재고관리 등

④ 주 고객에 대한 배려

- 아이템 선정, 조리방식, 아이템의 다양성, 아이템의 특성 등

5. 메뉴 개발의 목적

① 목표 이익을 달성하기 위함

② 매출과 시장 점유율의 증대를 위함

③ 트렌드의 반영

④ 식재료의 재고처리

⑤ 유휴설비나 자원활용

⑥ 기존 조리방법에 새로운 방법 적용

⑦ 라이프스타일Life Style의 변화에 대응

3. 신상품 메뉴 개발

(1) 상품수명주기

① 음식서비스업에 있어서 모든 것이 메뉴로부터 시작된다고 할 만큼, 메뉴는 중요한 요소로 작용한다.

② 마케팅 믹스의 요인들 중에서 메뉴 믹스를 제외한 다른 믹스 요인만으로 마케팅 전략을 세우는 것은 불가능하다.

③ 마케팅 전략을 세울 때 중요하게 고려되어야 할 요인이 상품수명주기이다.

④ 고객 만족을 유도하고, 수익의 극대화를 창출시킬 수 있는 토대를 마련하기 위해서는 먼저 상품수명주기 단계를 검토해야 한다.

⑤ 메뉴 개발 단계를 살펴보고, 특별 메뉴 개발을 검토하는 것이 올바른 순서이다.

1) 의의

① 중요한 마케팅 문제 중 하나는 메뉴 변화의 시기이다.

② 메뉴 변화는 상품수명주기의 바탕에서 이뤄져야 한다.

③ 모든 메뉴에는 불기피한 변화의 시기가 온다.

④ 시장은 메뉴 변화가 요구된다는 신호를 보낸다. 그러나 대부분은 이러한 신호를 이해가 되지 않는다는 이유로 외면하고 변화를 거부한다. 이러한 태도는 결국 수익의 손실을 가져오며, 실패의 가능성을 높인다.

⑤ 메뉴에 변화를 주고자 할 때 가장 쉽게 내리는 결정은 노no이다.

⑥ 노no라는 것은 어떠한 위험을 극복하고자 하는 의욕이 없으며, 새로운 상품을 개발할 능력도, 개발비용도 없음을 의미한다.

⑦ 변화가 없으면 그 사업의 미래도 존재하지 않는다.

⑧ 상품수명주기는 일반적으로 판매량과 시간에 의해 측정된다. 첫 번째로는 상품의 판매량이 변화하고 있고, 둘째는 마케팅 믹스와 고객의 욕구가 변하고 있을 때이다. 기존의 메뉴 음식이 더 이상 고객의 욕구를 충족시킬 수 없을 때 변화는 불가피하다.

2) 상품수명주기의 단계

① 제 1단계(도입기)

도입기는 신제품이 시장에 도입되었을 뿐, 지명도도 얕고 상품에 관한 지식이 널리 보급되어 있지 않아 소비자들에게 신제품의 품질이나 효용 및 특징을 널리 광고하여 판매촉진을 적극적으로 행하여야 하는 시장개발시기이다. 가격탄력성이 낮고 가격 경쟁도 심하지 않은 단계이다.

② 제 2단계(성장기)

성장기에는 광고의 효과 등에 의해 상품의 지명도와 유효성이 널리 인식되어 매상고가 점진적으로 상승하는 단계이다. 그러나 경쟁기업이 동종 상품을 시장에 참가시켜 경쟁이 발생하는 단계이기도 하다.

③ 제 3단계(경쟁기)

경쟁기는 아직 시장수요가 불안정한 단계이다. 그러나 같은 종류의 상품이나 유사한 상품이 대거 출현하여 기업 간의 경쟁이 심하게 일어나고 있어 소비자들에 대한 서비스정책이 효과가 나타난다는 특징이 있다. 그리하여 상품 수요가 늘어나서 일반화가 되어가는 단계이다.

④ 제 4단계(성숙기)

성숙기란 수요가 포화상태에 이르고 있는 단계로 신규수요는 거의 없어지고 대체수요나 반복구입수요가 대부분이다. 그러나 시장경쟁이 격화되어 이윤율이 감소하여 탈락하는 기업이 생기면서 독점화 경향이 나타난다.

⑤ 제 5단계(쇠퇴기)

쇠퇴기는 진부기라고도 하며 대체 상품의 품귀현상이나 소비자 행동의 변화에 의하여 수요가 감퇴되어 제품이 시장에서 소멸되는 시기이다. 전반적인 수요는 감소되고 경쟁기업들도 급속히 도태되면서 결국 시장에서 상품이 자취를 감추게 되는 단계로 상품의 수명이 끝났음을 시사하는 단계이다.

(2) 메뉴 개발 단계

1) 메뉴상품 개발의 개념

외식관련기업에서 메뉴상품 개발은 필수적이며 각각의 개발 과정에서 원칙에 입각한 세심한 기획과 주의가 요망된다. 메뉴는 다른 마케팅 활동을 보완해야 하며 특수한 마케팅 목적을 만족시킬 수 있도록 고안되어야 한다. 그리고 성공적인 메뉴상품은 다음의 주요 목적을 만족시켜야 한다.

첫째, 메뉴는 마케팅 콘셉트의 목표를 지향한다.

둘째, 메뉴는 인지된 경영 이미지 확립에 기여하여야 한다.

셋째, 메뉴는 품목에 관한 고객의 수요를 증진시키는 수단으로서 존재해야 한다.

넷째, 메뉴는 경쟁적 이점을 성취하는 수단이다.

2) 메뉴상품 개발의 중요성

외식기업은 시장점유율 확보나 확대를 위하여 끊임없이 상품개발을 하여야 하며, 이를 토대로 기업 활동의 핵심이 되는 고객창조를 도모하여야 한다. 이것이 기업에서 상품개발이 핵심적인 대상으로 부각되는 이유이다.

3) 신상품 개발전략

사회 · 경제 · 환경의 변화는 항상 소비자로 하여금 새로운 신상품을 선호하는 추세로 몰고 간다. 따라서 고객의 다양한 욕구를 충족시키고 기업성장의 전략차원에서 신상품의 개발에 최선을 다해야 한다.

신상품 개발의 목적은 업계에서의 선도적 지위를 확보하고 기존상품의 진부화를 막고 효율적으로 경쟁에 대처하기 위해서다. 또한 새로운 고객의 창출 및 판매증대 차원에서 신상품 개발에 노력을 기울여야 한다.

일반적으로 신상품의 개발은 다음과 같은 절차를 거쳐 개발된다.

① 아이디어 창출

② 아이디어 평가

③ 기술조사, 사전조사, 경영분석

④ 상품개발

⑤ 상품의 테이스팅(시식)

⑥ 테스트마케팅

⑦ 제품개발

⑧ 상품화

4) 상품다양화 전략

어떤 제품이든 일단 시장에 출시되면 제품의 라이프사이클에 지배받게 된다. 판매량이 지속되기를 원하는 것이 기업의 바람이겠지만, 특정제품의 판매가 무한정 지속될 수는 없다. 따라서 잠재고객을 창출하고 계속 성장해 나가기 위해서는 상품다양화 전략에 주력할 필요가 있다.

특히 음식메뉴상품은 시간별, 계절별, 고객층별로 취향이 다양해져 가고 있어 메뉴의 다양화로 판매지속을 꾀하지 않으면 안 된다. 최근에는 사회 · 경제 · 환경의 변화속도에 맞춰 제품이나 서비스의 수명이 단축되는 경향을 보이고 있다. 따라서 기업은 이에 적절히 대응해 나갈 수 있는 방안을 강구해야 한다.

5) 제품의 다양화 이유

① 매출의 계절적, 주기적 침체를 예방하기 위해

② 새로운 거래선을 획득하기 위해

③ 현재의 판매점에 신선한 자극을 주기 위해

④ 새로운 고객을 확보하고 특수한 고객의 애호를 받기 위해

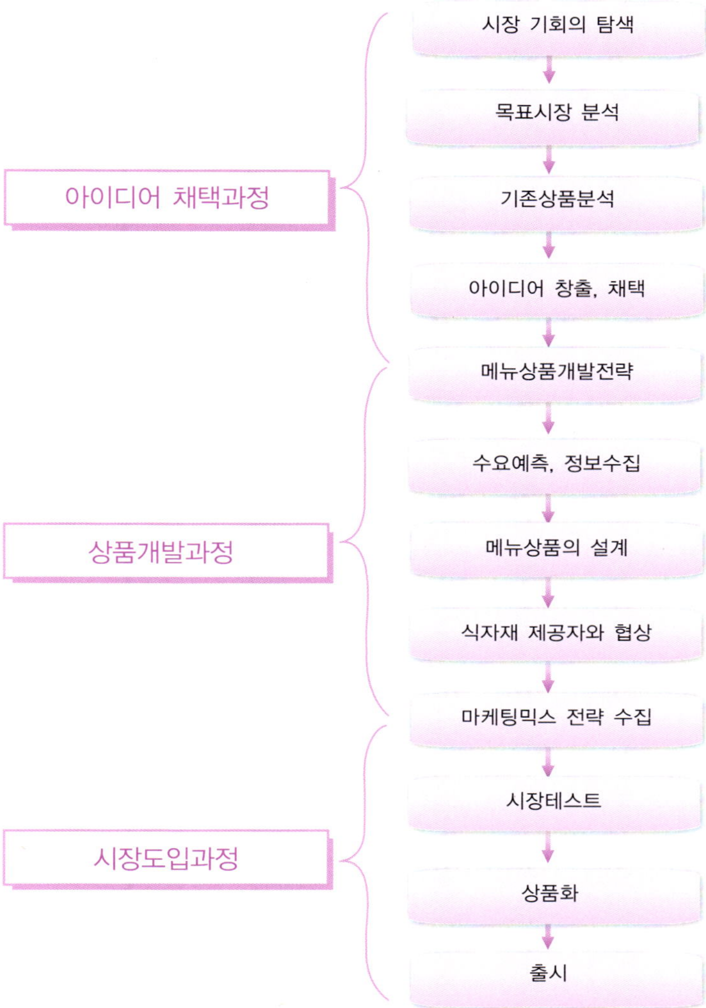
아이디어 채택과정
상품개발과정
시장도입과정
시장 기회의 탐색
목표시장 분석
기존상품분석
아이디어 창출, 채택
메뉴상품개발전략
수요예측, 정보수집
메뉴상품의 설계
식자재 제공자와 협상
마케팅믹스 전략 수집
시장테스트
상품화
출시

그림 4-5 메뉴 개발 단계

Chapter 5

메뉴 가격결정

1. 메뉴 가격결정의 원리
2. 메뉴 가격결정 이론과 실제
3. 메뉴 가격 전략
4. 메뉴 가격결정에 영향을 미치는 요인
5. 가격결정 방법

Chapter 05.

메뉴 가격결정

1. 메뉴 가격결정의 원리

소비자가 제품이나 서비스를 소유 또는 이용함으로써 얻어지는 편익benefits과 맞바꾸는 제가치의 합계를 가격이라 하는데 가격이 지나치게 높으면 소비자는 구매를 감소시킬 것이고 따라서 수익도 줄어들 것이며, 지나치게 낮은 가격이면 그 가격이 창출해낼 수 있는 수익조차 상실하게 될 것이다.

또한 식당마다 품목이 다르고 제공하는 서비스도 다른 만큼 정확한 가격결정 방법을 말하기란 쉬운 일이 아닐 것이다.

식당에서 가진 능력을 제대로 평가하여 적당한 이윤과 고객에 대한 최선의 배려로 이루어진 가격이야말로 미래를 내다보는 장기적인 사업수완이라고 할 수 있을 것이다. 그러므로 가격결정 및 정책의 중요성과 그에 대한 결정은 식당에 있어서 매우 커다란 부분을 차지하고 있다고 볼 수 있다.

메뉴 가격의 결정도 객관적이어야 하며 표준에 근거를 두어 정확하게 책정되어야 하며 시장 여건 및 경쟁적인 여건들이 주관적인 견해라 해도 알맞은 계획하에 냉철하게 판단되어야 할 것이다.

미래의 외식사업은 더욱 새로운 변화를 요구할 것이며 고객의 욕구도 수용해야 하며 가격에 대한 가치를 충분히 인식시킬 수 있는 과학적이고 합리적인 메뉴가격결정이 이루어져야 할 것이다.

① 가격은 외식업체의 성패에 큰 영향을 미친다.

② 합리적인 가격 및 가격 분포는 메뉴를 잘 포장해 주는 예쁜 포장지와 같다.

③ 불합리한 가격은 고객의 구매력에 나쁜 영향을 주어, 시장상황을 혼란시키고 자사의 영업이익에 심각한 타격을 준다.

④ 메뉴 가격을 결정하는데 있어서 신생 기업이 경쟁의 우위를 확보하기 위해서는 다음과 같은 것을 고려해야 한다.

- 수요를 자극할 수 있는 가격인가?
- 경쟁력이 있는 가격인가?
- 비용과 이익이 균형을 이루고 있는가?
- 가격에 있어 리더가 될 수 있는가?

⑤ 고객은 그들이 지불할 가격과 가치를 식음료가치, 서비스가치, 분위기가치, 위생과 같은 복합적인 요소를 근거로 하여 판단한다.

⑥ 고객은 지불액 이상의 가치가 있는 곳이라면 어느 곳이라도 찾아간다.

⑦ 그러므로 음식의 질만이 아니라, 분위기나 서비스 등 총체적인 사항들을 고려하여 가격이 결정되어야 한다.

표 5-1 가격의 정의

시간적 정의	1. 값, 금 2. (경)화폐로서 나타낸 상품의 교환가치
간단한 정의	가격이란 제품이나 서비스에 대하여 부과되는 금액
넓은 의미의 정의	가격은 소비자가 제품이나 서비스를 소유 또는 이용함으로써 얻어지는 편익과 맞바꾸는 제가치의 합계

2. 메뉴 가격결정 이론과 실제

기업의 내부적 · 외부적 요인이 가격 결정에 영향을 미친다. 내부적인 요인으로는 기업의 마케팅목표, 마케팅 믹스의 전략, 제비용, 조직 등이 있다. 또한 외부적인 요인으로는 시장의 특성과 수요경쟁, 환경적 제약 등이 있다.

현재 기업에서 실제 사용하는 경제용어를 요약하면 다음과 같은 것들이 있다.

① 손익 분기점 ② 최소 판매점
③ 가격절감수익/판매량 비율 ④ 부수적 판매
⑤ 수익 극대화 ⑥ 매출 믹스
⑦ 수익 체감 ⑧ 시장 점유율

다음에 언급하는 모든 원칙은 전략적 수익계획을 준비하는 데에 많은 도움을 주게 될 것이다. 영업시간, 할인, 손익분기점과 관련된 계산들은 비과학적인 방법에 바탕을 두어서는 안되며 경제학적 원리를 바탕으로 해야 한다. 예로 들고 있는 공식이 절대적이라고는 할 수 없지만, 과거에 추측에 의존하였던 것에 비하면 더 과학적이고 효율적으로 평가할 수 있는 기회를 제공하게 될 것이다.

1. 손익분기점 BEP : Break-Even Point

손익분기점은 수익과 판매량의 관계로, 도표나 산술계산에 의해 파악할 수 있으며, 손익분기점을 구하기 위해서는 다음과 같은 비용요소가 필요하다.

① 고정비(FC) : 매출과 관계없이 발생하는 비용
② 변동비(VC) : 매출에 따라서 변동하는 비용
③ 총비용(TC) : 고정비와 변동비의 합계액

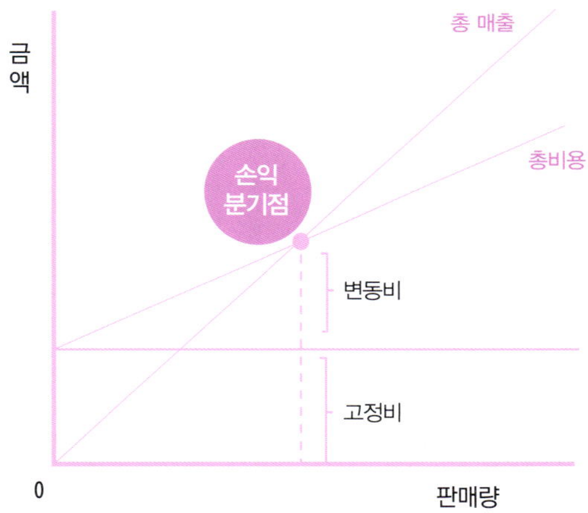

그림 5-1 손익분기점

순이익은 다음과 같이 쉽게 산출할 수 있다.

총 매출액	10,000,000원
변동비	6,000,000원
고정비	+ 2,000,000원
총비용	8,000,000원
순이익(세전)	2,000,000원

한편, 손익분기점은 다음 공식으로 계산할 수 있다.

$$\text{손익분기점(BEP)} = \frac{\text{고정비}}{[1-(\text{변동비}/\text{총판매})] \times 100}$$

즉,

$$\text{BEP} = \frac{2{,}000{,}000\text{원}}{[1-(6{,}000{,}000\text{원}/10{,}000{,}000\text{원})] \times 100}$$

$$= \frac{2{,}000{,}000\text{원}}{[1-0.6] \times 100} = \frac{2{,}000{,}000\text{원}}{40}$$

$$= 50{,}000\text{원}$$

손익분기점은 손익분기에 필요한 고객의 수를 산출하며 그 공식은 다음과 같다.

$$\text{Q(단위매출량)} = \frac{\text{고정비}}{\text{단위(총수익)당 공헌이익}}$$

앞의 손익분기점 계산에서 사용된 수치로 설명하면 다음과 같다.

$$\text{Q} = \frac{2{,}000{,}000\text{원}}{5{,}500\text{원(평균음식가격)} - \text{총 변동비}} = \frac{2{,}000{,}000\text{원}}{5{,}500\text{원} - (5{,}500\text{원의 } 70\%)}$$

$$= \frac{2{,}000{,}000\text{원}}{5{,}500\text{원-}3{,}850\text{원}} = \frac{2{,}000{,}000\text{원}}{1{,}650\text{원}}$$

$$= 121\text{개}$$

매출촉진을 위해서 프로모션을 한 메뉴는 손익분기점을 지나가면 수익을 촉진시킬 수 있다.

변동비의 관리는 낮은 매출로도 수익을 증가시킬 수 있는 요인이다. 에너지 절약과 낮은 보험료를 위한 사고의 감소는 고정비를 줄이고, 손익분기점을 떨어뜨릴 수 있는 방법이다.

2. 최저판매기점 MSP : Minimum Sales Point

매장의 영업시간은 수익을 극대화할 수 있도록 정해야 한다. 개장과 종료시간은 의사결정의 도구인 영업통계수치에 바탕을 두어야 한다. 일정기간 동안의 총 매출액과 영업비용 사이의 통계 수치에 의해 최저판매기점이 정해진다.

비용과 매출을 분석하여 영업시간을 결정해야 하는데, 최저판매기점을 알아내기 위해서는 다음과 같은 수치들이 필요하다.

① 식재료비 : 38%

② 최저급료비용 : 60,000원

③ 기타 변동비 : 12%

고정비는 여기에 포함되지 않는다. 매출이 없을 때도 고정비는 지출되기 때문이다. 실질적으로 이것은 특정기간 동안의 손익분기점이라 할 수 있다.

$$\text{최저판매기점(MSP)} = \frac{\text{최저영업비용}}{1\ (100\%) - \text{최저영업비}\%}$$

즉,

$$\text{MSP} = \frac{60{,}000\text{원}}{1(100\%) - 0.5} = \frac{60{,}000\text{원}}{0.5}$$

$$\text{MSP} = 120{,}000\text{원}$$

특정 시기에 영업 활동을 할 수 있는 최소매출액은 120,000원이다. 이 매출액이 이 시기의 손익분기점이 된다.

3. 가격절감이론Mark－Down or Price Reduction Theory

오랫동안 업체에서는 가격절감이론을 적용해 왔다. 특정제품을 선택하여 가격을 인하하거나 저조한 판매 또는 생산방법, 과도한 경쟁, 궂은 날씨 때문에 가격을 인하해 왔다. 많은 업체에서는 이러한 판매가격 인하가 매출을 증가시켜서 수익을 증가시킬 것이라고 믿고 있다.

대부분의 외식업체에서도 이 이론을 적용해 왔으나, 총 수익에 미칠 결과에 대한 충분한 지식이나 검토 없이 이를 적용해 왔다.

외식업체에 있어서 가격인하는 해피 아워Happy Hour, 투포원 칵테일Two-For-One Cocktail, 다이닝클럽Dining Clubs을 통하여 행해지고 있다. 단위매출가격을 인하하고자 한다면, 현재의 총 수익을 유지하기 위해서 얼마나 매출량이 증가되어야 하는지를 알아야 한다. 총 수익은 상품화 비용이 지불된 후에 남아있는 금액이다.

칵테일을 2,000원에 판매하고 25%의 원가비용을 유지하고 있는, 바Bar를 예로 들어보자.

2,000원 (판매가격)
− 500원 (상품화 비용)
1,500원, 매출의 75%(총 수익)

해피아워에 1,000원의 가격으로 칵테일을 제공하고 총 수익을 유지하기 위해서는, 다음과 같은 계산 방식을 이용해야 한다.

1,000원 (새로운 판매 가격)
− 500원 (상품화 비용, 분량Pouring size이 변하지 않았다면 비용은 동일하다.)
500원, 매출의 50% (총 수익)

1,500원이 음료당 기대 총 수익의 비율인데, 수익이 500원으로 줄어들었다면, 3개(1,500원/500원)의 음료를 더 판매해야 한다. 가격을 인하하였을 때, 기대 총 수익을 달성하기 위해서는 매출을 200% 이상 증가시켜야 한다. 가격 절감으로 인하여 이전보다 높은 매출량을 보이고도 여전히 손실을 볼 수도 있다는 점이다. 현재의 수익과 매출을 감안하여 필요한 시간과 절감할 금액을 결정해야 한다. 해피아워의 설정과 절감액은 수익에 중요하기 때문이다.

가격 절감을 보다 장기적으로도 적용할 수도 있다. 이러한 계산은 총 수익에 미치는 해피아워 또는 밀-클럽 맴버십Meal-Club Membership의 총 효과를 바탕으로 한다. 해피아워와 밀-클럽 계획은 하루나 일주일과 같이 특정한 기간에만 효과적일 수 있다. 따라서 가격 절감은 50%가 아니고 20% 정도가 적당하다. 투-밀스-포-원Two-Meals-For-One 가격결정은 월요일~목요일이나 오후 5~8시 사이에만 적용하는 것이 바람직하다.

앞의 손익분기점 자료를 이용하여 가격 절감 시 필요 매출액을 계산해 보자.

$\frac{\text{변동비}}{\text{매출}} = \text{변동비율}$, $\frac{6{,}000000}{10{,}000{,}000} = 60\%$, 기대 수익 1,000,000원이라고 가정하면,

$$\frac{\text{기대 수익} + \text{고정비}}{1\ (100\%) - \dfrac{\text{현재의 변동비율}}{1\ (100\%) - \text{계획한 절감액}}} = \text{필요 매출량}$$

$$\text{RSV} = \frac{1{,}000{,}000 + 2{,}000{,}000}{1\ (100\%) - \dfrac{60\%}{1\ (100\%) - 20\%}} = \frac{3{,}000{,}000}{1\ (100\%) - \dfrac{60\%}{(100\%) - 20\%}}$$

$$= \frac{1{,}000{,}000 + 2{,}000{,}000}{1\ (100\%) - \dfrac{60\%}{80\%}} = \frac{3{,}000{,}000\text{원}}{1(100\%) - 0.75}$$

$$= \frac{3{,}000{,}000\text{원}}{0.25} = 12{,}000{,}000\text{원}$$

현재 수익 수준을 유지하는 데에 필요한 매출량의 증가는 매년 12,000,000 원이다. 절감된 가격 촉진 방법에 대한 의사 결정을 하기 위해서, 이러한 정보를 이용하면 절감이 총 수익에 미칠 효과를 검토할 수 있고, 매출량에 있어서 필요한 장기간의 증가가 그 촉진들을 가치있게 만들 것인지를 결정할 수 있다.

가격절감원칙의 기본이론은 다른 곳에서 식사하는 것보다 싸게 음식을 제공하게 된다면, 더 많은 사람들이 구매하여 매출을 증가시킬 것이라는 것이다.

4. 부수적 판매

투-포-원에 의한 판매는 부가적인 효과를 가져온다. 어떤 사람이 음식서비스 업체에 들어갔을때, 가격 절감 중인 식사와 함께 부수적인 음식(와인, 칵테일, 애피타이저, 디저트 등 가격에 포함되지 않는 또 다른 메뉴음식)을 구입하는 경우, 음식이나 식사의 가격을 절약할 수 있다. 이와 같이 특별음식의 판매는 정규가격으로 메뉴에서 현재 제공되고 있는, 한 가지 이상의 다른 음식들의 판매를 가능하게 하는데, 이것이 부수적인 판매효과이다.

해피아워나 밀-클럽을 정하는 것은, 고객의 증가가 다른 음식의 매출 증가 효과를 가져올 것이라고 믿는 바탕에서 비롯된다.

매출을 증가시키기 위한 촉진책으로서 고객에게 와인을 제공하기로 결정한다. 경영자는 경험에 의하여 무료 와인 제공으로 적어도 식사할 사람의 숫자를 두배로 증가시킬 수 있다고 생각한다. 과거의 영업활동이 표 5-2와 같다고 하자.

표 5-2 영업결과

	식사	와인	총액
매출액(200명, 평균 5,500원)			1,100,000원
변동비 (식음료비)	660,000원	0원	660,000원
공헌이익	407,000원	100,000원	507,000원
급료	693,000원	100,000원	593,000원
소득			543,000원

이러한 정보를 근거로 다음과 같은 것을 예측한다고 보자.

① 와인 매출에서는 어떠한 소득도 없을 것이다.

② 저녁식사 매출은 200명(평균 5,500원)이 증가할 것이다.

③ 와인소비가 100% 증가할 것이다.

④ 40,000원이 서비스 제공자에게 추가될 것이다.

다음은 와인 촉진 계획이다.

표 5-3 와인 촉진 계획

	식사	와인	총액
매출액(400명, 평균 5,500원)			2,200,000원
변동비 (식음료비)	1,320,000원	0원	1,320,000원
공헌이익	814,000원	200,000원	1,014,000원
급료	1,386,000원	200,000원	1,186,000원
소득			896,000원

와인 촉진계획으로 353,000원의 소득을 증가시킬 수 있다. 주방에서 발생하는 부수적인 비용은 고려하지 않기 때문에, 판매 촉진을 수익적인 것으로 만들 수 있다. 결국 손실을 가져오는 음식도 높은 수익의 음식을 판매하기 위해 필요하다.

이와 같이 촉진의 목적은 매출을 증가시키는 데에 있는 것이 아니라, 수익을 증가시키는 데에 있는 것이다. 수익이 반드시 매출과 관계가 있는 것은 아니다.

5. 수익 극대화

다음 그림은 수익에 미치는 음식의 기여를 극대화하기 위한 가격결정 도표이다. 이는 다음과 같은 가정하에 성립된다.

① 수요 탄력성의 이론 : 가격이 낮으면 더 많이 팔린다.

② 단위당 평균고정비는 일정하다.

③ 수요선과 매출선의 상호작용에 바탕을 둔 가격이다.

④ 변동비는 같다.

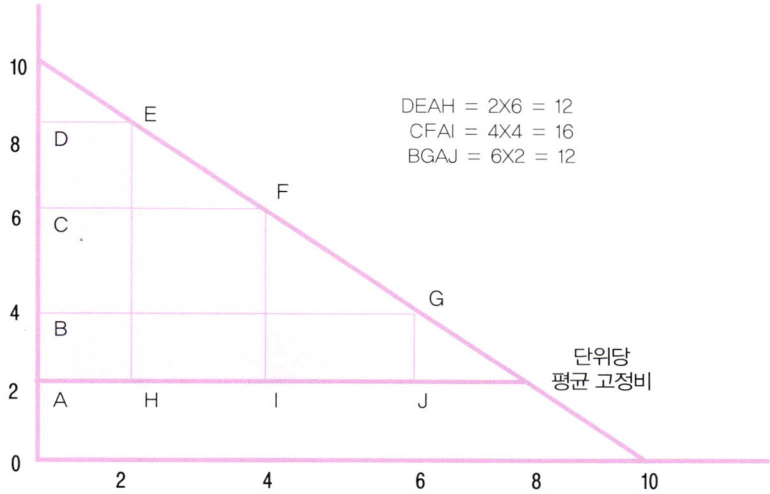

그림 5-2 가격결정 도표

이 도표는 가격대별로 수익마진 구역을 정해 준다. 고정비 A선 위에 가장 큰 단위분야를 가진 구역은, 최대가격 결정편익을 제공할 것이다.

Pope's Cafeteriz Company의 사장인 H.H.Pope는 직접인건비를 총 인건비의 1/3로 감안하여 프라임코스트 가격결정공식에 이용하고 있다. 직접 인건비는 음식의 사전조리와 음식의 조리에 이용된 인건비이다. 다른 인건비는 지원, 서비스, 관리에 사용한 비용이다. 많은 조리시간을 요하지 않는 음식들은 가격이 낮게 책정된다. 가격이 높게 책정될수록 수익에 보다 큰 기여를 하게 된다.

표 5-4 영업비

항목	원재료비	인건비	총비용	인건비로 인한 총 비용 증가율
Steak	4,000원	350원	4,350원	8.75%
Fried Chicken	1,200원	1,100원	2,300원	91.67%
Lasagna	1,250원	900원	2,150원	72.00%

표 5-5 영업수익

항목	메뉴 가격	총비용	순이익	공헌이익률
Steak	8,000원	4,350원	3,650원	45.6%
Fried Chicken	4,000원	2,300원	1,700원	42.5%
Lasagna	3,600원	2,150원	1,450원	40.3%

표 5-4와 5-5에 의하면, 낮은 원재료비를 갖는 메뉴음식은 인건비가 높으며 인건비로 인한 총 비용의 증가도 더 크다. 높은 원재료비의 음식은 조리작업이 거의 필요하지 않기 때문에, 인건비로 인한 총 비용의 증가는 작다. 결과적으로 낮은 원재료비와 높은 인건비의 메뉴음식은 높은 원재료비와 낮은 인건비의 음식보다 총 수익에 덜 공헌한다.

경영자는 고객에게 어필하기 위해서 Lasagna와 같은 낮은 원재료비와 높은 인건비의 음식으로부터 얻을 수 있는 것보다 더 큰 공헌이익을 위하여 Steak와 같은 음식의 가격을 낮출 수 있다.

6. 매출믹스

다음은 판매된 음식들의 매출믹스이다. 표 5-4과 5-5에서는 스테이크 만큼의 수익창출을 위해서 약 2.5개의 Lasagna가 판매되어야 함을 보여주고 있다. 경영계획이나 예측을 위해 가변성의 수익에 대한 기여도를 알아야 한다.

표 5-6 매출과 수익 예측

음식	총 매출에 대한 단위매출의 예측	공헌이익 (가변성의 수익)
Steak	35%	45.6%
Fried Chicken	40%	42.5%
Lasgna	25%	40.3%

메뉴음식별 비용/ 매출/ 수익의 특정변량을 결정하기 위해서는, 믹스 변량 공식을 이용할 수 있다.

① 매출믹스 변량 (호의적 또는 비호의적) × 예측한 공헌 이익률

= 매출믹스 변량 (호의적 또는 비호의적)

▶ 매출믹스가 호의적이라면, 전체도 호의적이 된다.

② 비용 변량(호의적 또는 비호의적) × 예측한 매출믹스

= 비용 변량 (호의적 또는 비호의적)

▶ 비용이 호의적이라면, 전체도 호의적이 된다.

③ 믹스 변량 × 비용 변량 = 믹스비용 변량

▶ 믹스 변량이 호의적이라면, 이것은 어떠한 비호의적인 비용 변량도 상쇄할 수 있기 때문에 전체가 호의적이 된다.

외식업체가 Steak의 실제 매출을 35%가 아닌 40%로, 쇠고기의 가격도 45.6%가 아닌 48%로 증가시켰다면, 다음과 같이 계산될 수 있다.

- 매출믹스 변량 5%(호의적) ×45.6=2.28(호의적)
- 비용 변량 2.4%(호의적) ×35=0.84
- 믹스비용 변량 2.28%(호의적) ×0.84=1.9152(호의적)

7. 수익체감

비용증가와 비례하여 매출이 증가하지 않기 때문에 가격결정을 하는데 있어서 수익체감의 법칙 The Law of Diminishing Returns 이 중요하다.

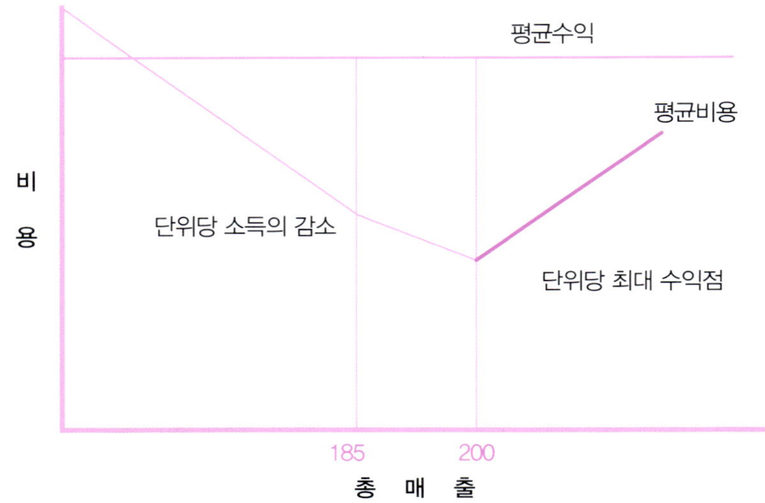

그림 5-3 수익체감의 법칙

그림 5-3은 대부분의 소득이 결혼리셉션에서 나오는 어떤 외식업체의 예이다. 과거에는 고정된 가격으로 패키지를 제공할 수 있어서 리셉션당 고객은 평균 200명으로 영업은 수익적이고 성공적이었다. 그러나 최근에 평균 고객수는 약 55명 정도로 감소했다. 음식의 양은 변동비를 줄이기 위해 감소시킬 수 있으나 오케스트라, 노동력, 임대료 등의 고정비는 실질적으로 감소된 고객수에 의해 영향을 받지 않는다. 비용을 줄이지 못할 정도의 비율로 소득이 감소했다.

8. 시장점유율

외식업체를 운영하는 사람들이 자주 듣는 질문은 "사업이 어때?"이다.

이에 대한 답은, 유사업체들의 시장점유율의 분석에서 나올 수 있다. 시장점유율은 경쟁자의 강점에 대한 상대적 강점을 나타내는 것으로 유사업체들의 판매 비율로 결정되며 이것이 개별 시장점유율이다.

시장점유율은 단위 매출량, 고객 수, 외식업체에서 사용되고 있는 다른 측정표준을 이용하여 계산할 수 있다.

전체 매출량을 예측하는 것은 외식업체 시장의 다양성 때문에 어려운 작업이며,

특히, 시장점유율을 예측하는 데에 있어서 경쟁자와 고객의 수를 확인하는 것이 중요하다.

3. 메뉴 가격 전략

1. 메뉴 가격결정

메뉴 가격의 결정은 고객에 대한 경제적 가치를 부여시키는 기능 외에도 판매에 대한 마케팅 도구와 관리 도구의 기능으로도 그 역할을 다한다.

일반적으로 메뉴 가격을 결정하기 위해서는 가격결정요소들의 적용범위와 흐름을 파악하는 것이 매우 합리적이다.

① 원가에 의한 가격결정방법direct cost pricing

② 시장에 의한 가격결정방법

③ 경쟁가격에 의한 결정방법

④ 평균비용에 이익을 합한 가격결정방법

⑤ 총비용에 이익을 합한 가격결정방법

⑥ 최소판매에 의한 가격결정방법

⑦ 전통적인 가격결정방법

⑧ 시장 주도자에 의한 가격결정방법

2. 가격결정 시 고려 사항

가격은 식자재비, 인건비, 일반관리비, 목표이익의 합으로 최종판매가를 결정하기에 앞서 외식업소 특히 운영중인 업소는 다음과 같은 사항들을 고려해야 한다.

① 동일상품에 대한 경쟁자의 가격수준

② 소비자의 가처분 소득에 따른 지불 가능 금액

③ 표적고객층에 알맞은 가격대

④ 상품의 가격탄력성과 비탄력성

⑤ 호황과 불황 시 가격변동의 폭

⑥ 고객의 구매 동기

⑦ 수요탄력성

⑧ 경쟁

3. 가격결정의 목표

메뉴 가격을 결정하는 과정에서 중요하게 여겨야 할 사항은 판매시장의 수요상황과 식재료의 구매원가를 접목시켜 가격결정의 목표를 설정해야 한다는 점이다.

메뉴에 대한 적정하고 합리적인 가격결정이야말로 소비자의 심리적 충족과 경제적 충족을 만족시킬 수 있는 대표적인 대안이 된다.

그렇기 때문에 메뉴의 가격결정은 선택된 메뉴의 질적가치에 대한 상반된 내용보다는 동반된 내용으로 질적 우위를 가져야 한다.

오늘날 호텔의 업장이나 레스토랑의 운영방법 중 하나는, 메뉴 가격을 미리 결정해놓고 업장의 경영방식을 비교적 저렴하게 하여 대중성을 유지하면서 매출액을 증대시키는 방법이다. 또 하나의 방법은 가격을 비싸게 책정하여 고품질 상품에 맞는 고객을 유치함으로써 이익을 극대화하는 방법이 사용되고 있다.

가격결정의 기본 목적은 다음과 같다.

① 가격 안정

② 표적시장 내의 시장점유율market share 확대

③ 업소 유지 및 확대

④ 새로운 시장으로 침투

⑤ 경쟁업체의 속출에 대한 방어

⑥ 목표 투자수익의 획득

⑦ 업체 이미지 개선

4. 가격결정 유형

① 경쟁 가격을 하회하는 가격 (시장 침투)

② 경쟁 가격을 상회하는 가격 (가격 차별화)

③ 경쟁 가격과 유사한 가격 (품질 경쟁)

5. 가격결정 전략

① 수요와 가격결정 → 수요는 가격에 반비례

② 경쟁가격과 가격결정 → 판매자의 위치, 개인적 인기메뉴의 독특한 속성 등

③ 원가와 가격결정 → 투자된 원가에 따른 가격 책정

④ 가치 중심의 가격결정 → 계층별, 지역사회 등

표 5-7 가격결정 전략

레스토랑에서 가장 쉽게 사용하는 전략이다.

1) 가격개념의 중요성	2) 가격결정 방법	3) 가격결정 전략	4) 원가 관리
· 가격의 개념 · 가격결정 요인	· 원가중심 가격결정 · 경쟁자 가격결정 · 고객 가격결정법	· 할인가격 전략 · 심리적 가격전략	· 원가 개념과 분류 · 원가분류 · 원가의 구성 · 원가목적과 형태 · 손익분기점

4. 메뉴 가격결정에 영향을 미치는 요인

최근에 급속한 경제 상황의 변화와 인플레이션, 종업원의 채용과 퇴출, 정부의 통제와 법규, 그리고 생산성의 한계 등 여러 가지 요소들이 메뉴 가격결정에 큰 영향을 미치고 있다.

아울러 외식산업의 대중화와 고객들의 취향의 변화에 따라 그들의 욕구도 다양화되고 수시로 변화되면서 차별화된 상품과 시설 그리고 분위기를 경험하기를 원하고 있다. 따라서 메뉴 가격은 고정적일 수 없으며, 이러한 변화에 항상 유동적으로 대처해야만 한다.

어떤 레스토랑의 경영자이든, 이들이 직면하고 있는 가장 중요한 과제 중의 하나는 메뉴의 가격결정이다. 시스템에 의한 가격결정은 대부분이 추측에 불과한 경우가 많다. 가격결정은 예술작품에 가격을 매기는 것과 같다.

책정된 가격은 업소 수입의 유일한 근원이므로, 메뉴상의 음식가격은 업소의 성패를 결정하는 것이다.

메뉴 가격결정은 하나의 수익계획절차이다. 매출과 수익은 음식의 메뉴 가격에 의해 결정된다. 수익은 '노력에 대한 대가'라고 정의할 수 있다. 경영자는 가격결정 정책에 있어 수익에 대한 목표를 수립해야 하는데, 경제적이면서 전략적인 목표는 가격이 설정되었을 때에만 세워져야 한다. 가격은 ① 고객 ② 시장상황 ③ 경제상황과 관계가 있다.

메뉴 가격은 수요탄력성의 곡선에 의해서도 조정된다. 메뉴 가격이 시장가격보다 높다면, 고객은 다른 곳으로 가버리며 시장가격보다 낮으면, 손실이 발생한다.

일년에 한 번 이상 경영자들은 메뉴의 가격 결정을 재평가하고, 필요한 조처를 해야 한다. 가격인하로 인하여 수요가 증가하고 있다면, 그 음식은 가격에 민감한 음식이다. 가격 인상으로 인하여 수요가 감소할 경우에도 마찬가지이다. 성공적인 가격결정이란 고객이 지불가능하고 업소가 수익을 남길 수 있는 가격을 의미한다.

상품에 대한 인지가치에 따라 메뉴음식의 가격은 고객의 마음 속에 하나의 가치를 형성하기 때문에, 서로 다른 음식들은 서로 다른 지각가치를 가진다. 시장에서 메뉴음식들은 고객들에게 서로 다르게 인지된다. 품질과 높은 지각가치는 음식의 외관, 서비스, 맛에 의해 결정된다. 높은 메뉴 가격일지라도 메뉴음식을 상품화하고 제공하는 데에 있어서 독창적이라면, 더 좋게 인지된다.

메뉴가격을 결정하기 위해서는 다음과 같은 요소들이 고려되어야 한다.

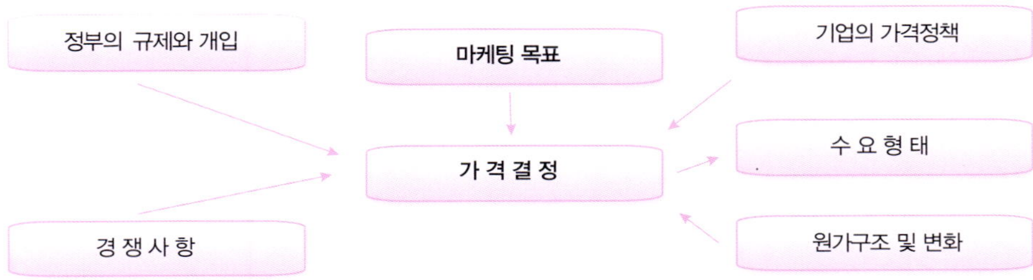

그림 5-4 가격결정에서 고려해야 할 주요 변수

① 외식업체의 유형

외식업체는 유형에 따라 패스트푸드, 패밀리 레스토랑 등으로 분류되며 이러한 유형에 따라서 메뉴 가격도 달리 책정된다.

② 식사 시기

식사시기(조식, 중식, 석식)는 고객이 지불하고자 하는 금액에 영향을 미친다.

③ 서비스의 스타일과 정교함

서비스의 질에 따라 고객의 지불 금액이 달라진다.

④ 경쟁

가격 결정에 있어서는 경제학적 이론을 바탕으로 하여야 한다.

⑤ 고객 믹스

고객의 성별, 계층별, 소득, 직업과 기타 다른 인구 통계학적 자료에 바탕을 둔다. 모든 가격결정 시스템에 있어, 지불할 돈의 주체는 고객이다.

⑥ 수익 목표

경영자들은 메뉴 음식가격을 변화시키고자 할 때, 많은 어려움을 겪는다. 가격을 변화시킬 때는 수요탄력성에 바탕을 두어야 한다. 고객이 가격변화에 민감하다면 변화의 시기와 그 증감폭은 성공을 위한 중요한 요소가 된다.

그림 5-5 가격결정 요인

5. 가격결정 방법

1. 비과학적인 가격결정

다른 경쟁업체를 방문하고 그 업체의 메뉴가격을 그대로 적용하는 것은, 두 외식업체의 상황이 다르다는 점을 고려할 때 이상할 수밖에 없다. 그러나 우리 주변에서는 그런 일이 많이 행해지고 있다.

메뉴 가격을 결정할 때 안전한 시스템은 경영자 본인이 직접 가격을 개발하는 것이다. 이렇게 하기 위해서는 메뉴상의 가격에 영향을 미칠 수 있는 요인들을 체크하여야 한다. 다른 업체의 메뉴 가격결정이 성공적이라도, 그 업체의 가격을 따라서는 안 된다. 그 업체는 나름대로의 경영요인을 가지고 있을 수 있기 때문이다. 업체의 건물이 자신의 소유물일 수도 있고, 직원 중에 가족이 있어서 인건비를 절약할 수도 있다. 따라서 자신의 업체에 맞는 시스템을 개발하여야 한다.

2. 요인 가격결정

(1) 식재료비 승수요인 시스템

요인 시스템은 오래동안 사용되어 왔다. 원재료비는 메뉴판매가격을 결정하기 위하여 이미 결정된 가격결정 요인에 의해 구해진다. 기대 식재료비는 요인을 구하기 위하여 결정되어야 한다. 식재료비를 37%라 가정한다면, 이것을 100으로 나눈 2.7(100 ÷ 37)이 요인이다. 메뉴 가격은 승수요인에 원재료비를 곱하여 결정할 수 있다. 공식은 다음과 같다.

원재료비 × 요인 = 가격

원재료비 ÷ 비율% = 가격

승수요인으로 식재료비의 비율을 알 수 있다. 승수요인이 2라고 가정하면, 식재료비는 50%이다. 승수요인이 2.5라고 가정하면, 식재료비는 40%이다. 식재료비가 4천원, 요인이 2(50%)라면, 가격은 8천원(4천원×2)이다. 식재료비가 4천원, 요인이 2.5(40%)라면, 가격은 1만원(4천원×2.5)이다. 식재료비가 4천원, 요인이 3.3(30%)라면, 가격은 1만 3천 2백원(4천원×3.3)이다.

요인 시스템은 업체에서 많이 사용되고 있다. 이것은 메뉴 가격을 결정하는 가장 쉬운 방법이다. 이 방법에는 고려해야 할 두 가지 사항이 있다.

첫째, 식재료비를 37%로 결정하였을 경우 63%의 수입으로 식재료비 이외의 모든 비용을 상쇄시킬 수 있어야 한다. 그렇지 못하다면 또 다른 가격결정 시스템이 필요하다.

둘째, 월말까지 식재료비 이외의 비용이 63%를 초과하고 있다는 것을 모를 경우가 있다. 이 경우에 가격 결정은 잘못되었으며 잘못된 가격 결정이라는 것을 상당한 손실을 입은 이후에야 비로소 알게 된다. 이 시스템의 단점은 식재료비 이외에 다른 원가를 고려하지 않고 있다는 것이다. 또한 고객들이 모든 음식에 대해 정해진 수익적인 가격을 지불하지 않을 것이라는 지각가치도 고려하지 않고 있다.

(2) 프라임코스트 시스템

식재료비 이외에 직접인건비를 고려하는 프라임코스트 시스템은 H.H.Pope에 의하여 개발되었다. 이 시스템은 그가 처음에 대상으로 하였던 카페테리아 업체에 자주 사용되어 왔다. 이 시스템의 원재료비는 표준양 목표로부터 결정이 된다. 프라임코스트는, 원재료비가 5,330원이고 직접인건비가 900원일 경우에 6,230원이 된다. 조리작업에 참가한 노동력에 대한 직접인건비만이 프라임코스트에 포함된다. 노무나 관리서비스, 청소나 이와 유사한 활동들이 프라임코스트에 포함되지 않는다. 재무제표를 통하여 전체 인건비가 결정되며 직접인건비는 보편적으로 전체 인건비의 1/3정도가 된다. 이것은 정확하지는 않으나 대부분의 경우에 적합하다.

메뉴 가격은 결정된 프라임코스트에 요인을 곱하여 결정된다. 요인결정은 전체 인건비에서 직접인건비를 공제하는 것으로부터 시작된다. 37%의 식재료비를 이용하고 있기 때문에 인건비는 대략 27%로 가정할 수 있다. 직접인건비는 전체 인건비의 1/3이므로 9%이다.

직접인건비 9%는 63%의 마진에서 공제하게 된다. 공제된 53%의 요인은 1.88(100/53)이다. 메뉴 가격은 다음과 같이 계산된다.

6,230원 × 1.88= 11,770원

Pope는 편의식품을 이용하지 않았기 때문에, 자신의 시스템이 적합하다는 것으로 알고 있고, 직접인건비가 가격결정시스템의 중요한 요인이라고 생각하고 있다.

이 방법도 가격결정에 직접인건비를 포함하고 있다. 하지만 다른 원가, 예를 들면, 수익, 고객의 지각가치 등을 고려하지 않고 있다.

3. 평균수익 가격결정

이 방법은 제공되는 모든 메뉴에 대한 원가가 분명하게 계산될 수 있다는 것과 모든 고객이 식재료 이외의 원가들과 수익을 상쇄시킬 만큼의 기여를 할 수 있다는 것을 가정한다.

(1) 평균수익 계산

표 5-8 평균수익에 의한 가격 결정

음 식	주요식재료비	부수식재료비	평균수익	판매가격
반마리 치킨	750원	500원	3,000원	4,250원
스 테 이 크	2,500원	500원	3,000원	6,000원
랍 스 터	3,500원	500원	3,000원	7,000원

• 판매가격은 평균수익에 주요원가와 부수원가를 더하면 된다.

(2) 부수원가 계산

표 5-9 요인에 의한 가격 결정

음 식	주요식재료비	부수식재료비	평균수익	판매가격
반마리 치킨	750원	500원	2.5	3,150원
스 테 이 크	2,500원	500원	2.5	7,500원
랍 스 터	3,500원	500원	2.5	10,000원

• 40%의 식재료비와 승수요인 2.5(=100/40)를 이용하는 가격결정방법이다.

평균수익방법을 이용하여 메뉴가격을 결정하게 되면, 높은 가격의 음식들은 상대적으로 낮은 가격으로 설정된다. 이 시스템은 주로 값비싼 음식을 찾는 고객들에게 좋은 방법이지만, 값싼 음식들을 찾는 고객들에게는 그러하지 않다. 이 시스템은 과거의 재무기록들을 이용하며, 경영자가 사전에 고객들이 지불할 금액을 알고 있어야 한다.

이 시스템은 현재, 애피타이저, 앙트레, 디저트, 부수음식 등에 대한 평균수익이 사전에 결정된 스테이크하우스 등에서 이용되고 있다. 이러한 업체에서는 메뉴 개개에 대한 평균수익이 계산되어 있다. 이 시스템에 의거하여 개별 음식들은 필요한 평균수익에 따라 가격이 결정된다.

평균수익 가격결정방법에 있어서 전제조건은, 고객 개개인들이 음식과 관련된 모든 원가를 똑같이 분담하여야 한다는 것이다. 이 방법은 모든 고정비와 영업비용을 가격시스템에 적용시키고 있다. 비용은 일정한 액수로 배분되는데, 배분 액수는 손익계산서에 있는 과거의 영업결과에 따라 결정된다.

이 시스템은 쉽게 적용되며, 연회나 기타 다른 식사제공 행사에서 이용하기에 좋다. 평균수익 시스템은 원가 계산과 고객 수가 미리 정해져 있는 경우에 판매가격의 결정에도 도움이 된다.

평균수익방법은 음식을 제공함에 있어서 회전율이 일정한 병원 음식을 서비스하는 업체에 더 잘 적용될 수 있다. 영업원가의 변화도 심하지 않고 기록들도 더 쉽게 얻을 수 있기 때문이다. 수익이 전체메뉴에 대한 것이 아니라 개개의 음식들에 대해서 쉽게 계산될 수 있는 업체에 있어서도 이러한 방법은 적용될 수 있다.

이 시스템의 단점은 불황 시에 가격 조정이 어렵다는 것이다. 업자가 수익을 위해 필요한 금액을 설정하였다면, 전체 고객 수에 바탕을 두어야 한다. 고객이 줄어든다면 잘못될 수도 있기 때문이다.

급격한 가격 변동이나 고객 수의 변화가 없다면, 평균수익방법은 좋은 방법이다. 그러나 변화가 발생하면 식재료비가 이 시스템에서 중요한 요소가 아니므로 실제 원가나 비용을 왜곡시킬 우려가 있다.

평균수익은 중요한 요소이며, 업체의 순이익을 계속하여 보장하여 준다.

4. 목표수익 가격결정

이 방법은 가격을 결정하기 위하여 모든 원가들을 목표수익에 더하는 것으로 다음과 같이 행해진다.

(1) 계산방법 I

① 식재료비 : 3,700원, 변동비율 : 매출의 11.05%

② 인건비 : 2,600원, 고정비율 : 매출의 20%

③ 수익률 : 매출의 10%

④ 식재료비와 인건비 : 6,300원, 총 비율 : 매출의 41.05%

① 판매가격 = x

② 총 비율 = 41.05% (11.05% + 20% + 10%)

③ 식재료비와 인건비 = 6,300원

④ 식재료비와 인건비 비율 : 100% = 41.05% + 58.95%

⑤ $0.5895x$ = 6,300원

⑥ x = 6,300원 ÷ 0.5895

⑦ x = 10,690원

표 5-10 30인분의 포트로스트Pot Roast를 조리하는 데 필요한 인건비 계산

필요한 시간	노동력분류	시간당 원가	로스트당 원가	1인분당 원가
20분	숙련자	12,000원	4,000원	13,300원
40분	보통사람	9,000원	6,000원	20,000원
20분	비숙련자	6,000원	2,000원	6,700원
합 계			12,000원	40,000원

*필요한 시간에는 준비, 조리, 로스트 슬라이스 시간이 포함되어 있다.

또 다른 접근방법은 식사 수와 그들을 조리하는 데에 필요한 시간을 고려하는 것으로, 표 5-11과 같이 계산할 수 있다.

표 5-11 평균 인건비

식사	조리시간	평균시간임금	인건비	매출량	평균인건비
조식	40	6,000원	240,000원	480	500원
중식	80	6,000원	480,000원	640	750원
석식	60	6,250원	375,000원	396	950원

이 접근법은 생산, 서비스, 위생, 행정과 같은 부분을 제외하고 계산한다.

인건비를 계산하는 또 하나의 유형은 조리시간으로 모든 음식을 분류하는 것이다. 생산시간을 5분, 10분, 15분으로 구분할 수 있다고 가정한다.

매출량이 60개, 인건비가 20,000원이였다면, 5분간격으로 조리되는 음식의 인건비는 표 5-12와 같이 계산이 된다.

표 5-12 단위 인건비

범주	조리시간	음식수	노동력	인건비	평균인건비
가	5분	10개	1명		2,900원
나	10분	30개	3명		5,800원
다	15분	20개	3명		8,700원
합계		60개	7명	20,000원	

20,000원의 인건비로 60개의 음식을 생산하는데, 7명의 노동력이 필요하다면, 5분의 평균 인건비는 2,900원(20,000원/7명)이다. 10분의 평균 인건비는 이것의 두 배로 5,800원이다. 15분의 원가는 8,700원(3×2,900원)이다. 음식 '나'와 '다'는 음식 '가'와 비교된다. '나'가 10분이면 단위 인건비는 '가'의 2배가 되며 '나'가 7.5분이면, '가'의 1.5배가 된다.

(2) 계산 방법 Ⅱ

① 식재료비 + 인건비 + [(변동비율 + 고정비율 + 수익률) × 가격] = 100% × 가격

4만원 + 1만 5천원 + [(0.10 + 0.15 + 0.15) × 가격] = 1.0 × 가격

5만 5천원 + 0.40 × 가격 = 1.0 × 가격

5만 5천원 = 0.60 × 가격

판매가격 = 5만 5천원 ÷ 0.60

② 100% × 가격 − (변동비율 + 고정비율 + 수익률) × 가격 = x

1.0 가격 − (0.10 + 0.15 + 0.15) × 가격 = x

x = 1.0 × 가격 − 0.40 × 가격 = 0.60 × 가격

(식재료비 + 인건비) / x = 가격

판매가격 = (4만원+1만 5천원) ÷ 0.60 = 91,600원

∴ 가격은 91,600(55,000/0.60)원이다.

실제의 원가 산정방법에는, 가격에 모든 원가와 기대수익이 포함되어 있다. 그러나 지금까지 설명했던 다른 방법들과 마찬가지로, 이것은 다른 비정량적인 요인들을 고려하지 않고 있으며, 모든 음식에 적용될 수 없는 단점을 가지고 있다.

이 방법과 유사한 방법이 있다. 이것은 원가나 수익보다는 기대 판매가격과 관련되어 있다는 점에서 앞에서 다루었던 방법과는 상당히 다르다. 이 방법은 판매가격을 원가보다 가치에 더 무게를 두는 것이다. 게스트 체크Guest Check나 여타 다른 자료를 이용하여 어떤 메뉴가 인기가 있으며, 가격 기대범위가 어디인지를 결정한다. 그리하여 적합한 원가를 가지고 수익을 많이 내는 음식들이 선택된다.

그리고 수익, 인건비, 고정비에 대한 판매의 비율이 계산된다.

1만원의 가격이 고객이 기꺼이 지불할 가격이라고 가정하고, 기대 수익률이 15%, 인건비율이 30%, 고정비율이 15%라면 다음과 같이 계산된다.

100%×가격 = (수익율 + 인건비율 + 고정비율)×가격 + 식재료비

100%×가격 = 60%×가격 + 식재료비

40%×가격 = 식재료비

4천원 = 식재료비

1만원의 40%인 4천원이 식재료에 투입될 수 있는 금액이 된다.

이 방법은 고객이 어느 정도 지불할 것인지를 고려하여 수익을 확보할 수 있는 이점을 가지고 있다. 그러나 업체마다 서로 다른 가격이 있을 수 있어서 수익적이고 인기있는 가격 범위의 결정은 어려울 수 있다.

그러나 대부분의 업체들은 고객이 원하고 있는 것과 고객이 지불할 수 있는 지불액을 알고 있기 때문에, 쉽게 접근 할 수 있는 방법이기도 하다.

(3) 계산방법 Ⅲ

이 방법은 가격결정의 정량적 방법 중에서 최적의 방법으로 받아들여지고 있다. 이 방법도 요인을 이용하나 요인은 경쟁적 가격 혹은 낮은 판매량의 음식이나 높은 판매량의 음식들에 대하여 사업에 도움이 되는 가격을 위하여 수정된다.

이 방법에 필요한 자료에는 기타 비용으로 분류되는 비식품류의 원가가 있다.

16인분의 스테이크를 만들기 위해 시간당 10kw를 소비하는 전기오븐에서 2시간 동안 구워야 하며 전기료는 1kw에 80원이라고 가정한다면 다음과 같이 계산된다.

① 에너지 소비는 20kw(2시간 × 10kw)이다.

② 에너지 비용은 20kw × 80원 = 1,600원이다.

③ 16인분을 위한 에너지 비용이 1,600원이므로, 스테이크 1인분 당 에너지 비용은 100원이 된다.

이러한 수치는 사전 가열시간이나 장비를 켜는 시간과 같은 음식을 조리하지 않는 시간이 포함되지 않지만, 하나의 기준으로 받아들일 수 있다. 그러나 가격산정에 있어, 특정메뉴음식에 대한 에너지 비용을 고려하는 것이 바람직하다.

가격(기타 비용+인건비)의 비율은 비식품류원가와 수익에 할당된 가격의 총비율이다. 이들 비율을 가격비율에서 감하면, 구입 가능한 식재료 가격의 비율이 나온다. 가격은 식재료비를 이 비율로 나누면 계산된다.

수익을 위한 비율은 중요하다. 왜냐하면 이것은 판매된 음식의 매출량, 경쟁가격, 업체가 중요하다고 생각하는 다른 요인들에 따라 다르기 때문이다.

표 5-12는 각 메뉴별 이윤의 예시표이다.

표 5-13 메뉴별 이윤의 범주

구 분	이윤(%)
애피타이저 류	20~50
샐러드 류	10~40
앙트레 류	10~25
야채 류	25~50
음료 류	10~20
빵 류	10~20
디저트 류	15~35

상황의 변화로 불가피한 경우에는 이들의 범위를 바꿀 수 있다.

햄버거를 판매한다고 가정하자. 햄버거가 판매되지 않을 위험은 거의 없으며, 경쟁적으로 가격을 결정해야 하기 때문에, 앙트레의 최소 수익폭인 10%가 선택된다. 인건비는 매출액의 25%, 기타 원가도 25%라고 한다면, 식재료비를 제외한 비율은 60%(25%+25%+10%)이다.

따라서 식재료비에 이용될 수 있는 비율은 가격의 40%이다. 식재료비는 가격을 산출하기 위하여 이 비율로 나누어 진다. 식재료비가 4천원이라면, 가격은 1만원이 된다.

표 5-14 후라이드 치킨점의 원가비와 목표 수익비

후라이드 치킨점	후라이드 치킨 레시피
영업비용 27% 인 건 비 26% 목표 수익 17%	닭고기 500원 밀가루 10원 계 란 15원 빵가루 15원
식재료비가 포함되지 않은 총 원가와 수익의 비율 70%, 식재료비의 비율 30%	식재료비 540원

위의 예에서 총 원가와 수익의 비율이 7:3이므로, 총 원가와 수익은 1,260원과 540원(30%:70%)이 되며, 가격은 1,800원(540원+1,260원)이 된다.

어떤 경우에 있어서는 목표수익비율을 계산하기 위하여 다른 방법을 이용할 수 있다. 특정음식을 목표수익 범위의 연속선상의 한 부분에 두는 것으로, '높음', '보통', '낮음'이 아니라, '보통보다 조금 높음', '보통보다 조금 낮음'과 같이 구분할 수도 있다.

이것을 적용하려면, 표 5-13와 같이 비용/위험요인과 매출량에 바탕을 두어서 수익폭의 범위를 결정해야 한다. 예를 들자면, 아이스크림은 보통 냉동으로 유지되어 위험이 없다고 생각할 수 있으나, 아이스크림을 서비스할 때 손실될 가능성이 높아서 많은 어려움이 있는 품목이다.

표 5-15 변형된 이윤의 범주

구분	매출량		비용/ 위험		항목	이윤
	높음	낮음	높음	낮음		
1		○	○		Apple Pie	높음
2	○		○		Shrimp Cocktail	보통
3		○		○	Strip Steak	보통
4		○	○		Lobster Tail	높음
5	○			○	French Fried	낮음
6	○		○		Hamburger	보통
7		○	○		Club Sandwich	높음
8	○			○	Milk Shake	낮음
9				○	Fried Chicken	보통
10	○		○		Rib of Beef	보통

5. 비교 가격결정

메뉴 가격을 결정하는 데에 있어서는 절대적인 방법이나 간단한 방법은 없다. 표 5-14과 같이 여러 가지 요인들을 비교하여 가격을 결정하는 것도 좋은 가격결정 방법이 될 수 있다.

표 5-16 비교 가격 결정의 예

메 뉴 음 식	요인	평균 수익	목표 수익	경쟁 업체	경쟁 업체	최종 메뉴가격	가치 판단

여기에는 각각의 메뉴음식에 대해서 이용할 수 있는 가격결정시스템이 기록된다. 경쟁업체들과도 비교하기 위하여 유사 경쟁업체의 가격, 품질과 분위기를 점검하고, 경쟁업체의 가격을 인용한다. 여기서의 가정은 경쟁업체와 상품의 품질이나 서비스의 분위기가 같다는 것이다.

이와 같이 비교하여 적합한 가격을 결정하고, 최종적으로 매출과 수익에 관련하여 가치판단이나 정책을 세운다.

6. 연회음식 가격결정

외식업체에서는 손님이 예약하고 오지 않는 상황을 종종 겪는다. 연회음식을 제공하는 업제들은 실제 참석인원보다 예약 고객수가 항상 더 많다는 것을 알고 있다. 업체가 견적가격에 바탕을 두고 영업을 할 경우에는 소요된 비용을 상쇄시킬 수 없을 뿐만 아니라, 참석인원이 줄어드는 만큼 모든 영업비용이 비례적으로 감소하지 않는 경우가 대부분이다.

연회 가격결정시스템은 제스크Lee Zesch에 의해 개발되었다. 이 시스템은 수익극대화의 원리, 평균수익 가격결정시스템, 수익/ 매출량 비율에 바탕을 두고 있다.

제스크시스템에 따라 아래와 같이 연회음식 가격결정표는 총 비율을 산출하기 위하여 작성된다.

Check point

연회음식 가격결정을 위한 총 비용산출

1. 식재료비
2. 조리 인건비
3. 고정비 (1과 2 합계액의 10%)
4. 수익 (1,2와 3 합계액의 50%)

   소 계

5. 부수적인 비용
6. 식료비 (1인당 500원에 7시간 동안 제공, 50명 × 500원 =25,000원, 7시간×25,000원)
7. 음료비 (1인당 400원에 7시간 동안 제공, 50명 × 400원 =20,000원, 7시간× 20,000원)
8. 장비 임대료

총 합계	총비용 880,000원
	참가수 50명
	참가한 개인당 비용 17,600원
	개인당 식재료비 4,000원

10명일 경우에 식재료비는 4만원이 된다. 10명이 빠진다면 840,000원의 새로운 총 비용이 산출된다. 40명일 경우에 개인당 총 비용은 21,000원으로 50명일 경우의 17,600원과는 3,400원의 차이가 생긴다.

이것을 참석하지 않는 인원 10명으로 나누면, 개인당 340원이 된다. 따라서 49명일에 경우에 개인당 가격은 340원이 늘어나서 17,940원이 된다. 그리고 48명일 경우에 개인당 가격은 720원이 늘어나서 18,280원이 된다.

이러한 가격결정시스템은 인원수가 줄어들면 가격은 증가하게 되므로 일반적인 메뉴 가격결정과는 다르다. 고정비와 줄어들지 않는 비용들은 고객들에게 떠넘기게 되는 것이다.

40명과 30명의 가격 변화를 순응률에 따라 다시 계산하게 된다.

이러한 가격결정시스템은 연회 사업자의 보호를 위하여 개발된 것이어서, 이것을 사용할 경우에는, 가격이 참석인원에 따라 차이가 있다는 것을 고객에게 설명해 주어야 한다. 연회 계약은 1인당 가격에 바탕을 두고서 이루어져야 한다.

7. 심리적 가격결정

1982년 8월 코넬커터리에서 크롤M. Kreul과 스탁A.M. Stock은 매직넘버 Magic Number라고 불리우는 논문을 발표했다. 이 논문은 이러한 가격 결정을 오드센트 가격결정Odd Cents Pricing 또는 소비자에게 미치는 가격의 심리적인 영향Psychological Impact of Prices on the consumer이라고 하였다. 오드센트 가격결정은 일반적으로 음식가격의 마지막 숫자로서 9나 5를 사용한다. 이러한 방법으로 가격이 결정된 메뉴들이 효과적일 것이라는 보장은 없으나, 이러한 숫자는 소비자행동을 이끌어 낼 수 있다는 것이다.

사용되고 있는 대부분의 방법들이 다소 애매모호한 것들인데, 오드센크 가격결정이 이러한 범주에 속한다. 이 방법은 소매시스템에 있어서 여러 해 동안 계속하여 사용되었다. 이것은 수익을 극대화하고, 소비자에게 심리적으로 영향을 끼치고자 하는 시도였다. 매직넘버는 소비자 구매행동을 자극하게 된다는 논리이다.

크롤과 스탁은 오드센트 가격을 다음과 같이 결정했다.

① 가격이 오드넘버로 끝난다.

② 가격이 영이 아닌 수로 끝난다.

③ 가격이 영 바로 밑의 수이다.

오드센트 가격결정은 첫 번째, 가격이 할인 혜택을 준다는 느낌을 들게 하고, 구매저항을 감소시켜 준다는 점이다. 두 번째는, 가격에 대한 생각이 고급레스토랑과 중급레스토랑에서 서로 다르다는 점이다.

오드센트 가격결정은 밖에서 식사할 수밖에 없는 사람들을 대상으로 하는 것이며, 만찬을 하고자 하는 사람들을 대상으로 하는 것은 아니다.

이 방법의 주요대상은 가격을 의식하는 고객이다. 9로 끝나는 가격들이, 보다 낮은 품질의 서비스를 제공하는 업체나 패스트푸드점에서 사용된다는 것이다.

심리적인 측면에서 가격결정 시 고려해야 할 또 다른 점은 소비자가 첫 번째 숫자를 가장 중요하게 여긴다는 것이다. 이 숫자가 음식가치에 대한 이미지를 만들어 낸다고 할 수 있다.

심리적인 가격결정에 반응을 보이는 고객은, 대체적으로 세 가지 양상을 보인다. 390원의 가격결정에 반응을 보인 고객은 이보다 낮은 가격에서 구매의사 결정을 하고자 하고, 400~790원의 가격결정에 반응을 보인 고객은 500원에서 구매의사 결정을 하고자 하며, 800원 이상의 가격결정에 반응을 보이는 고객은 가격 그대로 구매를 결정한다.

심리적인 가격결정은 외식산업에서 자주 이용된다. 이것은 모든 사람이 값이 싼 물건을 찾는다는 것을 가정한 것이다. 이러한 가정이 문제가 없지 않으나 음식선택과 구매가격 사이에는 어떠한 관계가 존재하고 있다는 것을 알 수 있다.

Chapter 6

메뉴 디자인

1. 메뉴 디자인이란?
2. 메뉴 디자인의 유형
3. 메뉴 디자인의 시선
4. 메뉴 디자인의 레이아웃
5. 표지
6. 가격명시
7. 메뉴의 카피
8. 메뉴북 제작 시 고려사항

Chapter 06.

메뉴 디자인

1. 메뉴 디자인이란?

메뉴 디자인이란 메뉴 계획에서 선정된 아이템을 메뉴북으로 만들어서 어떻게 고객들에게 전달되는 것이 가장 좋은 것인지를 구상하여 실행에 옮기는 것으로 메뉴의 근본적인 역할을 알리는 것이다. 선정된 아이템을 있는 그대로 기록하는 것이 아니라 고객의 취향이나 목적 등의 트렌드와 광고의 도구로 디자인되어야 한다. 메뉴 계획에서 아이템이 최종적으로 선정되면 메뉴를 디자인하게 된다.

잘 디자인된 메뉴란 메뉴 계획자가 선정한 아이템의 활자, 메뉴의 크기, 컬러, 설명, 배열, 모양 등이 의도한 대로 디자이너에 의해 메뉴북으로 만들어져서 레스토랑이 가지고 있는 콘셉트와 전체적인 조화를 통해 고객이 그 의도를 이해하고 순조롭게 결정할 수 있도록 유도하는 메뉴를 말한다.

1. 메뉴 디자인의 목적

메뉴 디자인의 목적은 상대적으로 짧은 시간 안에 고객의 시선을 끄는 것이다. 메뉴에 있는 여러 아이템 중에서 그 순간을 최대한 기억할 수 있는 아이템을 선택하여 결정을 이끌어 내는 것이다.

인쇄기술의 발달로 다양한 문양과 일러스트를 이용한 새로운 형태의 메뉴북들이 만들어지고 있으며, 고객이 메뉴를 선택함에 있어 어렵지 않고, 메뉴 계획자가 전달하고자 하는 의도를 고객이 쉽게 파악하며 대화의 도구로서 메뉴북을 접할 수 있도록 만들어야 한다.

2. 메뉴 디자인의 특성

메뉴 디자인에서 많이 팔기 위한 아이템, 즉 전략적인 아이템이나 정책적인 아이템의 배열과 배치를 메뉴상 어느 곳에 어떻게 위치시키느냐가 중요하다. 메뉴는 판매하고자 하는 아이템들이 메뉴북을 접하는 고객의 시선을 유도하여 판매와 이익은 물론 고객의 만족감도 증가시킬수 있도록 만들어져야 한다. 다시 말해 고객이 원하는 아이템을 찾기 어렵거나, 배치와 배열이 복잡하고 메뉴 설명이 없거나 어려운 용어로 되어있다면 고객은 낮은 가격 아이템 위주로 선택하게 된다. 이는 사전에 선택된 아이템으로 주문되지 않음을 시사한다.

여기서, 고객은 메뉴북을 통하여 아이템의 선택 혹은 거부 3단계로 들어선다.

첫째, 메뉴의 외형에 반응하여, 의도한 메시지를 해석한다.
둘째, 메뉴에 함축시킨 메뉴의 가치, 레스토랑과 어울리는 메뉴인지 등 메뉴의 메시지를 해독한다.
셋째, 고객은 메뉴에 나타나는 여러 가지의 양상을 선택 혹은 거부한다.

결국, 레스토랑에서 많이 팔기 위한 아이템을 선택 혹은 거부하는 것으로 메뉴북과의 대화는 일단락된다.

3. 메뉴 디자인의 활용

"메뉴가 고객에게 음식에 대한 흥미를 얼마나 유발하는가?" , "메뉴가 고객에게 시각적으로 얼마나 효과적으로 배치되어 있는가?", "메뉴에 대한 설명과 내용이 업소의 분위기와 얼마나 잘 어울리는가?"와 같은 내용들이 긍정적인 평가를 얻기 위해서는 메뉴 디자인을 얼마나 잘 활용하는가에 달려있다. 무분별한 활용은 메뉴의 기능을 약화시키고 레스토랑의 이미지를 나쁘게 할 수 있다.

따라서, 메뉴 디자인 활용에 있어 고려되어야 할 사항이 있다.

첫째, 메뉴북은 고객이 용이하게 다룰 수 있도록 되어 있어야 한다.
둘째, 메뉴북의 크기는 사용하는 고객에게 적당하여야 한다.
셋째, 메뉴 페이지의 교체가 용이하도록 해야 한다.
넷째, 메뉴북이 업소의 용도에 맞게 디자인되어야 한다.
다섯째, 메뉴북은 전반적으로 디자인과 조화를 이루어야 한다.
여섯째, 메뉴북의 재질이 쉽게 찢어지거나 닳지 않도록 하여야 한다.

2. 메뉴 디자인의 유형

메뉴 디자인은 메뉴북을 디자인함에 있어 사진, 도형, 문자 등을 일정한 공간에 배열하는 것을 말한다. 좋은 구성이란 업소에서 가장 많이 팔기를 원하는 아이템으로 고객의 시선을 끌고 특정한 곳으로 시선을 유도해 내는 구성이다. 또한 고객의 시선을 제목에 집중시켜 판매량에 영향을 미치는 쪽으로 만들어야 한다. 메뉴북 디자인은 점, 선, 면 공간으로 이루어지는 시각디자인의 영역으로서 어떻게 배치하고 활용하는가에 따라서 그 가치가 정해진다.

메뉴북의 형태는 크기, 모양, 패널에 따라 여러 가지로 각 업소의 특성에 맞는 디자인 선택을 통해 독창성을 극대화하고 업소의 이미지를 잘 나타낼 수 있도록 하여야 한다. 메뉴북 디자인의 형태는 다음과 같은 것이 있다.

(1) 싱글 패널Single-panel

한 면으로 구성된 형식으로 한정된 메뉴 또는 스페셜 메뉴를 제공하는 데 일반적으로 사용된다. 가장 일반적인 단면 메뉴판Single-panel menu의 크기는 6×8인치와 9×12인치이며, 때로는 더 큰 메뉴북도 종종 사용한다. 싱글 패널 형식을 가지고 다단형식으로 분류하여 사용하는 경우도 볼 수 있는데, 이런 경우는 바Bar나 캐주얼 레스토랑casual restaurant에서 종종 볼 수 있는 메뉴 형식이다.

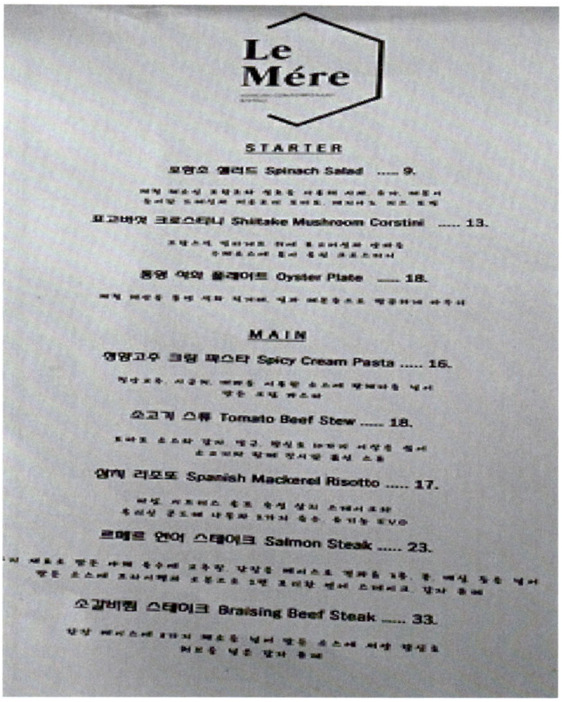

그림 6-1 싱글 패널

(2) 투 패널 폴드 Two-panel fold

그림 6-2 투 패널 폴드

일반적으로 가장 많이 사용되는 메뉴 스타일로 전통적인 양식의 코스메뉴course menu에서 가장 널리 이용되고 있으나, 많은 요리 품목들이 나열되어 레이아웃layout이 복잡해지거나 전체적인 조화가 어려울 수 있다. 그러나 메뉴 품목의 선택이 제한되고 전체적인 디자인에 세심한 주의를 할 경우 이 형태는 매우 적절하게 이용될 수 있다.

(3) 투 패널 멀티페이지Two-panel multi page

그림 6-3　투 패널 멀티페이지

여러 페이지를 두 겹으로 만든 메뉴이다. 이 형태는 품목 내용이 길거나 넓을 때 사용되며 충분한 메뉴 공간을 확보할 수 있다. 페이지의 분량은 고객의 입장에서 생각하여 제공해야 한다.

(4) 트라이 패널 폴드Tri-panel fold

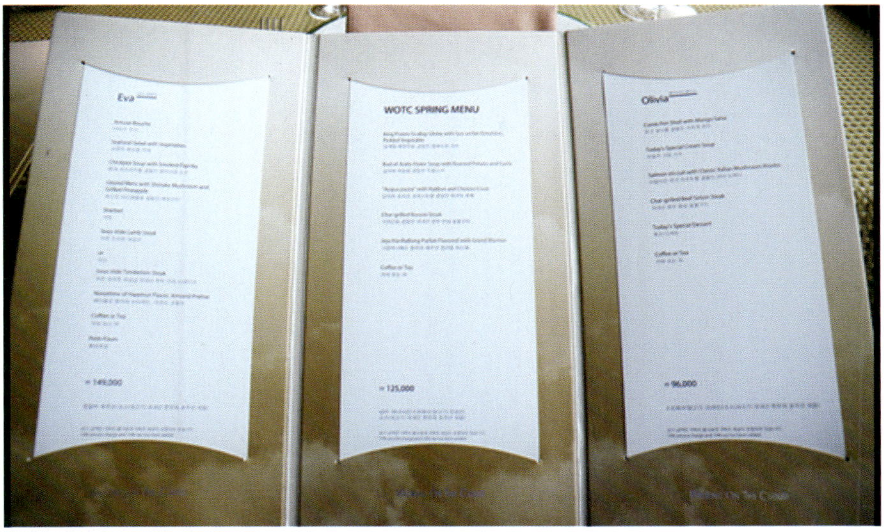

그림 6-4 트라이 패널 폴드

3개의 패널로 구성된 메뉴북을 말한다. 기본적으로 싱글 패널 양쪽으로 하나씩의 패널이 붙어 있다고 보면 된다. 이는 양식당에서 디저트와 베버리지 메뉴가 한 개의 메뉴로 구성되어질 때 이용된다.

(5) 수평 투 패널 폴드Horizontal two-panel fold

그림 6-5 수평 투 패널 폴드

2개의 패널로 수평으로 접는 형식의 메뉴북을 말하며, 거의 이용되지 않는다.

(6) 멀티 패널 폴드Multi-panel fold

그림 6-6 멀티 패널 폴드

4개 이상의 패널로 구성된 메뉴북을 말한다. 결혼식 등 특별한 경우를 제외하고는 별로 사용되지 않는다.

3. 메뉴 디자인의 시선

메뉴 디자인에서 가장 중요하게 고려해야 할 사항 중에 하나가, 어느 아이템을 메뉴북의 어느 곳에 배치시키느냐 하는 것이다. 잡지나 신문광고에 있어서 광고물의 위치는 독자의 시선 집중에 가장 큰 영향을 미친다. 일간지처럼 각 페이지의 우측에서 좌측으로 기사가 진행되는 경우에는 광고물을 우측에 위치시키고, 영자신문처럼 반대의 경우에는 광고물을 좌측에 위치시킴으로써 보다 시선을 끌 수 있다.

이처럼 고객들은 메뉴를 볼 때 메뉴의 상단부분에 시선을 집중시키므로 아이템의 위치 선택이 매우 중요하다. 고객의 시선은 메뉴북의 페이지 수에 따라 다르고 접힌 수에 따라 다르게 이동한다. 메뉴를 살필 때 고객의 시선이 어떻게 이동하는가를 연구한 이론, '눈의 이동에 관한 연구gaze motion study'가 있다.

메뉴 디자이너이자 메뉴 컨설턴트인 윌리엄 도플러William Doerfler는 메뉴의 패널 수에 따른 중심점을 다음과 같이 설명한다.

① 1페이지 메뉴북 패널일 경우, 메뉴를 수평으로 반으로 나눈 바로 위가 시각 중심점이다.

② 2페이지 메뉴북 패널일 경우 첫 장의 왼쪽 상단 모서리에서 두 번째 장 오른쪽 하단 모서리의 1/4쯤 위를 대각으로 가로질러 자른 선을 기준으로 윗부분이 해당된다. 이 중에서도 오른쪽 상단은 업소에서 가장 많이 팔기를 원하는 아이템, 전략적인 아이템, 스페셜 아이템 또는 대표음식signature dish을 배열할 수 있는 최고의 좋은 자리이다.

③ 같은 크기의 3페이지 메뉴북 패널일 경우 메뉴의 1/3을 수평으로 자른 선 가운데 패널의 위가 초점이고, 수직으로 접힌 경우는 가운데 접힌 부분의 밑에서 1/3정도의 위치가 초점에 해당된다.

④ 왼쪽과 오른쪽 패널이 각각 1/4, 가운데 패널이 1/2 크기인 메뉴북일 경우 중심점은 3개의 패널일 경우의 메뉴북과 동일하다.

페이지 수에 따른 초점과 시선의 이동방향을 살펴보면 아래 〈그림 6-7〉과 같다.

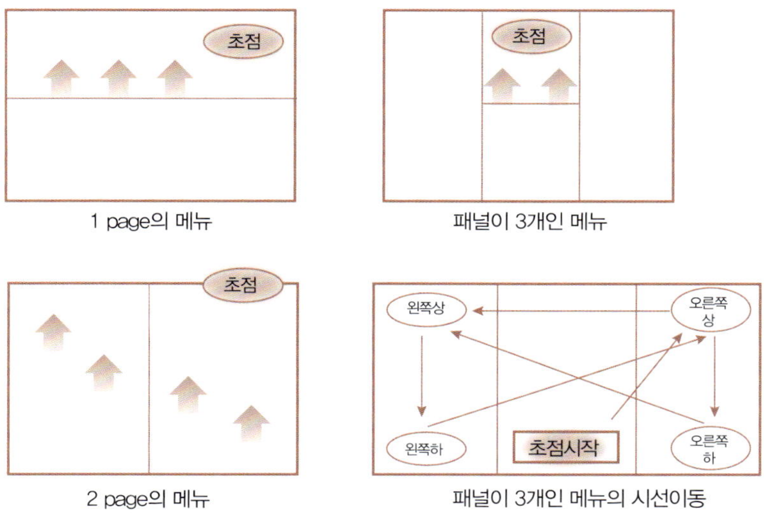

그림 6-7 페이지 수에 따른 초점과 시선의 이동방향

'페이지 수에 따른 초점과 시선의 이동방향'처럼 고객은 레스토랑에 들어와서 가장 먼저 메뉴북을 접하게 된다. 그리고 원하는 품목을 찾아가면서 메뉴북을 살펴본다. 메뉴북 상에서 고객의 관심시선이 어느 곳에 먼저 집중되는가를 파악하게 된다면 그곳에 업소의 최우선 아이템을 지정해 놓을 것이다.

4. 메뉴 디자인의 레이아웃

레이아웃layout은 「설계 · 계획 · 배치 · 지면 배열」이라 번역하는데, 구체적으로는 서적 · 잡지 · 신문 · 광고 · 카탈로그 등을 인쇄할 때 시각적 효과를 고려하여 사진 · 그림 · 문자 · 표제 · 상표 등을 지면에 배열 · 구성하는 일이다. 이 경우 전달하려고 하는 구성요소를 어떻게 배치할 것인가를 고려하며, 독자의 입장에서 보기 쉬움, 읽기 쉬움, 이해하기 쉬움, 미적 효과, 통일감 등의 기술적 요소도 고려하게 되고, 더 나아가 조화 · 리듬 · 균형 · 대칭 · 대비 · 악센트 · 비율 등 미적 형식 원리도 응용된다. 특히 시각적인 호감을 중요시하는 메뉴 지면상의 레이아웃은 보는 사람으로 하여금 내용을 이해하고 공감을 크게 일으키게 하는 데 목적이 있다.

(1) 문자 레이아웃

글자체나 문체는 고객의 메뉴 선택에 영향을 미치며, 문자 레이아웃을 위해서는 문자의 크기급수 또는 포인트, 서체, 자간, 인쇄물의 크기, 낱말 사이, 행간, 행수, 인쇄면적 등 만들고자 하는 목적이나 필요에 따라야 한다. 특히 아이템을 강조할 때나 판매를 목적으로 하는 글자체를 계획할 때 고객이 무엇을 찾고자 하는 지와 얼마나 잘 이해하고 받아들이냐는 것 등을 고려할 때 고객이 선택하고자 하는 메뉴에 지대한 영향을 미칠 수 있다. 또한, 글자 배열이나, 대조, 디자인의 획일성 등은 고객이 메뉴를 읽고 이해하기 쉽게 하는데 큰 영향을 주는 요소들이다. 만약 고객이 만족스럽게 메뉴북을 볼 수 없게 되거나 시각적으로 불만족스러우면 그 메뉴북은 실패작이다.

메뉴 전체에 어느 정도의 활자를 넣어야 하는가의 원칙은 없으나 대략 50:50의 글자 인쇄와 여백이 가장 일반적이다. 더불어 레스토랑의 분위기에 어울리는 활자체를 선별한는 것도 아주 중요하다. 일반적으로 레스토랑에서 메뉴북에 사용되고 있는 활자체는 명조체와 고딕체이다. 명조체는 가독성이 아주 높고 일반인에게 친숙한 글자체이어서 신문이나 서적, 잡지 등의 본문용으로 많이 사용하고 있다. 고딕체는 가독성은 명조체에 비해 조금 떨어지지만 눈에 쉽게 띄는 특징이 있어서 각종 표지판이나 신문, 서적 등의 제목용으로 많이 사용되고 있다.

메뉴관리론–명조체
메뉴관리론–고딕체

일반적으로 글자의 크기는 보통 인치당 7~10 point이다. 8~12 point까지는 잡지나 단행본에 많이 사용되는데, 특히 10 point는 읽기가 쉽고 안정감을 주는 크기라고 알려져 있다.

(2) 선의 레이아웃

선은 직선, 곡선, 점선이 있으며, 여러 형태로 표현되어 고객으로부터 감정의 효과를 불러오게 하는 역할을 한다. 지면의 긴장감 완화와 내용의 강조 등의 역할을 한다.

(3) 일러스트레이션

그림 6–8 일러스트레이션의 예(스타벅스, 마씨닭, KFC)

일러스트레이션illustration은 좁은 의미로는 삽화와 컷 등의 손으로 그린 그림만을 뜻하나, 제3자에게 무엇인가 의미를 전달하거나, 내용 암시에 사용되기 위해 제작된 그림이며 디자인작업으로 분류된다. 메뉴 디자인에서 표현되는 일러스트레이션은 사진과 함께 제품의 특성을 표현하는 가장 직접적인 수단이며 고객의 감성적 욕구를 만족시키는 마케팅 도구가 된다. 또한 업소의 메뉴 디자인을 반영해야 하는데 메뉴 디자인이 정교하면 일러스트레이션은 단순해야 한다. 너무 혼란스러우면 고객이 메뉴를 선택하는 데 집중도가 떨어진다.

일러스트레이션의 표현형식은 보통 ① 구상적(具象的 : 사실적인 실체 그대로의 표현), ② 단화적(單化的 : 실체를 간결한 도형으로 단순화한 것), ③ 추상적(抽象的 : 유기적 · 무기적인 추상도형의 표현), ④ 만화적(희화적인 즐거움을 강조하는 표현), ⑤ 패션(스타일화 · 모드화) 등의 다섯 가지로 분류하고 있는데, 여러 형식의 표현을 명확히 구분하기는 어렵다.

(4) 다이어그램

그림 6-9 다이어그램의 예(출생률과 사망률),
출처 : "Health and Nutrition Food", Group Infographic Chart Diagram

기호 · 점 · 그래프 · 선 등을 이용하여 다양한 구성이나 사항들을 알기 쉽게 표현한 설명적인 그림을 다이어그램diagram이라고 한다. 주로 언어 메시지의 보조수단으로 사용되고 있다.

(5) 사진

그림 6-10　메뉴 사진의 예(식사류와 요거프레소의 음료메뉴)

레스토랑에서 주력으로 삼고 싶은 아이템, 즉 매출에 기여도가 높은 아이템을 큰 사진으로 넣거나 시선이 집중될 수 있는 곳에 사진을 배치함으로써 고객의 시선을 끌어 선택행동을 일으키게 한다. 한 장의 사진이나 그림은 백 마디 말보다 업소에서 전달하고자 하는 메시지의 설득 효과가 있을 뿐만 아니라 수백 마디의 언어들을 함축한 커뮤니케이션communication의 수단이기도 하다.

(6) 픽토그램

그림 6-11　픽토그램의 예

픽토picto와 전보를 뜻하는 텔레그램telegram의 합성어로, 사물과 시설 그리고 행동 등을 상징화하여, 불특정 다수의 사람들이 빠르고 쉽게 이해할 수 있도록 나타낸 시각 디자인을 말한다. 픽토그램pictogram은 대상의 의미를 가장 정확하고 빠르게 전달할 목적으로 만든 그림언어이다. 따라서 인종과 언어를 뛰어 넘어 누구라도 픽토그램을 보기만 하면, 그것이 무엇을 뜻하는지 공감할 수 있어야 한다. 이런 점에서 픽토그램은 국가적 · 국제적 약속체계 · 기호체계 · 상징체계이자 규칙이다.

(7) 여백

그림 6-12 메뉴북 여백의 예(한식카페 편의 "일편단심"과 한식레스토랑의 "풀꽃밥상")

여백은 사진이나 문자, 그림 등의 각각의 형태를 맺어주는 조용한 기능을 함으로써 메뉴에 있어서 꼭 필요하며, 인쇄되지 않으면서 최대의 메시지를 전달한다는 의미이다. 다시 말해 여백은 고객이 메뉴를 편하게 대하고 어지러울 수 있는 부분을 피할 수 있게 해야 하며 주요 아이템을 강조할 수 있어야 한다. 일반적으로 여백은 인쇄량과 여백이 50 : 50일 때 적절하다.

반면에 여백이 50%도 안된다면 메뉴는 복잡하게 되며, 고객이 메뉴를 보고 원하는 음식을 결정할 때 상당히 어려움을 느낄 수 있다. 또한, 일관성 있는 메뉴의 테두리는 메뉴의 균형을 유지하며 읽는데 편안함을 준다. 주말 브런치Brunch 메뉴를 선전하기 위해 조식 메뉴에 밑줄 여백을 두는데 이는 특정메뉴를 효과적으로 활성화시키기 위함이다.

(8) 메뉴 색상

메뉴 색상은 메뉴북의 또 다른 효과를 나타내기도 하지만, 색이라는 것은 고객의 관심을 용이하게 끄는 힘을 가지고 있으며, 심리적 · 생리적 반응에 따라 보는 사람에게 다양한 느낌을 준다. 이렇듯 고객의 관심과 구매 욕구를 자극하는 것이 목적인데, 문제는 개인적으로 선호하는 색이 있고 연령이나 성별, 그리고 레스토랑의 분위기 등에 따라서 색도 달라질 수 있다는 점이다. 하지만 음식에 있어서 만큼은 식욕을 돋우거나 맛있게 보이는 색깔이 있다.

메뉴북에 밝은 색을 사용하면, 간이음식점, 펜케이크하우스 등 음식이 빠르게 제공되는 식당의 형태를 잘 나타낼 수 있다.

일반적으로 붉은 계통의 색깔이 식욕을 자극하며 먹고 싶은 욕구를 자극한다. 반면, 노란색은 식욕을 자극하는 정도가 감소되며, 연두색은 매우 낮게 나타난다. 또 파스텔색이나 담갈색, 흰색, 회색, 푸른색 등과 금색과 검정색 등의 비교적 어두운 색조를 사용하면 특이한 것을 창조해 낼 수 있다.

브라운색 계열은 안정감을 주어 상대를 지지하는 어스컬러earth color로서, 따뜻하고 마음을 끌어당기는 성질이 있다. 검정색은 도회적이고 세련되고 격조 높은 이미지를 나타낸다.

표 6-1 메뉴 색상과 미각 이미지

색	미각 이미지	색	미각 이미지
흰색	영양분 있는, 산뜻한, 청결한, 시원한	노란색	맛있는
회색	맛없는, 불쾌한	탁한 노란색	오래된
복숭아색	단, 부드러운	어두운 노란색	오래된, 맛없는
빨강색	영양분 있는, 진한, 신선한	매우 연한 황록색	산뜻한, 시원한
적자색	지나치게 진한	황록색	산뜻한
짙은 적자색	따듯한, 진한	어두운 황록색	불쾌한
어두운 갈색	맛없는, 딱딱한	매우 연한 녹색	산뜻한, 덜 자란
오렌지색	단, 맛있는	녹색	신선한
탁한 오렌지색	오래된, 딱딱한, 따뜻한	매우 연한 청록색	시원한
크림색	달다, 부드러운, 맛있는	물색	시원한

5. 표지

그림 6-13　다양한 형태의 메뉴 겉표지

업소의 개성이 반영된 메뉴북의 표지cover는 요리, 스타일, 이미지, 가격을 표현할 수 있다. 이중 업소의 이미지나 내부 인테리어가 말하고자 하는 주제나 분위기를 같이 담을 수 있는 표현이 담겨야 한다.

업소의 상호는 모든 표지에 표기할 필요가 있으며, 기본적인 정보나 추가판매를 위한 이메일E-mail이나 행사안내 등 필요한 정보는 표지의 뒷부분에 배치하는 것이 좋다. 또한 겉표지의 소재는 업소의 성격에 따라 다양한 소재를 사용하기도 하지만, 내구성이 좋고 코팅된 용지나 박판으로 된 용지를 선택하는 것이 좋다. 왜냐하면 깨끗하게 유지하기 쉽고, 오래 사용할 수 있어 재생산 비용을 줄일 수 있는 장점이 있기 때문이다.

표지의 색상은 업소의 성격과 유사하거나 상충되는 색상이 좋으며, 기초 디자인의 다양한 부분 중 가장 중요한 것이 표지임을 명심해야 한다.

6. 가격명시

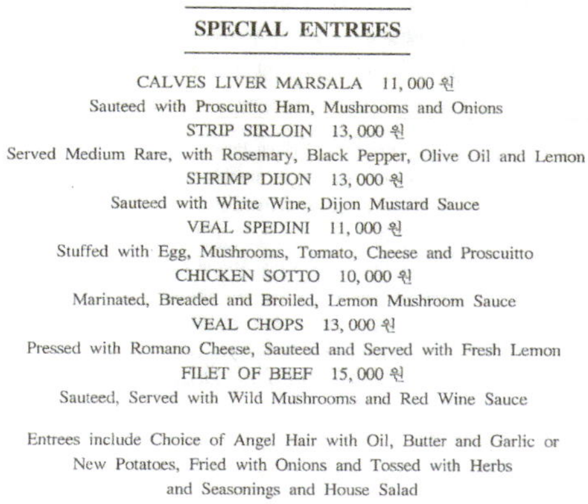
SPECIAL ENTREES

CALVES LIVER MARSALA 11,000 원
Sauteed with Proscuitto Ham, Mushrooms and Onions
STRIP SIRLOIN 13,000 원
Served Medium Rare, with Rosemary, Black Pepper, Olive Oil and Lemon
SHRIMP DIJON 13,000 원
Sauteed with White Wine, Dijon Mustard Sauce
VEAL SPEDINI 11,000 원
Stuffed with Egg, Mushrooms, Tomato, Cheese and Proscuitto
CHICKEN SOTTO 10,000 원
Marinated, Breaded and Broiled, Lemon Mushroom Sauce
VEAL CHOPS 13,000 원
Pressed with Romano Cheese, Sauteed and Served with Fresh Lemon
FILET OF BEEF 15,000 원
Sauteed, Served with Wild Mushrooms and Red Wine Sauce

Entrees include Choice of Angel Hair with Oil, Butter and Garlic or New Potatoes, Fried with Onions and Tossed with Herbs and Seasonings and House Salad

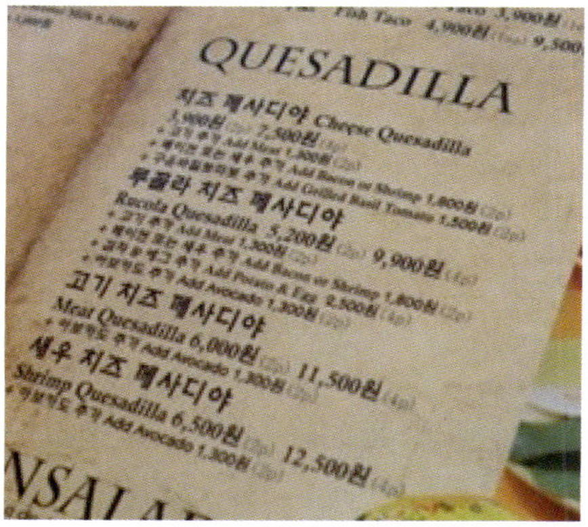

그림 6-14 가격의 인쇄 형태 I

가격의 표시는 고객에게 심리적인 영향을 미칠 수 있으며, 보통 3가지 형태로 표시된다.

첫 번째는 그림 6-14 처럼 가격을 가능한 한 메뉴 음식명 가까이에 표시하는 것이다.

그림 6-15 가격의 인쇄 형태 II

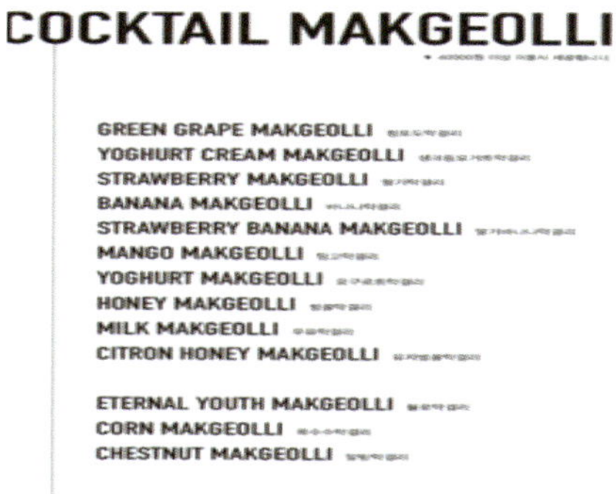

그림 6-16 가격의 인쇄 형태 III

두 번째는 음식명과 가격 사이를 선으로 연결하는 것이다(그림 6-15). 세 번째는 가격을 기입하지 않는 방법인데 이는 고객의 심리상태를 이용해 높은 가격대의 메뉴를 선택하게 하고, 고객으로 하여금 식사하는 데에 생각보다 더 많은 금액을 지출할 수 있다는 생각이 들게 한다(그림 6-16).

7. 메뉴의 카피

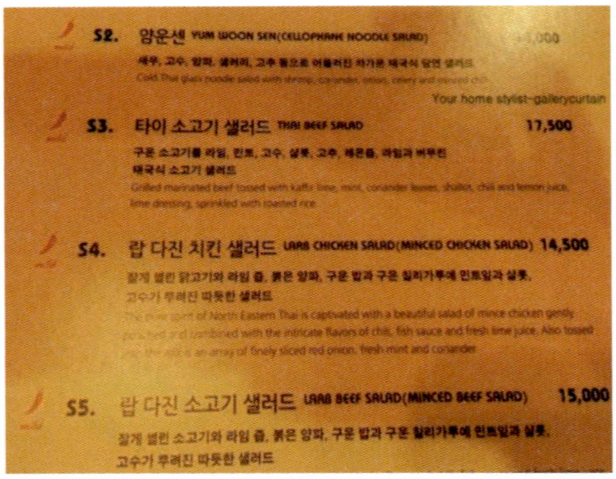

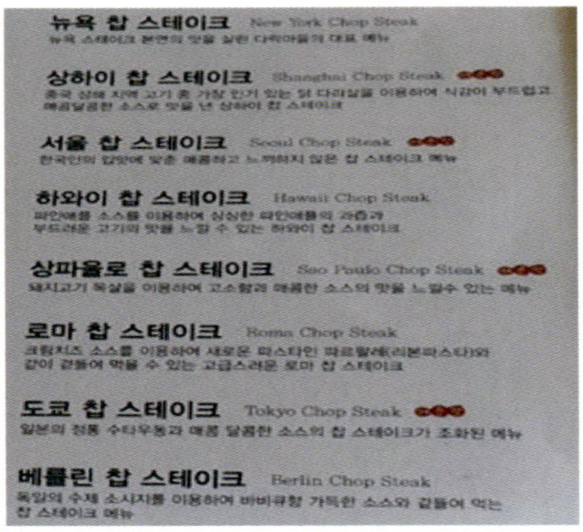

그림 6–17　메뉴의 설명

메뉴의 카피copy란 메뉴 품목에 대한 설명 문안으로 마케팅에 목적을 두고 있다. 이는 고객에게 음식에 대한 정보를 제공하여 고객으로 하여금 음식은 몰라도 그 음식을 상상하게끔 만들어 음식내용의 이해와 오감을 자극할 수 있도록 유도하는 것이다. 또한, 업소에서 준비한 여러 음식의 종류와 제공되는 서비스에 관하여 메뉴에 서술한 것으로, 매상을 촉진하는데 목적이 있다.

일반적으로 카피에는 세 가지 종류가 있다.

첫째 : 메뉴 구성에 관한 설명merchandising
둘째 : 메뉴의 전략적 강조accent
셋째 : 메뉴 자체에 관한 설명description

메뉴 음식의 이름, 소스sauce와 가니쉬garnish, 조리방법을 메뉴 상에서 설명할 때 전문적이고 현학적으로 레시피recipe를 설명하기가 쉬운데, 이는 쉽게 풀어서 설명하여야 한다. 그러나 너무 구체적으로 설명하는 것도 메뉴의 균형을 흐트러뜨리기 쉽다. 긴 표현이라든가 과대한 미적문구, 전문용어 등을 피하고 간단명료하게 차별화되는 내용을 전달하고, 쉽게 전달할 수 있는 문장 구성이 필요하다.

8. 메뉴북 제작 시 고려사항

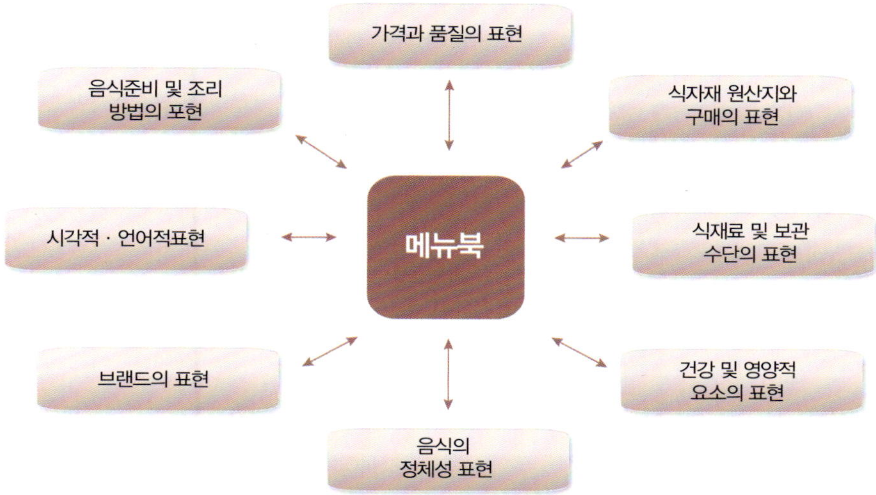

그림 6-18 메뉴북 제작 시 고려해야 할 사항

Chapter 7

메뉴 분석 및 평가

1. 메뉴 분석의 개요
2. 다양한 메뉴 분석방법

Chapter 07.

메뉴 분석 및 평가

1. 메뉴 분석의 개요

외식업체의 성공적 수익 창출을 위해서는 원가관리, 인적자원관리, 시설관리, 마케팅관리, 고객관리 등 다양한 영역에서의 관리가 필요하다. 하지만 이 모든 것이 잘 갖추어져 있음에도 불구하고 정작 메뉴에 대한 고객만족이 이루어지지 못한다면 그 외식업체는 존재의 의미를 잃고 만다.

이는 외식업체를 찾는 고객들이 음식자체에 가장 큰 의미를 두기 때문으로 해석되며, 따라서 외식업체는 효율적인 운영을 위해 메뉴의 개발과 유지를 위한 다양한 분석과 노력이 불가피하다. 즉, 개발된 메뉴가 고객들의 선호와 취향에 적합한지, 업소의 경영콘셉트와 부합되는지, 그 뿐만 아니라 메뉴의 가격이 고객에게 수용 가능한 수준인지 등에 대한 다각도의 분석이 이에 속한다. 좀 더 자세한 메뉴 분석 방법을 살펴보면 아래와 같다.

2. 다양한 메뉴 분석방법

(1) ABC 메뉴 분석방법

간단하게 실시가 가능하여 대부분의 외식업체에서 가장 빈번하게 사용하는 메뉴 분석방법으로 ABC 메뉴 분석법을 들 수 있다. 이는 '극히 소수의 요인에 의해서 대세는 결정된다'라는 파레토의 법칙에서 도출된 분석방법으로, 즉 메뉴 아이템의 20%가 전체 매출액의 80%를 차지한다는 원칙을 적용한다.

다시 말해서 각 메뉴들의 매출액을 산출하여 매출액을 기준으로 상위 70%에 해당하는 메뉴의 그룹을 A그룹, 상위 90%에 해당하는 메뉴의 그룹을 B, 나머지 메뉴들을 C그룹으로 나누어 고객이 선호하는 메뉴가 무엇인지를 찾아내고 고객들의 선호 메뉴의 판매가 지속적으로 증가할 수 있도록 유도하는 방법이다.

구체적인 분석방법은 다음과 같다.

① 일정한 기간을 기준으로, 주로 1개월 단위로 메뉴 항목들을 매출액이 많은 순으로 정리한다.

② 총매출액을 100%로 하여 각 메뉴의 매출액 구성비를 산출한다.

③ 매출액의 구성비를 상위 메뉴부터 순서대로 누적해서 기록한다.

④ 그래프의 세로에 매출액 구성비의 누적치를, 가로축에 메뉴를 기입하고 메뉴별 누적구성비를 표시한다.

⑤ 세로축의 70%와 90%의 누적치 해당점에서 가로선을 긋고, 그래프의 선과의 교차점에서 수직선을 긋는다.

*누적 구성비율 70%까지를 A그룹, 90 %까지를 B그룹, 그 이상을 C그룹으로 분류한다.

표 7-1 ABC 메뉴 분석방법 사례

메뉴명	1월	2월	합계	구성비	누적구성비	그룹
김밥	170만	180만	350만	35%	35%	A
라면	105만	115만	220만	22%	57%	A
떡볶기	78만	62만	140만	14%	71%	A
졸면	…	…	…	…	82%	B
김치찌개	…	…	…	…	87%	B
김치볶음밥	…	…	…	…	90%	B
순대	…	…	…	…	93%	C
오댕	…	…	…	…	96%	C
우동	…	…	…	…	98%	C
육개장	…	…	…	…	100%	C
Total	1,000만원			100%		

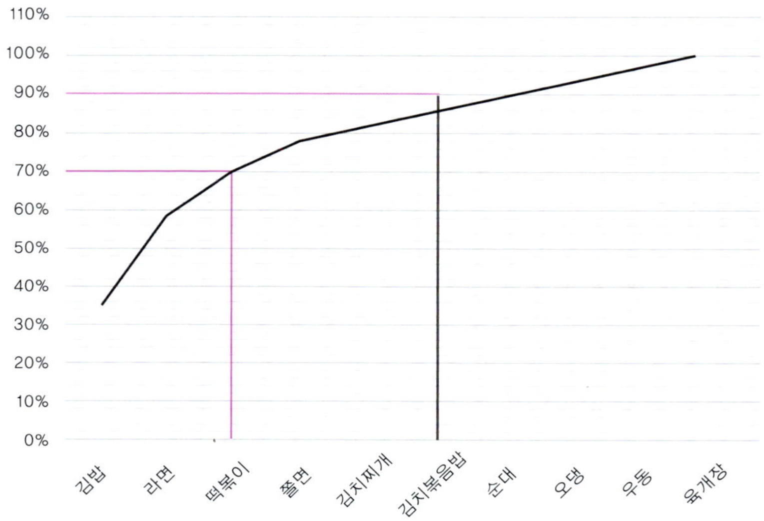

그림 7-1 누적구성비

A그룹은 메뉴당 매출이 크므로 주메뉴로서 앞으로도 계속 육성해 나가는 방향으로, B그룹은 메뉴별로 A그룹으로의 승급 가능성을 분석하여 여러 방향으로 집중화를 추진하며, C그룹은 유망한 메뉴를 제외하고는 개선을 유보하거나 판매중지를 고려하는 등 적절한 대책을 강구하도록 한다.

(2) SWOT 메뉴 분석방법

SWOT 메뉴 분석법은 카이저James F. Keiser가 주장한 분석법으로, 외식업체 내에서 자기 업체 메뉴의 강점Strength과 약점Weakness을 파악하고 외식업체를 둘러싼 외부로부터의 기회Opportunities와 위협Threats 요소를 파악하여, 메뉴와 관련한 효과적인 전략을 모색하는 방법이다. 자기 업체의 강점을 최대로 살리고, 약점을 최소화하여 기회요소를 최대한 활용하되 위협요소를 최소화하는 방향의 전략을 도모한다.

표 7-2 SWOT 메뉴 분석 사례(1)

내부적 / 외부적	강점 Strength	약점 Weakness
기회 Opportunities	SO전략 • 강점을 이용하여 기회를 포착 • 기회를 포착하여 강점을 살림	WO전략 • 약점을 보완하여 기회를 포착 • 기회를 활용하여 약점을 보완
위협 Threats	ST전략 • 강점을 살려 위협을 극복 • 위협을 극복하여 강점을 극대화	WT전략 • 약점을 보완하여 위협을 회피

표 7-3 SWOT 메뉴 분석 사례(2)

내부적 / 외부적	: 가격이 저렴 : 소비자가 쉽게 접근	: 매출액 대비 낮은 수익 : 높은 인건비 (← 박리다매)
기회 Opportunities: 경제위기로 소비자 소득이 감소하여 저렴한 음식에 대한 수요가 증가	SO전략 • 저렴한 외식을 선호하는 소비자의 니즈를 반영하여 저렴한 가격을 유지	WO전략 • 매출액 대비 낮은 수익의 보완을 위해 메뉴 제공량을 낮추어 원가를 절감하고, 현재의 저렴한 가격을 유지함
위협 Threats: 경쟁업체의 출현	ST전략 • 현재의 가격을 유지하여 가격경쟁을 통해 경쟁업체의 위협을 극복함	WT전략 • 인건비절감 및 원가절감을 통해 가격을 낮추어 경쟁업체의 출현이라는 위기를 극복함

즉, 업체는 메뉴에 대한 SWOT 분석결과를 토대로 4가지 전략 중 경영콘셉트에 부합하는 전략을 선택하여 경영에 활용할 수 있다.

(3) 메뉴 엔지니어링

메뉴 엔지니어링 분석법은 각 메뉴에 대한 고객의 수요(인기도)와 각 메뉴의 수익(공헌이익)을 기준으로 메뉴를 분석하는 기법이다. 이 분석법은 '분석표 작성'과 '메트릭스 작성을 통한 각 메뉴의 위치 분석' 이렇게 크게 두 단계로 실시되며 구체적인 방법은 아래와 같다.

① 표 7-4와 같이 항목대로 메뉴 엔지니어링 분석표를 완성한다.

표 7-4 메뉴 엔지니어링 분석표

NO	메뉴품목	판매수량	메뉴믹스	판매원가	판매가격	판매수익	총원가	총매출	총수익	수익분석	인기도	메뉴성향	품목당 총원가	품목당 총매출	품목당 총수익	수익분석	인기도	메뉴성향
	A	B	C	D	E	F	G	H	I	J	K	L	G	H	I	J	K	L
1	에스프레소	300	30	500	900	400							150000	270000	120000	저	고	Plowhorse
2	아메리카노	100	10	250	500	250							25000	50000	35000	저	저	Dog
3	카페라떼	50	5	200	900	700							1000	45000	35000	고	저	Puzzle
4	카페모카	150	15	500	950	450							75000	142500	67500	저	고	Plowhorse
5	마키아토	400	40	560	1200	640							224000	480000	256000	고	고	Star
합계		1000	100										484000	987500	503500			
		N											총 평균 원가율 (49%)		평균 이익 (503.5)	평균인기도비율 (14%) (140개)		

Check point

메뉴 엔지니어링 참고 공식

메뉴믹스(%)(C)=판매수량(B)/총판매수량(N)×100

총평균원가률=총원가/총매출×100

평균이익=총이익/총판매수량

총평균인기도비율=100%/메뉴품목수×70%

② 표 7-4를 토대로 하여 평균이익과 평균인기도를 기준으로 매트릭스 작성후 해당 아이템(판매량, 수익)을 위치시킨다.

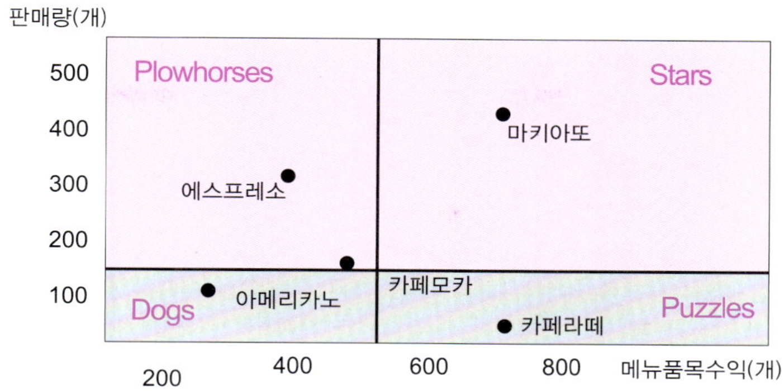

그림 7-2 4분류의 메뉴 엔지니어링

메뉴 엔지니어링의 두 단계를 통한 메뉴 분석 후 각 메뉴 그룹에 대한 가능한 대책을 살펴보면 다음과 같다.

우선 Star에 해당하는 메뉴들의 경우 인기와 수익성이 모두 높은 품목들로 메뉴에서 가장 눈에 잘 띄는 위치에 배열하거나 가격 민감도가 낮으므로 탄력성 있게 가격을 인상할 수 있다.

Dog그룹에 해당하는 메뉴들은 주로 고객에게 인기도 없고, 이익도 많지 않은 메뉴들로서 메뉴 품목에서 삭제하거나 (단, 상징메뉴의 경우는 제외), 아니면 가격조정 또는 메뉴의 위치를 조정하여 인기를 얻을 수 있도록 유도하여 이 상황을 극복할 수 있다.

Plowhorse 그룹에 해당하는 메뉴들은 고객에게 인기 높으나, 수익이 평균수익에 미치지 못한다는 특징을 가진다. 인기가 높아 고객 유인을 위해 유리하다는 점을 감안하여 수익성 향상을 위해 가격을 인상하거나 양을 조절할 수 있다.

Puzzle 그룹은 소비자로부터 인기는 없으나 수익이 평균이상인 메뉴들을 포함한다. 이에 이들 메뉴들을 가급적 눈에 잘 띄는 위치에 배열하여 고객들에게 쉽게 인식되도록 하거나, 가격이 높게 책정되었을 가능성을 고려하여 가격을 낮추거나 특별한 품목이라는 인식을 심어 주어 높은 가격에 대한 합리적 근거를 제시할 필요가 있다.

(4) 밀러의 메뉴 분석방법

1980년 밀러Jack. E. Miller가 고안한 메뉴 분석방법으로 메뉴의 원가율과 판매량의 상관관계를 통해 메뉴들을 4개 그룹으로 나누고 메뉴에 대한 평가를 결정한다.

표 7-5 밀러의 분석법의 원리

판매량 \ 원가율	LOW	High
High	Winner 높은 판매량 / 낮은 원가 최상의 아이템	Marginals 높은 판매량 / 높은 원가
LOW	Marginals 낮은 판매량 / 낮은원가	Loser 낮은 판매량 / 높은 원가

표 7-5에서 설명되는 바와 같이, 밀러에 의하면 낮은 원가율을 차지하면서 높은 판매량을 기록하는 메뉴가 최상의 아이템으로 해석된다.

물론 밀러의 분석법은 식재료 원가비율로 메뉴를 결정하는데 도움을 준다는 점에서는 긍정적 평가가 가능하나, 반면에 원가율이 낮은 메뉴의 경우 판매가격도 상대적으로 낮을 가능성이 있어 수익성 측면에서 불리하고, 또한 수익 향상을 위해 가격을 올리는 경우 수요의 감소로 인한 매출량 감소를 초래할 수 있다는 점에서 분석에 어려움이 발생할 수 있다. 또한 이 분석법의 경우 판매량과 원가율은 고려하나 매출액이나 공헌이익을 고려하지 못한다는 한계가 있다고 할 수 있다.

(5) 카사바나 & 스미스의 메뉴 분석방법

이 분석법은 1982년 카사바나M. N. Kasavana와 스미스D. Smith가 개발한 메뉴 분석법으로 밀러의 분석법과는 달리 공헌이익과 판매량 두 데이터 값의 상관관계에 의한 분석방법이다. 즉, 높은 공헌이익을 기록하고 판매량도 많은 아이템이 최고의 아이템이라는 주장이다.

이 방법의 경우 사용자 측면에서 쉽게 측정할 수 있는 데이터값을 사용하므로 분석 프로그램을 쉽게 사용할 수 있다는 장점이 있으나, 메뉴의 공헌이익 향상을 위해 판매가를 높이 설정하는 경우 수요를 감소시켜 수익성의 감소를 초래할 수 있으며, 공헌이익은 긍정적이나 판매량이 적어 아이템 제작에 드는 비용을 회수하지 못하는 경우가 초래될 수 있다는 단점이 있다.

표 7-6　카사바나 & 스미스의 메뉴 분석

	LOW	High
High 판매량	plowhorses 높은 판매량 / 낮은 공헌이익	stars 높은 판매량 / 높은 공헌이익 최상의 아이템
LOW	Dogs 낮은 판매량 / 낮은 공헌이익	Puzzles 낮은 판매량 / 높은 공헌이익

공헌이익

(6) 파베직의 메뉴 분석방법

파베직D.V. Pavesic이, 앞서 제시되었던 밀러의 분석방법, 카사바나와 스미스 분석방법의 보완을 위해 고안한 분석법으로써, 식자재 원가율, 공헌이익, 판매량 등의 세가지 변수를 혼합하여 분석을 실시하며 CMACost Margin Analysis라 칭하기도 하였다. 분석 방법을 표로 나타내면 다음과 같다.

표 7-7　파베직의 메뉴 분석

	LOW	High
High 식재료 원가율	Problems 높은 원가율 / 낮은 공헌이익	Standards 높은 원가율 / 높은 공헌이익
LOW	Steepers 낮은 원가율 / 낮은 공헌이익	Primes 낮은 판매량 / 낮은 공헌이익 최상의 아이템

가중평균 공헌이익

즉, 이 분석법에서는 판매량에 따라서 낮은 식재료 원가율과 높은 가중평균 공헌이익을 내는 메뉴가 가장 좋은 메뉴라 판단하고 있다.

이 분석법은 위에서 언급한 세 가지 변수의 관계를 2차원 좌표상에 표시했다는 점에서는 의미가 있으나, 식재료비 이외의 비용까지 고려된 순이익을 고려하지 않았다는 점에서는 한계가 있다

Chapter 8

메뉴 마케팅믹스

1. product mix
2. place mix
3. promotion mix
4. price mix

Chapter 08.

메뉴 마케팅믹스

1. Product Mix

외식업체는 각자의 기업에서 현재 제공하고 있는 Product Mix (상품믹스)가 고객의 측면에서는 만족을, 경영자의 측면에서는 장기적으로 매출증대 및 안정, 그리고 수익을 가져다 줄 수 있는지에 대한 평가를 실시할 필요가 있다.

상품믹스란, 고객의 다양한 욕구만족을 위해 고안된 물리적 · 상징적 속성 및 서비스의 결합체를 말한다. 즉, 외식업체의 상품인 메뉴는 눈으로 보고 만져지는 물리적 속성 이외에도 시설이나 분위기 등의 상징적 속성, 그리고 서비스까지 포함되어 있음을 의미한다.

이러한 다양한 속성을 어떻게 믹스하여 시장을 공략하는가가 외식업체의 이익창출 및 경쟁력 향상에 중요한 역할을 하게 될 것임을 명심해야 하겠다. 또한 기업이 제공하는 상품믹스의 상태가 추가, 수정, 삭제 등을 통해 현재는 최고의 기업 효율을 달성하고 있는 '최적의 상품믹스'를 유지하고 있을지라도, 외부적 요인인 고객의 욕구 및 선호도의 변화, 또는 신생업체 출현, 경쟁업체의 변화와 같은 미시 · 거시적 환경의 변화를 직시하여 신속하게 상품믹스를 재구성할 수 있도록 해야 한다. 즉, 주력상품의 변경, 새로운 상품믹스 전략의 구사 등의 대책을 마련해야 한다.

현대 사회에서는 메뉴 상품믹스에 있어 서비스믹스를 간과할 수 없다. 경쟁업체의 등장 및 고객 선호도의 다양화 등을 고려할 때 서비스믹스는 메뉴라는 상품에 이미 매우 중요한 요소로서 자리 잡고 있다. 여기서 말하는 서비스는 학자들마다 다양하게 주장하고 정의내리고 있어 정확하게 개념을 확립하기란 쉽지 않지만 '타인의 이익을 도모하기 위한 정신적, 육체적 행위'로 일반적으로 정의되며 이 행위는 영리 목적일 수도 비영리 목적일 수도 있으나 외식업체의 서비스는 대부분의 경우 영리적 목적의 행위라 할 수 있겠다.

외식업체의 서비스는 크게 접객서비스, 식당서비스, 음료서비스, 주장서비스, 급식서비스, 자동판매기 서비스로 분류되며, 다시 식당서비스는 연회, 양식, 한식, 일식, 중식, 패밀리레스토랑, 카페테리아, 뷔페, 스넥바, 즉석 및 간이 매장, 해시하우스hash house 서비스로 나뉘며, 음료서비스의 경우 커피, 주류 서비스로, 주장서비스의 경우 주류, 주장서비스로, 급식서비스의 경우 회사급식, 학교급식, 병원급식, 군대급식, 형무소급식 서비스로 세분화된다.

2. Place Mix

Distribution(유통)이란 기업이 판매를 목적으로 하는 물적 재화나 인적 서비스가 생산자로부터 최종 소비자에게 전달되는 과정을 말하며, 쉽게 말해 외식업체의 경우 자사의 상품메뉴나 서비스를 고객에게 전달하는 과정으로 정의된다.

외식업체의 시각에서 Place mix는 크게 두 가지 개념으로 분류되는데, 한 가지는 식자재의 구매 및 유통과정에 해당하는 '유통distribution 믹스'의 개념이며 또 다른 한 가지는 고객의 유인과정과 관련이 있는 '입지place 믹스'의 개념이다.

외식업체에 있어 '유통믹스'의 경로는 직접 마케팅시스템, 수평적 마케팅시스템, 수직적 마케팅시스템, 다경로 마케팅시스템의 단계로 나뉠 수 있다.

직접 마케팅시스템 단계는 유통의 개념보다는 입지의 개념이 강하여 유통에 있어 교통혼잡, 접근성의 어려움 등의 해소를 목적으로 한다. **수평적 마케팅시스템**이란 공생마케팅으로 동종 산업 기업들이 자본, 생산, 마케팅 등의 기능을 결합하여 각 기업의 경쟁적 우위를 공유하려는 마케팅활동을 말한다. **수직적 마케팅시스템**은 유통경로 기관간의 협력과 규모의 경제를 실현시켜 줄 수 있는 혁신적인 시스템으로 소유경영 혹은 소유직영방식, 프랜차이즈 유형, 계약적 수직마케팅시스템 등이 이에 속한다. 마지막으로 **다경로 마케팅시스템**이란 기업이 상품유통에 있어서 이중 유통경로를 채택하는 것으로 하나 혹은 그 이상의 세분화된 시장으로 구분되는 최종 소비자 집단에 도달하기 위해 두 개 이상의 유통 경로를 사용하는 방법이다.

반면에 외식업체에서 말하는 입지믹스의 범위에는 입지의 선택, 입지 개선, 입지의 이동, 입지 분산 등이 포함되며 이 중 가장 관심의 중심이 되는 것은 입지 개선에 의한 주차 및 교통의 편의성, 주변경관의 활용 문제 등이 포함된다.

3. Promotion Mix

Promotion이란 '촉진'으로 해석되며, 외식업체에 적용 시 여러 가지 방법 및 도구를 사용하여 고객에게 정보를 제공함으로써 이들을 설득하여 구매까지 연결되도록 유도하는 행위를 말한다.

외식업체가 양과 질적으로 우수한 메뉴와 서비스를 제공할지라도 고객이 이러한 메뉴와 서비스의 존재 자체를 인식하지 못해서 욕구충족을 위한 의지를 가지지 못하는 경우가 대부분이다. 더군다나 고객은 자신의 경험이나 제한된 정보를 바탕으로 구매를 결정하므로 새로운 아이템에 대해 관심조차 가지지 않는 경우가 대부분이다, 또한 경쟁업체의 증가로 인한 메뉴와 브랜드의 다양화는 고객에게 더 많은 정보에 대한 탐색과 선택의 폭을 넓히고 있는 실정이다. 이러한 현실을 극복하고자 경영자는 기존 상품에 대한 고객의 이용태도를 더욱 강화하고 약간의 수정을 발생시킬 수 있는 정보제공과 설득적인 촉진활동을 통해 고객을 유도하여야 한다.

위에서 언급한 정보제공과 설득적인 촉진을 위한 수단 즉 도구들의 조합을 촉진믹스라 하며 이는 광고, 홍보, 판매촉진 등의 비인적 수단과 인적판매와 같은 인적 수단으로 구성된다. 적절한 촉진활동을 위해 이들 도구 중 하나만 사용하여서도 안되나, 모두 다 적극적으로 사용하기엔 자본의 한계에 부딪히게 된다. 어느 하나의 촉진도구가 다른 촉진도구보다 유용하다고도 할 수 없으며 이들은 상호 보완적인 성격을 지니고 있으므로 경영업체는 가용자금의 정도, 시장의 규모, 고객의 유형,

잠재고객 수, 메뉴의 성격, 상품생명주기 등을 두루 고려하여 이들 도구의 적절한 조합에 대하여 신중한 결정을 내리고 이를 실제 적용할 수 있도록 해야 할 것이다.

4. Price Mix

가격이란 외식기업이 제공하는 상품 및 서비스에 대한 대가로, 소비자가 지불하는 화폐의 양을 말하며 고객이 제공받은 혜택의 가치와 관련이 있다. 가격은 고객이 상품에 대해 느끼는 효용가치 이하로 책정되어, 고객의 구매욕구가 실제 구매행동으로 연결될 수 있는 수준으로 책정되어야 한다. 이러한 가격결정은 고객이 느끼는 효용가치에 부합해야 함과 동시에 외식업체에 여러 가지 영향력을 미치게 되므로 적절한 가격의 형성은 매우 중요한 요소가 아닐 수 없다.

가격이 외식업체에 미치는 영향에 대해 살펴보면, 첫째, 가격은 직접적으로 외식업체의 수익에 영향을 미친다. 물론 메뉴의 가격이 높이 책정될수록 항목별 수익은 증대될 수 있으나 메뉴의 가격은 그 상품에 대한 소비자의 수요량에 영향을 미치고 이는 시장점유율 및 경쟁적 위치 확보와도 연결되어 부적절한 가격은 오히려 손실을 초래할 수 있음을 명심해야 한다.

둘째, 가격은 외식업체의 수요 및 공급의 결정에도 영향을 미친다. 즉 가격에 따라 수요량이 달라지므로 외식업체는 수요량을 예측하여 어떤 아이템을 얼마나 생산하여 고객에게 제공할 것인가를 결정하게 된다.

셋째, 가격은 마케팅 전략을 결정하는 요인이 되기도 한다. 외식업체에서 좋은 상품을 구성하여, 유통마진을 줄이고, 다양한 마케팅 전략을 계획하여 실시할지라도 가격 자체가 고객이 수용할 수 없는 수준이라면 그 어떤 전략도 가치를 상실하고 수행될 수 없게 된다.

마지막으로, 가격은 고객과의 관계에서 볼때 고객과의 신뢰에 영향을 미치고 구매행동 결정에 중요한 역할을 한다. 즉, 고객은 가격을 메뉴품질의 지표로 인지하므로, 가격은 외식업체 상품에 대한 고객의 지각과 밀접한 관련이 있음을 인식해야 한다.

이와 같이 가격결정은 그 어떤 요소보다도 중요하며 따라서 가격을 결정하기 위해서는 신중한 검토가 필요하다. 먼저 가격결정 전에 그 목표와 방향을 설정하고, 원가 산정 및 수요를 예측하며, 경쟁업체의 가격을 고려하여, 다양한 메뉴 가격결정 방법을 동원하여 가격을 결정하여야 할 것이다. 또한 여기서 끝이 아니라 이 기준가격을 토대로 여러 가지 가격정책을 통해, 변경 · 조정하여 시장가격으로 최종 결정해야 한다. 가격결정 이후에도 시장환경의 변화, 경쟁업체들의 출현 및 가격 변화 등에 항상 주목하여 적절히 대처해 나가는 노력이 필수적이다.

일단 가격이 형성되더라도 업체에서는 수익 향상을 위하여 다양한 노력을 할 것이며, 그 중 하나로 가격인상과 원가절감을 고려하지 않을 수 없다. 하지만 앞서 언급하였듯이 가격은 바로 고객의 의사결정 및 구매행동에 직접적 영향을 미치게 되어, 무리한 가격인상은 오히려 수요를 하락시키는 부작용을 초래하고 이는 바로 수익에 영향을 미칠 수 있다. 이에 좀 더 합리적인 가격인상과 원가절감을 위한 방법들을 시도할 필요가 있다.

첫 번째로 같은 가격을 유지하되 양과 크기를 축소하여 원가를 절감시키는 방법이다. 예를 들어, 인기있는 메뉴의 경우 가격은 유지하되 제공되는 양을 극소량만 줄여도 원가절감의 효과가 있으며 이는 이미 많은 업체에서 사용하는 방법이기도 하다. 이때 메뉴의 진실성과 관련된 항목들을 위반해서는 안됨을 명심해야 한다.

두 번째 방법은 가격을 인상하되 인상된 가격에 대한 합리적 이유를 제공하는 것이다. 예를 들어, 기존의 인기 있는 치킨후라이드 메뉴라면 거기에 버터에 볶은 마늘 슬라이스를 몇 개 얹어 마늘치킨이라는 인식을 심어 주고 가격을 인상하여 고객이 지불하는 추가적인 금액에 대해 고객이 그 만큼의 가치가 있다고 인식하게 만드는 방법이다.

세 번째 방법은 항상 일정한 크기와 양의 메뉴를 제공하되 재료의 손실을 최소화하여 같은 가격 대비 원가의 손실을 막아 수익을 늘리는 방법이다. 이를 위해 분량통제시스템을 구축하고 가격과 분량표를 만들어 메뉴 제조시 항상 일정하고 적절한 분량과 크기가 유지되도록 해야 한다.

이밖에도 가격인상 시 유의해야 할 사항으로, 짧은 기간에 급격한 인상은 자제해야 하며, 가격의 마지막 숫자가 9나 5인 경우 인기있는 음식에 대한 가격인상은 가격변화를 고객들이 민감하게 받아들일 수 있음을 고려하여 피하는 것이 좋다.

또한 가격인상 시 다품목에 대한 동시다발적인 인상은 피하되, 고객들이 가격인상에 대해 동의할 수 있는 인플레이션 기간 등에는 예외적으로 가능하다. 계절음식의 경우 시기별로 원재료의 값이 현저히 변화할 수 있으며, 이에 따른 가격의 변동은 고객들에게 오히려 신뢰를 형성할 수 있다는 연구결과를 고려할 필요가 있다.

이때 가격의 변화를 쉽게 나타낼 수 있는 형태의 메뉴판 사용이 필수적인데, 예를 들어, 화이트보드, 수기메뉴판, 테이블텐트 등의 사용은 소비자의 가격인상에 대한 인식을 최소화하면서 가격의 변화를 표시할 수 있는 장점이 있다.

Chapter 9

양식 메뉴관리

1. 전채 요리
2. 수프
3. 생선 요리
4. 주 요리
5. 샐러드

Chapter 09.

양식 메뉴관리

1. 전채요리

많은 문화와 시대를 거치면서 다양한 형식의 전채요리Appetizer, Hors d'oeuvre가 발달하고 있으며, 현재에 와서는 한입에 먹을 수 있으며 아기자기한 모양을 갖추고 여러 종류의 재료를 이용한 음식이 주도적이며 이는 보는 이의 눈을 즐겁게 함은 물론 먹을 때의 식감 또한 마음을 사로잡는다.

전채요리는 일정한 순서의 차림표(메뉴판)대로 요리가 나오기 전에 고객에게 식욕촉진제로 제공되는 요리로, 프랑스에서는 Hors d'oeuvre 라고 하며, 영 · 미에서는 Appetizer라고 한다. Hors d'oeuver의 Hors는 '앞'을, Oeuver은 '식사'를 의미하는데, 즉 식사 전에 제공되는 요리를 의미한다.

식사를 하기 전에 식욕을 돋우워 다음에 제공되는 음식을 더욱 맛있게 즐기도록 하는 전채요리는 코스메뉴 전체에 영향을 미칠 수가 있다는 점에서 중요하다고 할 수 있다. 전채요리는 Appetissant(식욕을 일으킴) 혹은 Appetizer(식욕촉진물)라는 뜻을 가지고 있다. 그리고 북유럽에서는 스모가스보드Smogasbord, 중국에서는 리앵반冷飯, 러시아에서는 자쿠스키Zakuski 라고 부른다.

(1) 전채요리 조건

전채요리는 요리의 시작이자 모든 요리의 만족도를 좌우할 만큼 그 역할은 중요하며, 따라서 맛과 멋이 요구된다. 이를 위한 조건은 다음과 같다.

① 모양이 예쁜 형태를 가져야 된다.

② 적은 양으로 다음 코스요리에 부담을 주지 않아야 한다.

③ 짠맛과 신맛이 가미되어 타액의 분비를 촉진시켜 식욕을 돋우어 주어야 한다.

④ 다른 메뉴와 중복을 피하며 메뉴에 균형을 맞춰야 한다.

⑤ 신선한 제철 재료를 사용해야 한다.

⑥ 그 지역에 맞는 특색을 표현해야 한다.

(2) 전채요리의 종류

전채의 종류는 크게 나누어 더운 것과 찬 것이 있는데 더운 것은 Hors d'oeuvre Chaud(Hot)이라 부르며, 찬 것은 Hors d'oevre froid(Cold)라고 부른다.

1) 형태에 의한 종류

① 카나페Canape

한입 크기의 얇게 자른 빵에 버터를 발라 굽거나 달지 않은 쿠키 위에 계란이나 오이 등을 얹은 후 그 위에 여러 가지 재료(살라미, 훈제연어, 새우, 과일, 햄, 캐비아)를 균형있게 얹어 가지각색의 모양으로 눈과 입을 즐겁게 하는 요리이다.

② 칵테일Cocktail

칵테일 글라스에 여러 가지의 재료를 조화롭게 올려 먹는, 칵테일을 응용한 요리라고 할 수 있으며 일반적으로는 양상추를 곱게 썰고 신선한 새우를 삶아 껍질을 제거한 후 칵테일소스를 곁들여 먹으며, 그 밖에도 Lobster, Crabmeat, Shellfish와 Fruits 등을 함께 사용하여 맛과 모양을 낸다.

③ 바르게트Barquette

파이를 만드는 반죽으로 작은 배모양을 만들어 구워내어, 그 안에 얇게 썰거나 갈은 닭고기나 생선, 고기, 야채 등을 채워서 만든다.

④ 부셰Bouchee

밀가루 반죽을 얇게 한입 크기로 만들어 과일, 잼, 치즈나 계란을 넣어 만두같이 만든 요리이다.

⑤ 브로세Broche

육류, 생선, 야채 등을 작은 싸이즈로 요리한 후 꼬치에 끼워 내거나 꼬치에 끼워 요리한 것을 말한다.

⑥ 레리쉬Relish

Relish는 '맛을 즐긴다'란 뜻이며, 이것은 깊은 유리 용기나 잔에 분쇄한 얼음을 채우고 여기에 먹기 편하게 길게 자른 스틱형의 무, 셀러리, 당근, 오이, 고구마 등을 꽂은 형태로, 미관상 화려함이 돋보이는 요리이다.

2) 더운 전채요리Hot Appetizer

소량의 육류, 해산물, 채소류, 가금류를 따뜻하게 해서 식사 순서의 처음이나 술 다음에 내놓는 음식으로, 먹기 좋고 주 요리에 균형이 잡히게 하며 다음 코스의 기대감을 높인다. 짠맛 또는 신맛으로 인해 위액의 분비를 촉진시킨다.

① 구운 굴요리baked oyster

초겨울이 제철인 신선한 굴을 껍질째 요리하며, 시금치, 양파, 빵가루 등을 가미시켜서 제공하거나 홀렌다이소스를 곁들여 샐러맨더에서 구워 제공한다.

② 팀발timbale

컵 모양의 틀timbale mold을 이용하여 찌거나 오븐에 구워서 내놓는 요리로, 생선이나 가금류 등을 갈거나 겹겹이 채워 모양을 내기도 하며, 굽거나 찐 후 틀에서 빼내어 여러 모양으로 재단 후 접시에 담아 소스를 곁들여 제공한다.

③ 양송이 요리stuffed mushroom

큰 모양의 양송이 속을 파내고, 다진 고기, 마늘, 양파 등을 채워 치즈와 빵가루를 얹어 오븐에서 구워 낸 요리이다.

④ 관자Sauted Scallops

부드러운 관자살에 소금과 후추를 뿌린 후 밀가루를 묻혀 버터에 구운 후 특수야채와 소스를 곁들인 요리이다.

⑤ 씨푸드 크레이프Seafood crepe

밀가루, 계란, 우유 등으로 만든 반죽을 씨푸드나 각종 재료를 넣고 요리하고 크림소스 및 토마토소스를 제공하며, 가니쉬는 주로 토마토 꽁까세concasse로 한다.

3) 냉 전채요리 Cold Appetizer

전통적인 전채요리에는 테린terrine, 빠테pate, 훈제연어, 캐비아와 굴 등 생선이 많이 쓰였지만 현대에는 육류, 치즈, 파스타 등 다양한 재료를 기초로 한 요리가 나오고 있다.

뜨거운 전채요리와 달리, 차거운 전채요리는 맛도 중요하지만 모양 또한 중요하게 여겨 다양하고 멋스런 전채요리가 주를 이루고 있다.

① 훈제연어 Smoked salmon

훈제연어는 냉 전채요리 중 가장 많이 애용되는 메뉴이며 전 세계적으로 사랑을 받고 있다. 훈제연어는 케이퍼, 홀스래디시, 양파를 곁들여 내며 그 맛은 일품이며 카나페 샐러드 등이 많이 사용된다. 일본에서는 스모크우드Smoke wood라 하여 벚나무의 연기와 향을 똑같이 내는 인공 훈연제가 발명되어 대대적으로 사용되고 있다. 훈제 시 색이 진하고 육질이 찰진 것이 상품이며 훈제 기법에 따라 상품의 질이 달라진다.

② 테린 terrine

내열성 용기를 이용하며, 여러 재료들의 특성을 살려 맛과 모양을 갖춘 형태의 요리이며 테린이란 '테린'이라 불리는 용기를 뜻한다. 테린은 보통 야채를 많이 사용하고 그 밖의 재료들로 균형을 맞추어 담은 다음 아스픽Aspic을 이용하여 차갑게 굳힌 요리로 젤리처럼 쫀득하며 재료의 질감을 음미하면서 먹을 수 있다. 또 다른 방법은 생선이나, 가금류, 육류 등과 계란흰자, 생크림 등의 양념을 가미하여 분쇄기에서 갈은 다음 테린 틀에 원하는 내용물과 함께 넣고 오븐에서 중탕으로 익힌 후 차갑게 하여 먹을 수 있다.

③ 빠테 pate

내열성 용기를 이용하여 오븐에 굽는 요리로 밀가루에 버터, 물, 소금 등을 넣고 반죽한 다음 얇게 펴서 틀에 맞추어 재단한 후, 육류나 생선 등과 함께 휘핑크림, 각종 허브 등을 넣고 아주 곱게 갈아서 그 내용물을 재단한 반죽 속에 넣은 다음 소시지나 햄 등을 곁들여 오븐에서 굽는 것을 말한다. 이것을 차게 굳혀서 슬라이스한 후 제공되며, 맛과 모양을 중시하여 밀러에 담는 것 또한 기술을 요한다.

④ 캐비아 caviar

철갑상어의 알을 소금에 절인 것으로 3대 진미의 하나로 전 세계에서 사랑받는 식품 중 하나이며 건강식품으로도 유명하다. 많은 나라에서 애용되는 캐비아는 러시아 산이 많으며 카스피해산을 최고로 여기며, 알의 크기에 따라 벨루가, 세브루가, 오세트라라는 이름으로 불려지고 가격 또한 차이가 많다.

캐비아는 칼로리가 낮고 지방이 적으며 비타민과 단백질이 많아 최고의 식품으로 각광받으며 전 세계 미식가들의 입맛을 사로잡아 왔다. 맛도 맛이지만 가격이 비싸서 아무나 먹지 못한다. 캐비아에서 기름만 뽑아 마시는 것으로도 채소를 많이 섭취하지 못하는 추운 지방에서 결핍되기 쉬운 비타민의 역할을 대신한다. 캐비아는 메밀전병인 블리니 blini 에 얹어 한입에 먹기 좋게 하여 식사 전에 입맛을 돋우는 음식으로 애용된다.

⑤ 타르타르 tartar

서양 요리 중 생으로 제공되는 요리 중 하나로 신선한 재료가 필수이며 주로 생선이나 소고기로 요리하며 여기에 올리브 오일, 허브류, 피망, 양파, 레몬즙, 소금, 후추 등을 넣고 잘 섞은 다음 퀘넬 quennel 이나 몰드 mold 에 담아 모양을 내어 제공되며 보통 야채와 생선은 깍둑 썰고 dice 허브는 잘게 썬다 chop. 타르타르는 미리 만들어 놓으면 양념에 의해 색이 변화되므로 서빙할 때 바로바로 요리하는 것이 중요하다.

2. 수프 Soup; potage

(1) 수프의 정의

수프는 폰드 Fond/Stock 나 부용 Bouillon 을 기본으로 하여 뼈와 고기조각과 함께 야채와 향료를 넣고 끓여 낸 국물인 육수 Stock/Fond 를 기초로 하며, 국물이 주主가 되는 것과 건더기가 주가 되는 것이 있다. 수프는 크게, 맑은 수프 Potage Clair : Clear Soup, 진한 수프 Potage Lie : Thick Soup, 더운 수프 Hot Soup, 찬 수프 Cold Soup, 내셔널 수프 National Soup 로 나눌 수 있으며, 보편적으로 수프를 통칭하는 말인 포타주 Potage 를 진한 수프, 맑은 수프를 콩소메 Consommé 라고 부른다.

(2) 수프의 어원

포타주는 '냄비에서 익혀먹는 요리' 라는 의미로, 중세 프랑스인들이 빵을 브로스broth, 와인, 소스 등에 많이 찍어 먹었다고 전해지며, 수프 다음에 제공되는 메인요리를 고려하여 수프를 선택하면 좋으며, 정찬 요리에서는 식욕을 증진시키기 위해서 전채요리 다음에 제공된다. 비중있는 진한 수프Heavier Soup는 완전한 한 끼 식사로도 이용되고 있다.

(3) 수프의 구성

1) 육수Stock

소고기Beef, 닭고기Chicken, 생선Fish, 야채Vegetable를 이용하여 끓여낸 육수는 수프의 맛을 좌우하며 본래의 맛을 살리는 데는 많은 주의와 기술이 요구된다. 이렇게 생산된 육수는 고급 수프의 기본 원천이 되기 때문이다.

2) 크림Cream

유지방 18% 이상을 포함하고 있으며, 커피용은 20% 정도, 제과용은 30~50% 정도를 함유하며 다방면으로 많이 쓰여지며 수프에서 좀더 진하고 부드러운 맛을 내는 것이 크림이다. 크림 사용 시에는 오래 끓이는 것을 삼가해야 하는데 이는 수프의 변색이나 지방 분리현상으로 맛에 영향을 주기 때문이다.

3) 크루통Croutons

버터에 바삭하게 구워낸 크루통은 부드러운 식감의 수프에 한층 맛의 묘미를 선사하며 크루통을 수프에 곁들일 때는 수프를 먹기 전에 곁들이는 것이 한층 바삭한 크루통의 풍미를 느낄 수 있다. 그러나 크루통은 빵이라서 수프에 장시간 있으면 수프의 맛을 떨어뜨릴 수 있다.

4) 주재료

모든 식재료가 사용될 수 있으며 수프는 재고를 처리할 수 있는 장점을 갖고 있다. 야채가 속을 편하게 해 주면서 모든 재료와 잘 어울리기 때문에 야채를 이용하여 여러 형태의 수프를 만들어 즐길 수 있다.

(4) 수프의 종류

① 온도에 따라

더운 수프Potage Chaud와 찬 수프Potage Froid

② 농도에 따라

맑은 수프Potage Claire와 진한 수프Potage Lie

③ 국가에 따라

스페인 : 가즈파초Gazpacho　　미국 : 차우더Clam chowder

이태리 : 미네스트로네Minestrone　　프랑스 : 비시스와즈Vichyssoise

1) 더운 수프

그 밖에 Potato Soup, Carrot Soup, Spinach Soup, Green Pea Soup, Chestnut Soup, Brocoli Soup, Cauliflower Soup 등이 있다.

① **콜리플라워 크림수프**Cauliflower Soup : 더운 수프의 대표는 크림수프인데 크림은 뜨거울 때 더욱 담백한 맛을 내기 때문이다. 콜리플라워 크림수프는 양파와 베이컨을 곁들여 치킨스톡Stock과 크림으로 맛을 내며, 콜리플라워의 맛을 잘 살리는 것이 포인트이다.

② **프렌치 어니언 수프**French Onion Soup : 마늘찹, 양파 채를 팬에 은근하게 오래도록 볶아 콩소메를 이용한 수프로 프랑스인들이 해장으로 즐기는 수프이다. 매장에서는 양파를 대량으로 볶아 Onion Paste를 만든 후 조금씩 사용하며 바게트와 그뤼에르 치즈를 샐러맨더에 구워 수프에 띄워 제공한다.

2) 찬 수프

과일수프, 찬 콩소메, 비시스와즈, 가즈파초, 멜론수프, 딸기수프 등이 있다.

① 찬 콩소메

너무 진하지 않은 콩소메를 끓인 후, 이를 가벼운 젤리 상태가 될 때까지 식힌 후

Sherry Wine과 Tomato Concasse 등으로 장식한 수프이다.

② 안달루시안 가즈파초 Andalusian Gazpacho

스페인의 대표적 수프인 가즈파초는 토마토, 양파, 마늘, 식초, 샐러드유 등을 이용해 만든 수프로 술 해독에도 좋은 수프이다.

③ 비시수아즈 Vichyssoise : Cold Potato Soup

프랑스의 대표적 차거운 수프로 감자, 양파를 버터로 볶아 스톡과 크림을 첨가하여 만든 수프로 차갑게 식힌 후 서빙한다.

3) 맑은 수프

소고기나 야채 등 맑은 스톡이나 브로스 Broth를 이용하여 내용물이 보일듯이 투명하게 만든 수프이다. 콩소메가 대표적이다.

맑은 수프인 콩소메는 일반수프처럼 볶거나 끓이지 않고 야채나 고기를 이용하여 맑게 끓인 부용 Bouillon을 온도를 높게 하여 끓이는 것이 아니라, 낮은 온도에서 계란 흰자를 이용하여 내용물을 응고시킨 후 내용물이 흐트러지지 않게 은근히 끓임으로써 탁하지 않고 투명한 육수를 얻으며, 끓인 후 천을 대고 걸러 내는 방식의 수프로 White Wine이나 Sherry Wine을 첨가하여 완성한다.

콩소메의 종류

① Consomme Brunoise : 브뤼노이즈 Brunoise는 작은 주사위 크기보다 작은 사이즈의 크기를 의미하며, 여러 야채를 브뤼노이즈로 재단하여 이를 살짝 볶거나 뜨거운 육수에 데쳐 콩소메에 곁들여 내는 것이다.

② Consomme Celestine : 셀레스틴 Celestine은 밀가루, 계란, 우유를 기초로 반죽하여 팬에 아주 얇게 부친 Crepe 후, 이를 칼을 이용하여 국수 가락처럼 얇게 썰은 것을 의미하며, 콩소메에 곁들여 내는 것이다.

③ Consomme Julienne : 쥴리엔느 Julienne는 호박, 당근, 무 등의 야채를 얇게 채 썰은 후 볶거나 데쳐 콩소메에 곁들여 내는 것이다.

④ Consomme Royale : 르와이얄 Royale은 계란을 이용하여 흰자와 노른자를 분리한 후 이를 얇은 지단으로 만들어 다이아몬드 형으로 잘라 콩소메에 곁들여

내는 것이다.

⑤ Consomme Vermicelli : 버미첼리Vermicelli는 이태리 국수 중 가장 가는 면으로 이를 삶아서 콩소메에 곁들여 내는 것이다.

⑥ Consomme Tasse : 콩소메를 찻잔에 담아 제공하는 것을 말한다.

4) 진한 수프

자체의 농도Puree를 갖고 있는 야채나 루Roux, 리에종Liaison을 사용하여 탁하고 농도가 진하게 만든 수프로, 베샤멜Bechamel이나 벨루테Veloute를 기본으로 하여 만든 수프이다.

* Puree : 야채를 잘게 분쇄한 것

* Bechamel : Roux에 우유를 첨가하여 만든 것

* Veloute : Roux에 Stock을 혼합하여 만든 것

① 포테이토 퓌레 수프Potato Puree Soup : 양파와 감자를 버터에 잘 볶은 후 부용Bouillon과 크림으로 혼합하여 조리한 수프로 이를 믹서기에 갈아서 체에 내린 후 파세리나 크로통을 곁들인다.

② 차우더Chowder : 베샤멜이나 벨루테를 기본으로 하여 조개, 새우, 게, 생선류 등과 감자를 이용하여 만든 수프이다.

③ 비스크Bisque : 크림을 사용하지만 만드는 방법은 조금 차이가 있다. 새우, 게 가재 등으로 만든 어패류 수프이다.

Check point

- 리에종Liaison : 생크림과 계란 노른자를 혼합한 것으로 농후제의 하나로 사용되며 사용 목적은 맛, 색깔, 농도를 조절하는 데 있다.
- 루Roux : 밀가루와 버터를 1:1의 비율로 배합하여 Pan이나 Oven을 이용하여 볶거나 구운 것으로 대표적 농후제이며 쓰임새의 종류에 따라 여러 가지가 있다. 종류에는 Roux Blanc, Roux Blond, Roux Brun 등이 있다.

5) 국가별 수프National Soup

지리적 · 문화적 차이로 인하여 나라마다 수프의 종류는 다양하고 즐기는 방식 또한 차이가 있으며, 수프 하나에도 그 나라의 특성을 나타내며 그 나라를 대표하기도 한다.

① 굴라쉬 수프Goulash soup

헝가리의 대표적 고기 수프로 추운지방에서 먹기에 알맞게 만들어졌으며 감자, 소고기, 양파, 셀러리 등을 이용한 진한 소고기 수프이다.

② 부야베스Bouillabaisse

프랑스 남쪽 지방에서부터 시작된 담백하고 맑은 해산물 콩소메의 일종으로, 미식가들 사이에선 유명한 수프로 샤프란Saffron과 잘 어울리며 생선 스톡에 여러 가지 생선과 바다가재, 야채를 넣어 끓인 일품 수프이다.

③ 미네스트로네 수프Minestrone Soup

이태리의 대표적 야채수프로, 속을 잘 달래 주어 이태리인들이 즐기는 수프로 베이컨, 양파, 셀러리, 당근, 감자, Tomato paste를 볶아 Stock에 넣은 후 향료를 첨가하여 끓인 수프로 파세리를 곁들인다.

Check point

- 부케 가르니Bouquet Garni : Stock이나 Sauce에 향을 내기 위해 사용하는 것으로 Pepper corn, Bay Leaves, Parsley와 셀러리, 양파를 천에 싸서 실로 묶은 것이다.
- 미르포아Mire Poix : 18세기경 Levis-Mirepoix 공작의 요리사가 개발하였으며, Stock이나 Sauce의 맛을 내기 위하여 사용한다. 당근, 셀러리, 양파(2; 1: 1비율)를 Cube(야채를 주사위 모양으로 자르는 것)로 썰어서 사용한다.

3. 생선요리 Fish; Poisson

(1) 생선요리의 개요

최근에는 육류보다는 해산물의 요리 비중이 높아지는 추세이다.

생선은 섬유질이 연하고 맛이 담백하며 열량이 상대적으로 육류보다 적고 소화가 잘 된다. 단백질, 지방, 칼슘, 비타민(A, B, C) 등이 풍부하여 건강식으로 매우 좋은 재료이다.

생선은 색깔에 따라 흰살 생선과 붉은살 생선으로 나뉘며, 흰살 생선은 바다 깊은 곳에서 서식하기에 활동을 많이 하지 않아 살이 비교적 연하고 맛이 담백하며 비린내가 적은 편이다.

생선요리는 수프 다음에 제공되나 요즘은 정찬이 아니고는 생선 코스를 생략하는 경우가 많으며 주요리Main Dish로 제공하는 추세이다.

(2) 생선의 종류

어류, 갑각류, 연체동물, 극피동물로 구분하며 서식장소에 따라 해수어와 담수어로 구분된다.

(3) 생선 기본 조리법

① 베이킹Baking

버터를 넣은 팬에 생선을 넣고 색깔을 낸 뒤, 팬 채로 오븐에 넣어 익혀내는 방법과 기름종이에 구운 야채, 와인이나 향신료를 넣어서 굽는 방법이 있다.

② 브레이즈드Braised

몸통이 크거나 육질이 단단한 생선을 구울 때 활용되며 보통 참치tuna, 연어salmon등과 같은 큰 생선을 브레이징팬braising pan에서 통째로 혹은 토막을 내어 버터를 바르고 포도주나 생선스톡fish stock을 1/3정도 붓고 생선이 익을 때까지 오븐에 쪄내는 방법이다.

③ 포치Poach

계란, 크림과 와인 등을 첨가한 생선을 믹서기에 곱게 갈아서 덤플링dumpling 형태나 여러 형태의 모양을 만들어 물과 함께 식초, 소금, 향신료, 백포도주 등을 넣고 약한 불로 서서히 끓여서 익혀 내는 요리법이다.

④ 브로일드Broiled

조리기구인 브로일러을 이용하는 요리 방법으로, 생선을 팬에서 약간 익힌 다음 버터를 바른 후 직접 열기구에 굽는 방법으로 불이 세면 생선이 타고 약하면 팬에 붙는 경우가 있어 기술을 필요로 한다. 연어, 농어, 광어 등 덩어리 고기를 구울 때 쓰는 방법이다.

⑤ 그릴드Grilled

쇠꼬챙이에 고기를 끼워 직접 열을 이용하여 굽는 방식으로, 고기를 구울때 기름이 타면서 나는 훈제의 향을 느낄 수 있으며 또한 석쇠자국을 남김으로써 미관상 바비큐의 느낌을 살리고 음식을 먹음직스럽게 하는데 많이 사용된다. 브로일드는 조리용기가 필요하나 그릴드는 조리용기가 따로 필요하지 않다.

⑥ 뫼니에르Meuniere

생선의 형태가 유지되도록 하는 팬 프라이pan fry 방법의 일종으로, 생선에 소금, 후추, 레몬즙을 뿌리고 밀가루를 바른 후 팬에 버터를 녹여 구워 내는 방법으로 밀가루와 버터가 구워지면서 나는 고소한 향기와 생선 자체가 지니고 있는 감칠 맛을 느낄 수 있는 조리법이다.

⑦ 딥 팻 후라이Deep fat frying

생선의 형태, 맛과 향을 잃지 않고 보다 담백한 맛을 느끼게 하는 요리 방법으로, 생선에 밀가루를 묻히고 난 뒤 달걀을 바르고 빵가루를 묻혀 기름에 튀기는 영국식이 많이 사용되며, 밀가루만 발라서 튀기는 방식도 있으나 이는 기름 냄새가 많이 배어 다른 재료를 사용하기에 부적합하여 많이 쓰이지 않는다.

⑧ 스팀 Steamed

자연 그대로의 맛을 느낄 수 있으며 생선의 신선도를 바로 알 수 있으며 요리법이 간단하면서 건강한 요리법이다. 고압의 수증기로 조리하는 방법으로 짧은 시간에 대량 조리가 가능하며, 물에 삶는 것보다 영양 손실이 적어 많이 이용된다.

⑨ 스모크 Smoked

생선을 오래 보관할 수 있는 방법이며, 독특한 맛을 내는 효과가 있어 대중적으로 많이 사랑받는 요리법이다. 훈제 조리방법으로 연어, 장어, 송어 등이 많이 사용되며 생선을 야채와 향초 소금, 설탕 등에 양념하여 훈제기구에서 1~2주간 동안 연기 냄새가 배도록 조리하는 방법이다. 사용량이 많아서 호텔에서는 스모크를 직접 만드는 경우가 있다.

⑩ 그라탕 Gratinating

직화열기구의 하나인 샐러맨더를 이용하여 굽는 방법으로 치즈나 크림을 이용하여 음식에 색도 입히고 캐러멜의 고소함과 진한 향이 나게 하는 요리법이다.

생선, 해물, 새우, 바닷가재 등을 야채에 볶아 치즈나 크림소스를 넣고 샐러맨더나 오븐에서 익히는 방법이다.

4. 주 요리 Main Dishes; Entréte

메인디쉬는 여러 코스요리의 주 요리로서 생선 다음에 제공되는 것이 보통이다. 메인디쉬는 포만감을 주는 코스요리의 핵심이며 코스요리에서 중복을 피하며 짜임새 있게 구성함으로서 좋은 메뉴의 완성이 되는 것이다.

프랑스어로 앙뜨레 Entré 라고도 하는데, 영어의 Entrance란 뜻으로서 정찬의 중간 코스라는 의미였으나, 지금은 주 요리로서 제공되는 요리를 앙뜨레 Entré 라고 부른다. 메인디쉬에 사용되는 식자재는 다양하지만 주재료는 육류, 가금류, 어패류로 나눈다.

(1) 육류 요리 Meat : Viande

육류는 소, 돼지, 양, 송아지, 사슴고기 등을 칭하며 높은 칼로리, 특히 단백질, 탄수화물, 지방, 무기질, 비타민 등이 풍부하여 메인디쉬로서 가장 선호되는 품목이다. 육류를 구울 때 각국마다 대표적인 기름이 있는데, 프랑스에서는 버터, 이탈리아에서는 올리브유, 독일에서는 라드Lard, 미국에서는 샐러드유, 한국에서는 참기름 등으로 고기를 구우며, 영국에서는 저스Jus로 조리고, 중국 및 일본에서는 장유로 조리하는 등 나라마다 특성이 있다.

육류의 구성 요소

식용할 수 있는 육류 부분은 근육조직muscle tissue, 결체조직connective tissue, 지방조직adipose tissue, 골격bone으로 나눠어진다.

1) 쇠고기

쇠고기는 사육 방법에 따라 육질이 다른데 방목한 소보다는 사료를 먹여 사육한 쇠고기가 마블링의 형성이 고르고 육질이 부드럽다. 한때는 미국 쇠고기를 상품으로 여겨 호텔에서 사용하였으나 국내산 쇠고기의 등급이 좋아지면서 한우 사용이 일상화되었다. 식육으로 사용할 수 있는 소로는 새끼를 낳지 않은 암소나 거세한 수소가 좋으며. 또한 사용 목적에 따라 Steak, Roast, Stew용으로 나눈다.

① 소의 분류

- **어린 암소** : 2년 반이나 3년 정도 된 송아지를 낳지 않은 어린 암소
- **숫송아지** : 어릴때 거세한 후 2년 반이나 3년된 숫송아지
- **암 소** : 1~2 마리의 송아지를 낳은 암소
- **거세한 황소** : 성적으로 성숙한 후 거세시킨 수컷
- **황 소** : 거세하지 않은 수컷

② 쇠고기의 8가지 등급

미연방정부에서는 소비자, 축산업자, 판매업자의 이익을 보호하기 위하여 고기의 완성도(쇠고기의 내부 및 외부에 있는 지방질의 양과 색), 조직(쇠고기 몸통의

고기의 일반적인 비율), 품질(고기와 뼈의 색과 구조) 등을 등급분류하고, 도체 중량, 지방 두께, 등심의 단면적을 종합하여 A, B, C 등급으로 판정한다.

• USDA Prime

최상의 등급으로 양이 제한되어 생산되며 어린 암소나 숫송아지를 통하여 얻을 수 있으며 육질은 단단하고, 하얀 크림색의 지방이 맛과 육즙을 더해 주며 좋은 그물 조직marbling으로 되어 있다.

• USDA Choice

Prime급보다 지방질이 적으나 고급 지방질을 함유하고 있으며, 육질이 연하고 육즙이 많으며 지방질의 구조가 치밀하고 좋은 그물 조직으로 되어 있어 가장 인기가 좋은 부위로 그 양 또한 많아 공급이 원활하다.

• USDA Good

고기는 연하지만 Prime과 Choice급의 연질과 맛에는 뒤떨어진다. 가격에 비하여 품질과 맛이 좋아 경제적인 쇠고기로 알려져 있으며, 목초로 사육한 숫송아지와 어린 암소고기는 대부분이 상급에 속하며 지방 함량이 낮아 저렴하기 때문에 많이 이용된다.

• USDA Standard

USDA Good 등급보다 한 단계 낮은 육류로 맛이나 질감이 떨어진다. 어린 숫송아지, 어린 암소, 암소가 주로 사용되며, 살코기의 비율이 높고 지방량은 적다.

• USDA Commercial

늙은 암소나 황소에서 생산되는데, 맛은 풍부하지만 질기기 때문에 연해지도록 천천히 요리하거나 오래 익혀야 한다.

• USDA Utility : 거세한 황소나 늙은 암소에서 생산된다.

• USDA Cuter : 황소나 거세한 황소에서 생산된다.

• USDA Canner : 제조 · 가공하여 사용되며 주로 통조림용으로 쓰인다.

③ 소안심의 부위별 명칭

- **헤드**Head : 쇠고기 안심Tenderloin의 맨 위의 첫 번째 부위로 Steak보다는 Cube로 요리한다.
- **샤토브리앙**Chateaubriand : 안심 중 가장 좋은 부위로 통째로 구워서 제공한다.
- **필레스테이크**Filet Steak : 안심 중 가장 연한 부위로 구워서 제공한다.
- **투르느도**Tournedos : 안심의 얇은 끝부분으로 140g 정도만 생산된다.
- **필레미뇽**Filet mignon : 안심의 뒷부분이다.
- **필레팁**Filet Tip : 안심의 가장 끝부분이다.

④ Steak의 유형

- **샤토브리앙** : 프랑스의 귀족 샤토브리앙이 즐겨 먹었던 것으로 그의 주방장 몽미레이유Montmireil에 의해 고안된 것이라고 한다. 연한 안심의 중간 부위를 두껍게 (4~5cm) 잘라서 통째로 굽는 최고급 스테이크이다.
- **투르느도** : 투르느도란 "눈 깜빡할 사이에 다 된다."라는 의미로, 육질이 부드러운 안심 부위의 중간 뒤쪽 부분으로 만든 스테이크이다.
- **필레미뇽** : "아주 예쁜 소형의 안심 스테이크"라는 의미로 안심 부위의 뒷부분으로 만든 스테이크이다.
- **설로인 스테이크**Sirloin Steak : 영국의 왕이었던 샤를 2세가 명명한 것으로 그는 이 등심 스테이크를 매우 좋아하여 스테이크에 남작의 작위를 수여했다고 한다. 그 후 'Loin'에 'Sir'를 붙여 "Sirloin"이라고 하였다.
- **포터하우스 스테이크**Poter House Steak : Short Loin Steak로 안심과 뼈를 함께 자른 크기가 큰 스테이크이다.
- **티본 스테이크**T-bone Steak : 뼈를 T자 모양으로 자른 것으로 포터하우스 스테이크보다 안심 부분이 작다.
- **리브 스테이크**Rib Steak : 갈비 등심 스테이크로 Rib Eye Steak, Rib Roast 등이 있다. Rib Roast(Prime Rib of Beef)는 총 13개의 갈비 중 6번째부터 12번째 갈비까지 7개의 갈비로 이루어진다.

- **라운드 스테이크** Round Steak : 소 허벅지에서 정선한 것으로 스테이크로 활용.
- **럼프 스테이크** Rump Steak : 소 엉덩이에서 정선한 것으로 스테이크로 활용.
- **플랭크 스테이크** Flank Steak : 소 배에서 정선한 것으로 스테이크로 활용.

⑤ Steak 굽는 정도에 따른 분류

- **레어** Rare : Blue

Steak 속이 따뜻할 정도로 겉부분만 살짝 익혀서 자르면 속에서 피가 흐르도록 굽는 방법으로 내부에 온기만 있고 고기가 익지 않은 상태이며 조리시간은 약 2분 정도로 고기 내부온도는 50℃ 내외이다.

- **미디엄 레어** Medium Rare : Saignant

Rare보다는 좀 더 익히며 Medium보다는 좀 덜 익힌 것으로, 조리시간은 약 3~4분 정도이고, 고기 내부온도는 55℃ 정도이다.

- **미디엄** Medium : A point

Rare와 Well-done의 절반 정도로 익히는 것이며, 조리시간은 약 5~6분 정도이고, 고기 내부온도는 60℃ 정도이다. 자르면 육즙이 나오며 붉은 색이다.

- **미디엄 웰던** Medium Well-done : Cuit

거의 익히는데, 자르면 가운데 부분에만 약간 붉은색이 있어야 한다. 조리시간은 약 8~9분 정도이며, 고기 내부온도는 65℃ 정도이다.

- **웰던** Well-done : Bien Cuit

속까지 완전히 익히는 것이다. 조리시간은 약 10~12분 정도이고, 고기 내부온도는 70℃ 정도이다.

2) 송아지 고기 Veal : Veau

송아지는 육질이 부드러우며 담백하여 고급 요리로 많이 사용되었으나 현대에 와서는 수요가 많지 않아 흔하지 않은 요리가 되었다. 송아지 고기는 3개월 미만의 어린 소를 말하며, 도축 후의 무게는 65kg 정도이며, 조직은 부드럽고, 밝은 회색의 핑크색을 띤다. 3~10개월 정도의 송아지는 카프calf라 불리며, 지육은 146kg 정도이고, 붉은 핑크색을 띤다.

3) 돼지고기 Pork : Porc

돼지고기는 일상생활에서 자주 사용되는 식자재의 하나로 식생활에서 많은 부분을 차지하고 있으며, 고기로 쓰는 용도Bacon type와 지방 용도lard type가 있고, 산지별로는 영국산이 가장 많이 알려져 있으며 한국에서 현재 가장 많이 사육하고 있는 돼지 종류는 요크셔Yorkshire와 버크셔Berkshire이다.

돼지는 보통 1마리가 일생 동안에 100마리 정도 새끼를 낳으며 한 번에 6~10마리씩 1년에 두 번 새끼를 낳는 번식력이 좋은 동물이다. 새끼가 자라서 도살될 때까지는 5개월이 걸리며, 하루에 평균 600g씩 체중이 증가하므로 다른 가축에 비해서 생산성이 높다.

* 부위별 용도

① **뱃살** : 구이, 베이컨, 찜

② **다리살** : 양념불고기, 햄, 찜, 조림

③ **등살** : 스테이크, 구이, 양념불고기, 커틀릿

④ **목살** : 소금구이, 양념불고기, 스튜

4) 양고기 Lamb : Agneau

Hothouse는 생후 8~15주 된 어린 양으로 가장 좋은 것으로 평가되고 있으며, 3~5개월 된 것은 spring lamb이라고 한다. 우리가 많이 사용하는 양고기는 생후 1~2년 미만의 것이다. 살코기는 약간 검붉은 색이며, 조직은 spring lamb보다 거칠다. 일반적으로 2년 이상의 것은 머튼mutton이라 하며, 생후 1년 이내의 어린 양을 램lamb이라 한다. 성숙한 양고기mutton는 향이 강하며, 이 특유의 향을 약화시키기 위하여 조리할 때 민트박하나 로즈마리Rosemary를 많이 이용한다.

* 부위별 용도

① **다리**Leg : Roast, Braise, Boil

② **갈비**Saddle/Rack : Roast, Cutlet

③ **가슴살**Breast : Ragout, Stew, Curry

④ **어깨살**Shoulder : Ragout, Stew, Curry, Rolled, Boil, Roast

5) 가금류Poultry : Volaille

가금류는 닭, 오리, 칠면조, 비둘기와 거위 등 집에서 사육하는 조류를 의미한다. 색깔에 따라 Black meat와 White meat로 구분되며, 일반적으로 전자는 앞 가슴살을 의미하고 후자는 다리 부분의 살을 의미한다.

가금류의 분류

- **흰색고기를 가진 가금류**White Meat : 닭, 칠면조
- **검은색 고기를 가진 가금류**Bleak Meat : 오리, 거위, 비둘기, 메추리

* 부위별 용도

① **가슴살** : 스테이크, 구이, 양념불고기, 커틀릿

② **다리살** : 양념불고기, 구이, 탕, 커틀릿

③ **날개살** : 튀김, 구이, 탕

④ **목살** : 소금구이, 양념불고기, 탕

5. 샐러드Salad : Salade

샐러드는 Vegetable(잎채소, 뿌리채소, 열매채소), Herbs(향료), Plants(씨앗에서 싹이 튼 모종), 육류, 가금류, 해산물 등에 기름과 식초 또는 마요네즈를 이용하여 만든 각종 드레싱과 혼합하거나 곁들여 제공된다.

샐러드는 지방분이 많은 주 요리의 소화를 돕고, 비타민 A와 C 등 필수 비타민과 미네랄이 함유되어 있어 건강의 균형을 유지시켜 주는 역할을 한다.

(1) 샐러드의 구성

샐러드는 보통 4가지로 구성되는데 기본재료, 주재료, 드레싱, 가니쉬이다. 기본재료는 거의 상추나 푸른잎 채소이고, 주재료는 샐러드에 들어가는 대부분의 재료이며, 드레싱은 샐러드에 첨가하여 식욕과 향미를 증진시키는데 샐러드에 맞는 드레싱을 곁들이거나 먹는 사람이 원하는 드레싱을 곁들여 낸다. 가니시는 색깔과 맛의 조화를 이루므로 손님으로 하여금 즐거움을 느끼게 할 수 있어 현대요리에서 중요한 비중을 차지하고 있다.

1) 샐러드의 구성 요소

① 바탕base

접시의 대부분을 차지하는 채소는 장식의 효과와 그릇을 채워주는 역할, 본체와의 색을 대비시키는 구실을 한다. 일반적으로 양상추, 치커리, 레다치오 등의 샐러드 채소를 이용한다.

② 본체body

샐러드에 사용되는 주재료를 조리한 상태를 말한다. 샐러드 식사 시 부족한 부분을 채워주는 역할과 단순한 부분을 좀 더 다양하고 화려하게 채워 준다.

③ 드레싱dressing

샐러드의 맛을 내는 기본 요소인 동시에 식욕을 촉진시키며 가치를 돋보이게 하며 소화를 도와준다. 사용 시 과도한 첨가를 피하여 재료의 식감을 살려주면 화려한 샐러드를 얻을 수 있다.

④ 가니쉬garnish

샐러드를 즐김에 있어 맛과 멋을 도와주는 역할을 하며, 주재료와 잘 어울릴 때 효과가 더 크다. 다양한 재료를 사용하고 음식의 질을 높여 만족도를 높여 준다.

2) 샐러드의 기본 원칙

① 색color : 단순한 색의 혼합

② 신선함fresh : 재료들은 항상 신선한 것으로 사용할 것

③ 맛taste : 맛의 구성, 색의 균형

④ 시각적 효과art : 예술적 감각, 시각적인 효과

(2) 샐러드의 분류 및 종류

1) 순수 샐러드 Simple Salad

고전적 순수 샐러드는 단순 샐러드라고 하여 한 가지의 채소만으로 만들었으며, 여기에 파슬리Parsley, 처빌Chervil을 첨가한후 비네그레트Vinaigrette를 곁들였다고 한다. 현재는 순수 샐러드라 할지라도 한 종류의 채소보다는 여러 가지 채소를 적당히 배합하여 영양, 맛, 색 등이 서로 조화가 되도록 변화되었으며, 각종 향료류가 드레싱에 가미되어 곁들여지고 있다.

순수 샐러드의 종류

① Green Salad : Lettuce, Chicory, Romaine을 한입 크기로 잘라 만든 샐러드

② Garden Salad : Lettuce, Endive, Chicory, Cucumber, Carrot, Celery, Tomato, Radish 등 정원에서 재배된 채소를 이용한 샐러드

③ Spinach warm Salad : Spinach, Tomato Chopped, Spring Onion, Chopped Bacon, Mushroom 등에 뜨거운 비네그레트를 가미한 샐러드

2) 복합 샐러드Compound Salad

복합 샐러드란 단순 샐러드의 단점을 보완하고 맛뿐만 아니라 영양의 밸런스를 높임으로서 순수 샐러드가 갖고 있는 문제점을 보완하게 되어 샐러드를 더욱 부각시켰다. 각종 재료에 이점을 살려줌으로서 다양해지고 메뉴의 쓰임새도 높아졌다. 일반적으로 오일과 식초를 많이 사용하며, 경우에 따라 마요네즈도 사용한다.

① 시저 샐러드Ceasar Salad : Lettuce Head, Garlic Chopped, Bacon Chopped, Onion Chopped, Anchovy Fillet, Bread Crouton, Lemon Juice, Vinegar, Fresh Egg, Tabasco, Worcestershire Sauce, Mustard, Parmesan Cheese, Salad Oil, Salt, Black Pepper로 만든 샐러드

② 카프리제 샐러드Caprese Salad : Tomato, mozzarella, Basil, Parsley를 Oil과 Vinegar French Dressing으로 만든 샐러드

③ 씨푸드 샐러드Seafood Salad : Halibut Fillet, Squid, Clam, Shrimp, Mussel, Lettuce, Tomato , Green vitamin, Oil & Vinegar French Dressing으로 만든 샐러드

(3) 드레싱Dressing

소스의 일종인 드레싱은 재료를 끓이지 않고 혼합하여 만드는 것이므로 냉소스로 분류된다. 드레싱은 일반적으로 샐러드에 혼합하거나 곁들여서 제공되는데 풍미와 맛을 더하고 가치를 돋보이게 하며, 소화를 돕는 소화촉진제의 역할을 한다.

드레싱의 기본은 비네그레트Vinaigrette, 마요네즈Mayonnaise 두 가지로 나눌 수 있다.

1) 드레싱의 종류

① 프렌치 드레싱French Dressing : Vinaigrette

와인식초, 올리브유, 레몬주스, 소금, 후추, 향료를 섞어서 만들며 오일 드레싱의 기본이며 종류에 따라 여러 가지 파생 드레싱이 만들어진다.

② 이탈리안 드레싱 Italian Dressing : Sauce Italiene

드레싱의 기본으로 식초, 올리브유, 마늘, 레몬주스, Oregano, Basil, Dill 등을 재료로 한다.

③ 사우전드 아일랜드 드레싱Thousand Island Dressing

마요네즈를 이용한 드레싱으로 마요네즈, 토마토케첩, 양파, 피클, 셀러리, 레몬주스, 백포도주, 파프리카, 파슬리, 소금, 후추 등을 혼합한 드레싱으로 양파와 피클 등이 많아 섬같이 보인다고 하여 '천 개의 섬을 가진 소스'라고 부른다.

④ 블루 치즈 드레싱Blue Cheese Dressing

Blue Cheese, 마요네즈, Sour Cream, 마늘, 소금, 후추, 양파 등으로 만든다. 프랑스 남부 Roquefort 마을의 한 양치기에 의해 Roquefort Cheese를 이용하여 우연히 만들어졌으며, 유래된 마을 이름을 붙여 Roquefort Dressing이라고 한다.

2) 드레싱의 기본재료 Basic ingredient of dressing

① 오일 Oil

- **옥수수기름** : 맛이 거의 없으며 연한 황금색이며 일반요리에 많이 사용한다.
- 면실유, 카놀라유, 콩기름 : 요리는 물론 샐러드 기름으로 사용되고 있으며 가장 대중적이다.
- **올리브기름** : 불포화 지방산으로 많은 요리에 사용되나 독특한 맛 때문에 모든 Salad에 사용하지는 않고 시저 샐러드와 같은 특수샐러드의 드레싱에 사용한다. 가장 좋은 올리브오일은 Virgin이나 Extra Virgin이라고 불리운다.
- **호두기름** : 독특한 맛이 있어서 고급 요리를 할 때 사용되는데, 비싸다.
- **땅콩기름** : 고급 기름으로 부드럽고 독특한 맛이 있다.

② 식초 Vinergar

- **사이다식초** Cider Vinegar : 사과로 만들며 갈색이면서 단맛이 난다.
- **증류식초** Distilled Vinegar : 곡주를 증류하여 만든 식초이다.
- **와인식초** Wine Vinegar : 포도주를 응용하여 만든 식초이다.
- **향미식초** Flavored Vinegar : 티라곤, 마늘, 로즈마리 등을 첨가한 식초이다.
- **쉐리식초** Sherry Vinegar : 쉐리와인으로 만들어 독특한 향이 있다.
- **발사믹식초** Balsamic Vinegar : 레드와인을 오크통에서 숙성시킨 특수식초로 연한 갈색을 띠며 단맛이 있다.
- **레몬주스** Lemon Juice : 레몬을 짜놓은 쥬스.

③ 계란 노른자 Egg Yolk

마요네즈나 다른 드레싱의 유화제(기름의 흡수를 돕는것)로 필수적이다.

Chapter 10

한식요리 메뉴관리

1. 한식요리의 개념과 특성
2. 한식요리의 구성
3. 한식의 기능별 분류
4. 한식의 상차림

Chapter 10.

한식요리 메뉴관리

1. 한식요리의 개념과 특성

우리 민족은 '요리料理'라는 용어보다는 '음식飮食'이란 단어에 익숙하다.

음식을 만드는 일을 '요리'라고 부르게 된 것은 1900년대에 시작된 일이다. 요리의 원래 뜻은 '일의 앞뒤의 모든 상황을 잘 판단하여 처리한다.'는 의미인데, 지금은 식품을 잘 처리하는 일과 그렇게 해서 만들어 낸 음식을 요리라고 부르고 있다. 또한 한국음식, 즉 '한식韓食'이란 용어가 우리에게 익숙하게 된 것도 최근의 일이다. 그러나 용어상으로는 일천한 역사를 가진 한식요리가 지금은 세계인의 입맛을 사로잡는 명품이 되고 있다.

한민족韓民族이 한반도에 유입하여 원시적인 채집 · 수렵 · 어로 등으로 식물을 얻어 날것으로 먹는 생활을 해오다가 언제부터인지 불을 쓰는 방법을 생활하는 데 도입하여 식재료를 찌고 굽고 하는 여러 가지 조리법을 개발하기에 이르렀다.

농경생활이 정착되면서 진일보하여 음식을 만드는 방법이 다양해졌다. 석기가 토기로, 토기가 도자기로 연이어 발달 · 대체되고, 청동기 · 철기 등 금속기도 만들어 쓸 줄 알게 되면서 식생활에 관련된 문화가 크게 발달되었다. 이러한 문화는 자연환경과 사회환경의 복합적인 상호작용으로 이루어졌다고 볼 수 있는데, 우리나라는 농경을 바탕으로 발전한 관계로 그 양상은 서구의 식생활 문화와는 전적으로 다르다.

한국은 남북으로 뻗은 나라로서 남부 · 중부 · 북부의 기온의 구분이 뚜렷하여 농산물의 종류가 다양하고, 동 · 서 · 남 삼면이 바다에 면하여 좋은 어장을 가까이 하고 있어 해산물도 풍부하였다. 수산물은 생선류를 비롯하여 새우 · 소라 · 굴 · 해삼 · 전복 등 매우 다양하고, 해조류도 미역 · 김 · 파래 · 다시마 등 그 종류가 많으며, 높고 깊은 산맥에서 흐르는 수많은 강물에는 여러 종류의 담수어가 서식하고 있다.

수렵도 매우 활발했다는 기록이 있으며, 차차 가축을 길러 농경에 사역하였을 뿐만 아니라 그 고기를 식용하였고, 돼지나 닭 등도 길러 육찬肉饌의 재료로 썼는데, 그 조리를 매우 잘하였다는 기록도 있다. 채식으로 쓰는 재료는 주로 산과 들판에 자생하는 각종 나물이었으며, 밭에서 재배하는 채소도 종류가 많았다.

이와 같이 곡식 · 육식 · 채식의 재료가 다양하고 풍부하였고 이를 조미하는 간장 · 된장 · 고추장 등의 양조법도 매우 발달하였다. 주재료와 부재료를 배합하고, 맛을 보완하는 고추 · 후추 · 생강 · 파 · 마늘 · 부추 · 산초와 같은 향신료를 썼고 음식조리법이 경험을 통하여 매우 합리적으로 전수되어 왔으며, 이를 토대로 한 여인들의 음식 솜씨도 다양하고 훌륭하였다. 본래 조리기술은 전문조리사격인 '숙수'가 아니고 가정의 부인과 이를 도와주는 '찬모'의 솜씨에 의해 발달하는 것이다.

한식은 향토음식, 궁중음식, 민간음식, 관혼상제음식, 사찰음식, 계절음식, 발효음식 등으로 대별할 수 있으며, 그 밖에 떡이나 과자 등 분야별로 변화의 과정을 거쳐 독특한 조리기술 개발과 독창적인 식문화와 더불어 발전되었다.

2. 한식요리의 구성

한식은 곡류음식을 중심으로, 여러 가지 조리법으로 만든 반찬을 조화롭게 배치하여 한 상의 음식을 계획한다. 음식상을 계획하는 것을 '음식발기飮食發起' 또는 '찬품단자饌品單子'라고 하는데, 음식이름 작성법에도 원칙이 있다. 음식의 이름을 지을 때는 앞에 주재료를 놓고 바로 이어서 조리법을 붙인다. 예를 들면 쌀밥 · 미역국 ·

두부찌개 · 시금치나물 등과 같은 것이다. 때로는 이 원칙을 벗어나서 잡탕 · 잡채 · 잡과병 등 잡雜자가 붙는 음식이 있는데, 이것은 주재료와 부재료가 구분되지 않고 여러 가지 재료가 함께 섞여서 조리되는 경우이다. 아주 정확하게 이름을 붙인 음식에는 두부젓국찌개 · 호박고추장찌개 · 갈비찜구이 등이 있다.

3. 한식의 기능별 분류

한국음식을 기능별로 분류하면 주식류主食類, 부식류副食類, 후식류後食類로 나눌 수 있다.

주식에는 밥 · 죽 · 미음 · 응이 · 면 · 만두 · 떡국등이 있으며, 밥을 상용常用하고, 그 밖의 것은 필요에 따라 적절히 이용한다.

부식이란 주식에 곁들여서, 밥맛을 돋우고 영양분을 보충하는 반찬으로서 그 종류가 매우 다양하다. 부식에는 국물을 위주로 하는 국 · 탕, 국물과 건더기를 비슷한 양으로 하는 찌개 · 조치 · 지지미, 국물을 조금 붓고 볶는 전골 · 볶음, 불에 직접 굽거나 프라이팬으로 굽는 구이 · 적, 기름을 두르고 지지는 전저냐 또는 전유어, 찜통에서 중탕으로 익히는 찜 · 선, 바짝 조리는 조림, 알종류로 만드는 수란 · 숙란熟卵, 쇠고기 · 생선 등을 날것으로 무치는 회膾, 나물 종류인 생채 · 숙채, 쇠고기 · 돼지고기 등을 삶아 눌러서 물기를 빼고 얇게 저민 편육, 쇠(돼지)머리 · 족 · 고기 등을 흐무러지게 고아서 뼈를 추려 내고 눌려서 굳힌 족편, 양념간을 해서 말렸다가 기름에 튀기는 부각 · 튀각 · 자반, 고추장 · 된장 · 간장 등에 짭짤하게 절여서 밑반찬으로 쓰는 장아찌, 밥을 싸서 먹는 쌈, 소금에 짜게 절여 발효시켜서 밑반찬이나 김장양념으로 쓰는 젓갈과 가장 기본적인 반찬으로 채소를 발효시킨 김치 등이 있다.

후식은 식사 후에 입가심으로, 또는 간식으로 먹는 기호음식인데, 다음과 같은 것이 있다. 떡 종류로 시루떡 · 인절미 · 흰떡 · 절편 · 송편 · 경단 · 단자 · 약식(밥종류에 넣는 분류법도 있다) 등이 있고, 조과류造果類에는 강정 · 유밀과 · 숙실과 · 다식 · 정과 · 엿 등이 있으며, 화채 · 차茶 종류에는 오미자화채 · 꿀화채 · 식혜 · 수정과 · 유자차 · 모과차 · 생강차 · 계피차 · 인삼차 · 결명자차 · 두충차 · 녹차 등이 있고, 술 종류로 청주 · 약주 · 막걸리 · 과실주 등이 있다.

1. 주식류

주식류
- 밥 : 단순형, 복합형
- 죽 : 미음, 응이, 원미죽, 암죽 등
- 면 : 냉면, 온면, 비빔국수, 장터국수 등
- 만두 : 수교의, 편수, 어만두 등

(1) 밥rice

쌀의 종류나 양, 다른 식재료의 첨가, 물의 양, 솥의 종류, 불의 세기에 따라 수많은 종류의 밥이 탄생한다.

① 곡류 : 흰밥, 보리밥, 팥밥, 콩밥, 강낭콩밥, 찰밥, 차조밥, 잡곡밥 등

② 기타 : 비빔밥, 김치밥, 무밥, 콩나물밥, 볶음밥, 김밥, 밤밥, 굴밥, 야채밥 등

(2) 죽rice-gruel or porridge

곡물을 주재료로 하여 물을 붓고 끓여 반유동식의 상태로 만든 주식류로 곡물음식의 원초형으로 농업의 시작과 그 기원을 같이한다.

죽은 계속 개발되어 미음 · 응이 · 원미죽 · 암죽 등으로 다양하게 분화되었다. 그 밖에 흰죽, 두태죽, 장국죽, 어패조류죽, 비단죽 등 약 40여종이 있다.

① 미음

곡물을 껍질만 남을 정도로 충분히 고아서 체에 밭쳐서 거른 것으로 죽보다 묽은 음식으로, 쌀을 푹 고아서 체에 거르거나 노릇하게 볶은 쌀가루를 끓는 물에 넣고 다시 끓여 거른 쌀미음, 차조에 대추와 황률과 인삼을 넣고 고아서 만든 차조미음, 그리고 인삼, 찹쌀, 대추, 황률을 함께 넣어서 진액만 남도록 끓인 송미음이 있다.

② 응이

녹말가루나 메밀가루 혹은 율무가루로 쑨 음식으로 노인이나 아기에게 적합하다. 재료에 따라 수수응이, 연근응이, 오미자응이, 율무응이 등으로 구분한다.

③ 원미죽

쌀을 굵게 갈아서 싸라기로만 쑨 죽에 설탕과 약소주를 타고 얼음으로 차게 식힌 죽이다. 정선하여 만든 음식으로서 소화가 잘되고 식욕을 촉진하는 효과가 있어 여름철 별미 음식의 하나이다.

④ 암죽

곡식이나 밤 등의 가루를 밥물에 타서 끓인 것이다. 우리나라 고유의 유아용 음식이다. 과거에는 우유가 귀하였으므로, 모유가 부족할 때 모유의 대용식품으로 이용되었다. 요즈음에는 유제품의 보급이 확대되어 거의 쓰이지 않는다.

우리나라에서는 일찍부터 죽을 먹었고 죽은 다양하게 분화 · 발달하였다. 기록상으로는 고려 이전의 문헌에는 죽에 관한 단어가 몇몇 보일 뿐이다. 그러나 '요록要錄', '군학회등群學會騰', '시의전서是議全書' 등의 조선시대 조리서에는 다양한 종류의 죽이 기록되어 있다.

쌀 이외의 곡물로 쑨 죽에는 율무죽 · 팥죽 · 콩죽 · 청태콩죽 · 녹두죽 등이 있고 곡물에다 채소나 산나물을 섞어서 쑨 죽에는 방풍죽 · 아욱죽 · 호박죽 · 콩나물죽 · 산우죽 · 육선죽 등이 있다. 동물성 식품을 섞어서 쑨 죽에는 우유죽 · 닭죽 · 양죽 · 담채죽 · 전복죽 · 생굴죽 · 붕어죽 등이 있고, 잣죽 · 호도죽 · 은행죽 · 대추죽 · 밤죽 등 견과류를 이용한 죽도 있다. 이들은 주식대용 · 별미음식 · 보양음식 · 구황식 · 환자식 등 다양한 용도로 쓰인다.

이밖에 '임원경제지'에는 떨어진 매화의 꽃잎을 눈 녹인 물에 삶아 흰죽에 넣고 끓이는 매죽梅粥과 같은, 맛보다는 매화의 고고한 향취를 취하는 풍류성이 짙은 죽도 있었다.

아침에 일어나 죽을 먹으면 위가 허한 데 곡기가 일어나서 몸에 좋고 또 부드럽고 매끄러워 위장에 좋다고 하였다. 그래서 궁중에서는 초조반初朝飯이라 하여 아침식사 전에 왕에게 죽을 올리는 풍습이 있었고, 일반 가정에서도 자릿조반이라 하여 노인들에게 죽을 끓여드리는 풍습이 있었다. 또한 죽은 먹기에 편하여 상중의 이웃이나 친척에게 죽을 쑤어 보내는 풍속이 있었다.

보양이나 주식대용 외에도 팥죽과 같이 재앙을 막기 위한 민속적 의미로 이용되기도 하였다. 그리고 선혜청에 걸인을 모아놓고 죽을 내렸다는 '영조실록'의 기록과 같이 구제식으로도 쓰였다. 또한 복령 · 연자 · 황인 · 능각 · 감초의 가루로 끓인 육선죽과 같이 약효를 기대하는 치료식이나 환자식으로 쓰이기도 하였다.

죽은 단일 음식으로서 한 끼의 식사대용이 될 수 있다는 장점이 있어 최근에는 즉석식품으로 상품화되어 슈퍼마켓 등에서 널리 판매되고 있다.

(3) 면noodles

가루로 만든 국수류를 뜻하는데 밀이나 메밀과 같은 곡물을 가루 내어 반죽한 것을 가늘게 만든 후, 국물에 말거나, 비비거나, 볶아 먹는 음식의 총칭이다. 전 세계적으로 널리 먹는 요리로 제조나 조리가 비교적 간단하기 때문에 빵보다 역사가 깊다. 기원전 6,000~5,000년 경부터 아시아 지역에서 만들어 먹기 시작한 것으로 알려져 있다.

우리나라에서는 쌀로 만든 떡을 '병餠'이라 하고 국수를 '면麵'이라고 하였는데, 삶은 면을 물로 헹구어 건져 올린다고 하여 '국수掬水'라고 칭하였다.

우리나라에는 중국 송나라 때 국수 만드는 법이 전해져, 삼국시대나 통일신라시대부터 면을 먹었을 것으로 추정되나 정확한 기록은 없다. 다만 고려시대에 제례에 면을 쓰고 사원에서 국수를 만들어 팔았다는 내용이 '고려사高麗史'에 기록되어 있으나 국수 만드는 법에 대해서는 자세하게 기록되어 있지 않다. 고려 말기의 '노걸대老乞大'에는 '우리 고려인은 습면濕麵을 먹는 습관이 있다'라고 기록되어 있다. 그러나 당시에는 밀이 매우 귀해서 일상식이 아닌 귀족들의 행사인 결혼식, 회갑연, 제례 등과 같은 날에 먹는 특별식이었으며, 결혼식 때에 국수 먹는 풍습이 이때부터 생겨나기 시작하였을 것으로 추정된다.

'고려도경高麗圖經'에서는 '고려에는 밀이 적기 때문에 주로 화북지방에서 수입하고 있으며 밀가루의 값이 매우 비싸 성례成禮 때가 아니면 먹기 힘들다'라고 쓰여 있으며, '고사십이집攷事十二集'에 '국수는 본디 밀가루로 만든 것이나 우리나라에서는 메밀가루로 만든다.'라는 기록으로 보아 우리나라에서는 밀가루보다는 메밀가루를 국수의 재료로 주로 사용하였음을 알 수 있다.

조선시대 문헌에 기록된 국수는 총 50여종으로 국수의 주재료는 메밀가루였으며, 그 다음으로 밀가루와 녹두가루 등이 국수의 재료로 많이 이용된 것을 알 수 있다. 특히 메밀가루가 많이 생산되는 북쪽 지방에서는 메밀을 이용한 국수나 냉면이 발달하였고, 남쪽은 밀가루를 이용한 칼국수가 발달하였다.

조선시대는 억불숭유抑佛崇儒 정책으로 예를 중시하여 의례음식이 발달하였는데, 의례음식에서 면의 이용은 매우 다양하였다. 조선시대 때도 밀가루는 진말眞末이라 하여 매우 귀한 식품이었기 때문에 밀 대신 메밀을 이용한 국수가 발달하였다.

예로부터 우리나라에서는 결혼이나 생일, 회갑 등의 잔치가 있거나 돌아가신 조상을 추모하는 의미로 제사상에 국수를 올리기도 하였다. 국수가 통과의례에 빠지지 않고 오르는 이유는 국수모양이 길게 이어진 것이 경사스러운 일 또는 추모의 의미가 길게 이어지기를 염원하는 뜻에 연유하는 것으로 해석된다.

1) 재료에 따른 분류

국수는 만드는 재료에 따라 밀국수, 메밀국수, 녹말국수 등으로 나뉜다.

밀국수는 밀의 재배 품종이나 환경에 따라, 단백질인 글루텐gluten의 함량과 성질이 달라져 면의 종류도 달라진다. 일반적으로 밀알의 중심부로 갈수록 단백질 함량이 낮고 전분 함량은 높은 반면에 외부로 갈수록 단백질 함량은 높고 전분 함량은 낮아진다. 밀가루로 만든 면으로는 소면과 파스타가 대표적이다.

메밀가루는 끈기가 없기 때문에 밀가루나 녹말가루를 섞어 익반죽하여 메밀국수를 만드는데, 녹말가루를 많이 넣을수록 국수가 질기다. 밀가루를 섞을 때는 메밀가루와 밀가루의 비율을 7:3 또는 5:5 비율로 혼합하여 만든다.

그 밖에 녹두, 고구마, 옥수수, 마, 칡, 도토리, 밤 등의 녹말로도 국수를 만들 수 있는데, 보통 밀이나 메밀을 섞어서 만든다. 고구마나 감자 전분인 녹말로 만든 국수로는 당면이 대표적이다.

2) 제조법에 따른 분류

국수는 제조방법에 따라 납면拉麵, 압면押麵, 절면切麵, 소면素麵, 하분河粉 등으로 나눌 수 있다.

또한 밀국수는 건조 정도에 따라 건면乾麵, 생면生麵, 석면 등으로 나뉜다.

3) 요리법에 따른 분류

국수는 조리방법에 따라서 크게 '제물 국수'와 '건진 국수'로 나눌 수 있다.

제물 국수는 국수 삶은 국물을 버리지 않고 국수와 함께 먹는 국수로 '제물에 그대로 삶았다'고 하여 제물 국수라고 한다. 국수 삶을 때에 나온 전분이 그대로 들어있어 국물이 걸쭉한 것이 특징으로 칼국수가 대표적이다. 제물 국수의 장국 국물로는 쇠고기나 멸치 외에 조개나 닭고기 국물을 사용한다. 밀가루는 강력분을 주로 사용하며 반죽에 콩가루나 달걀을 넣어 반죽을 되게 한다.

건진 국수는 국수를 삶아 물에 헹궈 낸 국수를 말하는 것으로 따로 국물을 만들어 냉면이나 온면으로 만들어 먹기도 하고, 양념을 넣어 비빔국수로 먹기도 한다. 건진 국수는 제물 국수에 비해 면발이 쫄깃한 것이 특징인데, 국수를 삶을 때에 국수 표면의 전분이 호화되어 점성이 증가하나 삶은 국수를 냉수에 헹구면 국수 표면의 점성이 제거되고 여열에 의한 호화 과정이 억제되어 쫄깃한 면발을 가지게 된다. 건진 국수에는 냉면물냉면, 비빔냉면, 비빔국수, 온면국수장국, 콩국수 등이 있다.

4) 한국의 면요리

한국의 전통적인 면 요리에는 냉면, 비빔국수, 콩국수와 온면인 국수장국과 칼국수 등이 있다.

우리나라 사람들이 가장 즐겨 먹는 국수인 냉면은 메밀이 주로 생산되는 북부지방에서 발달한 면 요리로, 평양의 물냉면과 함흥의 비빔냉면이 대표적이다. 냉면은 1800년대에 처음으로 문헌에 기록되었는데, 냉면에 대한 기록은 1849년 조선시대 세시 풍속에 관한 문헌인 '동국세시기東國歲時記'에서 처음 발견된다. 냉면은 지역에 따라 특색 있게 발전하였는데, 평안북도 지방에서는 메밀을 주원료로 하여 면발을 거칠고 굵게 만들어 평양냉면(물냉면)을 만들어 먹었는데, 함흥냉면에 비해 면발이 잘 끊어지는 특성이 있다. 그 반면에 함흥냉면은 메밀에 감자와 옥수수, 고구마 전분을 넣어 면발이 가늘고 쫄깃하다.

비빔국수는 국수에 여러 가지 재료를 넣고 비빈 음식으로, '골동면骨董麵'이라고도 한다. '골동'이란 섞는다는 뜻이다. 함흥냉면은 비빔국수의 한 종류로서 메밀가루 외에 감자전분으로 국수를 만들어 면발이 질기며 육회나 생선회를 고명으로 얹어 매콤하고 달콤하게 비벼 낸 것이 특징이다. 비빔국수의 일종인 강원도 지방의 메밀 막국수는 메밀가루에 전분을 섞어 익반죽한 다음 국수틀로 면발을 뽑아 만든 국수로서 화전민들이 먹던 수제비에서 유래되었다.

온면의 대표격인 국수장국은 물기를 뺀 삶은 국수를 대접에 담고, 양지머리를 곤 국물이나, 쇠고기를 잘게 썰어 양념하여 끓인 맑은 장국을 부은 후, 여러 가지 재료를 볶은 것과 황백 지단을 고명으로 얹어 먹는 면요리이다.

5) 지역별 면요리

지역에 따라 대표적인 국수들이 있는데, 서울에서는 왕족과 양반 계급들이 많이 살던 지역이라 모양을 예쁘게 만들어 오색의 고명을 얹어 멋을 낸 국수장국과 비빔국수를 즐겨 먹었으며, 밀국수가 일반적이었고 때로는 가늘게 만든 메밀국수를 먹기도 하였다.

경기도 지방에서는 제물에 끓인 칼국수나 메밀칼싹두기와 같이 국물이 걸쭉하고 구수한 국수를 즐겨 먹었다.

서해안이 가까운 충청도 지역에서는 주로 굴이나 조갯살로 국물을 내어 칼국수를 끓여 먹었다. 산악지방이 많은 강원도는 산악이나 고원 지대에서 생산되는 도토리, 메밀, 감자, 옥수수 등을 이용하여 메밀막국수나 올챙이국수를 먹었다.

쌀의 주요 산지인 전라도나 경상도는 밀가루나 메밀가루를 이용한 면요리보다는 밥을 즐겨 먹었는데, 경상도는 밀가루에 날콩가루를 섞어 반죽한 것을 밀대로 얇게 밀어 칼로 썬 칼국수를 조개나 멸치 국물에 담은 제물 국수를 즐겨 먹었다. 한편 경상북도 안동에서는 양반가를 중심으로 여름철에 손님 접대에 많이 올리는 향토 음식인 안동건진국수가 유명하다.

황해도는 밀국수를 즐겨 먹었는데, 겨울에 동치미 국물을 부어 만든 냉면도 즐겨 먹었다.

평안도와 함경도는 메밀을 이용한 냉면이 발달하였는데, 평안북도는 메밀의 주요 산지로서 메밀을 주원료로 만든 평양냉면을 즐겨 먹고, 함경도는 메밀에 녹말을 섞어 반죽하여 만든 비빔냉면과 비빔국수를 즐겨 먹었다. 특히 함경도 지방은 고추와 마늘과 같은 양념을 강하게 하여 만든 비빔면을 주로 먹었는데, 홍어나 가자미와 같은 생선을 맵게 하여 무친 회를 냉면 국수에 얹어 비벼 먹는 회냉면이 유명하다. 냉면에 곁들여 먹는 다대기다진 양념도 이 지방 고유의 용어로 고춧가루에 갖은 양념을 넣어 만든 양념을 말한다.

제주도는 해산물이 풍부하여 이를 이용한 생선국수가 대표적이다. 또한 특산물인 흑돼지를 고명으로 올린 고기국수도 즐겨 먹었다.

표 10-1 지방별 면요리

지방	면요리
평안도	꿩냉면, 물냉면
함경도	비빔냉면
황해도	감자농마국수
경기도	국수호박비빔, 깨국수, 난면, 메밀칼싹두기, 버섯장국수제비, 양주메밀국수, 잣국수, 제물칼국수, 천서리 막국수
강원도	감자국수, 감자옹심이칼국수, 강릉 동치미 막국수, 꼴두국수, 도토리국수, 도토리올챙이국수, 떼북콩국수, 막국수, 옥수수콩국수, 올챙이국수, 쟁반국수, 칡국수, 콩칼국수, 호박국수
충청도	구기자칼국수, 꿩칼국수, 나박김치냉면, 들깨칼국수, 밀국낙지칼국수, 바지락칼국수, 산채도토리냉면, 생선국수, 토리면, 호박잎장국수제비, 호박칼국수
전라도	냉국수, 다슬기칼국수, 올챙이국수, 완두콩칼국수, 전주 물짜장면, 전주 콩국수
경상도	구룡포 모리 국수, 꽁치진국수, 녹두죽밀국수, 된장국수, 마국수, 부산 밀면, 부산 비빔당면, 부산 회국수, 사찰국수, 선지국수, 손닭국수, 송이칼국수, 안동건진국수, 안동칼국수, 어탕국수, 영양콩국수, 진주냉면, 포항 물회 국수, 해물칼국수
제주도	꿩메밀국수, 꿩메밀칼국수, 닭메밀칼국수, 제주 고기국수, 표고버섯국수

(출처 : '한국의 시절음식')

(4) 만두dumplings

만두는 밀가루나 메밀가루 반죽으로 껍질을 만들어 고기 · 두부 · 김치 등으로 버무린 소를 넣고 찌거나 튀긴 음식으로, 원래 만두는 중국 남만인南蠻人들의 음식이었다. 중국에서는 소를 넣지 않고 찐 떡을 '만두'라고 부르며 소를 넣은 것은 '교자餃子'라고 부른다. 하지만 우리나라에서는 소를 넣은 것만을 만두라고 부른다.

만두는 제갈량의 남만 정벌에 관한 고사에서 유래되었다고 한다. 제갈량이 남만을 정벌하고 돌아오는 길에 심한 풍랑을 만나자, 종자從者가 사람의 머리 49개를 수신水神에게 바치고 제사를 지내야 한다고 진언했다. 이에 제갈량은 살인을 할 수는 없으니 밀가루로 만인의 머리 모양을 빚어 제사를 지내는 꾀를 내었고 이대로 했더니 풍랑이 가라앉았다고 하는데, 이것이 만두의 시초라고 한다.

한국에는 조선 영조 때의 이익李瀷의 글에 만두 이야기가 나오는 것으로 보아 조선 중기 이전에 중국에서 들어온 것으로 보인다. 우리나라에서는 만두가 상용식이 아니고 겨울, 특히 정초에 먹는 절식이며, 경사스러운 잔치에는 특히 고기를 많이 넣은 고기만두를 만들어 먹었다.

또 지금은 사라진 풍속이지만, 예전에는 큰 잔치에서 끝을 장식하는 특별음식으로 대만두를 만들기도 하였는데, 이것은 호두알만한 작은 만두를 큰 만두 속에 가득 집어넣어 만든 것으로, 이 대만두의 껍질을 자르고 그 속에서 작은 만두를 하나씩 꺼내 먹었다. 그러나 근래에는 절식으로서 뿐만 아니라 평상시에도 손쉽게 만둣국을 끓여 먹으며, 흰떡을 섞어서 끓이는 경우도 많다.

익히는 방법에 따라 찐만두 · 군만두 · 물만두 · 만둣국 등으로 나뉘고, 모양에 따라 귀만두 · 둥근만두 · 미만두 · 병시餠匙 · 석류탕 등으로 나누어진다. 특히 미만두는 예전에 궁중에서 해먹던 음식으로 해삼의 생김새처럼 주름을 잡아 만든 데서 생긴 이름이고, 병시는 숟가락 모양을 닮은 데서, 석류탕은 석류처럼 생긴 데서 붙은 이름인데, 옛날에는 궁중에서만 만들어 먹던 음식이다.

한국 속담에 '떡 먹자는 송편이요, 소 먹자는 만두'라는 말이 있듯이 만두는 껍질이 얇고 소가 많이 들어가야 맛이 있다. 만두소는 재료를 잘 다져서 섞고 양념하여 만드는데, 육류로 쇠고기나 돼지고기 · 닭고기 · 꿩고기 등이 쓰이고, 채소로는 김치 · 숙주 · 당근 · 오이 · 양파, 그 밖에 두부 · 당면 등을 쓴다. 요즘은 육류로 쇠고기와 돼지고기를 반반씩 섞어 쓰고, 숙주 대신 당면을 쓰는 경우도 있다. 만둣국물은 육수, 쇠고기 맑은장국, 멸치장국, 다시마장국 등 어느 것을 써도 된다.

만두를 빚는 방법은 얇게 민 만두껍질을 원형으로 떠서 되직하게 버무려 놓은 소를 넣고 맞붙인 다음 다시 양귀를 맞붙여 둥글게 만든다. 이것은 본래 개성 지방에서 빚던 방법이고, 서울 지방에서는 반죽을 경단만큼씩 떼어 껍질이 얇아질 때까지 우물을 파서 소를 넣고 배 모양으로 맞붙이는데, 이때 양귀를 완전히 붙이지 않고 구멍을 조금 남긴다. 이렇게 하면 만둣국물이 그 구멍으로 들어가 한층 더 만두 맛이 좋아진다. 그러나 서울식 만두는 양귀가 늘어져서 터지기 쉬우므로 만둣국에는 별로 이용하지 않는다.

2. 부식류

부식류
- 국 · 탕 : 국 형, 탕반 형
- 찌개 : 된장, 청국장, 고추장 등
- 찜 : 육류, 생선류 등
- 선 : 애호박, 오이, 가지, 두부, 배추 등
- 조림 : 생선, 장, 초 등
- 전골 : 전골, 볶음
- 구이 : 구이, 산적
- 기타 : 전유화, 회, 족편, 편육, 포, 튀각, 젓갈, 장아찌, 숙채, 쌈, 생채, 김치 등

(1) 국·탕 soup or broth

국이란 채소 · 어류 · 고기 등을 넣고 물을 많이 부어 끓인 국물요리로 '탕湯'이라

고도 하는데, 명확한 구분은 없고 다만 우리 고유의 말로는 '국', 한자를 받아들인 말로는 '탕'이라 하여 '탕'을 '국'의 높임말로 사용한다. 우리의 식생활에서는 오랜 옛날부터 밥을 주식으로 하고 국을 부식으로 상에 놓는 관습이 있었다.

국은 건더기가 되는 많은 재료와 국물의 맛을 내는 주된 조미료인 간장 · 고추장 · 된장 등에 따라 각각 다른 명칭이 붙어 그 종류도 많다. 국의 재료로는 쇠고기 · 돼지고기 · 닭고기 · 양고기 등의 육류와 생선 · 조개류 등의 어패류, 배추 · 무 · 시금치 · 감자 · 호박 등의 채소류와 국의 맛과 간을 맞추는 간장 · 된장 · 고추장 · 소금 등을 비롯하여 파 · 마늘 · 생강 · 고추 · 깨 · 후춧가루 · 식용유 등의 조미료가 있다. 이 밖에 미역 · 다시마 등 해조류도 많이 쓰인다. 국의 맛은 넣는 재료(육류 · 어패류 · 채소류 등)와도 관계가 있지만 그보다도 맛을 내며 간을 맞추는 조미료에 따라 크게 좌우되므로 간장 · 된장 · 고추장 등 주된 조미료의 맛이 좋아야 한다. 그리고 국거리로서의 쇠고기는 상품上品에 속하는 고기보다 중품과 하품에 속하는 고기 및 내장 · 뼈 · 갈비 등을 많이 쓰는데, 이것은 살코기로만 끓인 국보다 훨씬 맛이 좋기 때문이다.

국은 크게 3가지로 나눌 수 있는데, 육수나 장국에 간장 또는 소금으로 간을 맞추고 건더기를 넣어 끓인 맑은장국과, 장국을 된장 또는 고추장으로 간을 맞추고 건더기를 넣어 끓인 토장국, 고기를 푹 고아서 고기와 국물을 같이 먹는 곰국 · 설렁탕 등이다. 보통 국은 밥에 곁들여 먹지만 갈비탕이나 설렁탕처럼 진한 국에 밥을 말아서 탕반湯飯을 만들어 먹기도 한다. 이것은 일품요리로서 우리나라 고유의 음식이다.

국은 계절에 따라 나는 재료와 풍습에 따라 끓여 먹는 것이 많이 있다. 봄철에는 쑥 · 냉이 · 소루쟁이와 그 밖의 산채를 넣고 끓이는 토장국, 여름철에는 오이냉국 · 미역냉국 · 깻국 · 영계백숙 · 추탕 등, 가을철에는 토란국 · 송이탕 · 배춧국 등과 겨울철에는 곰국 · 선짓국 · 떡국 · 만둣국 등이 있다. 일반적인 국의 종류로는 맑은장국 · 근댓국 · 아욱국 · 등골탕 · 토장국 · 솎음국 · 육개장 · 추탕 · 완자탕 · 닭국 · 생선국 · 북엇국 · 조개탕 · 굴달걀탕 등이 있다.

(2) 찌개stew

고기나 채소 · 어패류를 넣고 간장 · 된장 · 고추장 · 새우젓 등으로 간을 맞추어 바특하게 끓인 반찬으로 한국 밥상에는 반드시 국과 찌개가 따른다. 간단한 반찬 차림일 때는 국이나 찌개요리 중에서 1가지만을 놓는 경우는 있어도 국과 찌개가 모두 생략되는 경우는 거의 없다. 겸상 이상에서 찌개는 여러 그릇에 떠놓는 일은 거의 없고 뚝배기나 냄비 한 그릇에 끓여 낸다. 상고시대에는 국과 찌개가 갱羹이라는 하나의 이름으로 불렸다가 차차 음식이 다양하게 개발되면서 국과 찌개로 분화된 것으로 추정된다.

찌개는 채소 · 두부 · 어패류 · 고기 등 여러 가지 식재를 함께 섞어 끓이는 것이 특징이며, 뚝배기 등에서 오래 끓이면 여러 가지 재료의 성분이 함께 어울린 종합적인 맛을 내는 음식이다. 찌개는 생선찌개 · 두부찌개 등 재료별로 분류할 수도 있지만, 생선에도 두부를 넣고 두부찌개에도 채소 · 고기 등을 섞어서 끓이는 것이 상례이다. 무엇으로 간을 하였는지에 따라 고추장찌개 · 된장찌개 · 새우젓찌개 · 맑은 찌개 등으로 대별할 수도 있다.

(3) 찜steamed dish

고기나 생선 · 채소 등에 갖은양념을 하여 국물을 바특하게 붓고 흠씬 끓이거나 쪄서 만든 음식인 찜은 교자상 차리기의 중심 요리로 꼽을 수 있으며, 재료로는 갈비 · 쇠꼬리 · 우둔 · 사태 · 연계軟鷄 · 꿩 · 도미 · 붕어 · 준치 · 조기 · 해삼 · 전복 · 대합 · 대하 · 게 · 북어 · 죽순 · 가지 · 동아 · 배추 · 무 · 호박 등이 다양하게 쓰인다. 고기류로 만든 찜은 대부분이 뼈째로 익혀 만든 음식이어서 골수의 성분이 함께 우러나 별미 있는 음식이다.

요리할 때는 먼저 고기를 잠깐 볶다가 물을 붓고 7분 정도 무르도록 익힌 다음, 간장 · 참기름 · 설탕 · 후춧가루 · 파 · 마늘로 양념하여 양념이 잘 배도록 뭉근한 불에 오래 익힌다. 고기를 익힐 때 표고 · 느타리 · 무 · 토란 · 감자 등을 섞어서 끓이면 고기의 누린 냄새가 가시고, 익히는 동안에 뼈에서 고기가 스스로 떨어질 만큼 연하게 무르며, 골수의 성분이 우러나와 고기에까지 배어든다. 도미 같은 생선찜을 할 때는 그대로 끓이면 살이 흐트러질 염려가 있으므로 표면에 밀가루와 달걀을 씌워 잠깐 지진 다음 장국을 붓고 양념장과 고명을 얹어서 끓인다.

이러한 삶아서 익히는 찜법 외에도 중탕법으로 익히는 특수하고 정성어린 찜도 있는데, 꿩찜에 이 방법이 주로 쓰인다. 꿩은 기름기가 적은 고기이므로 배 안에 쇠고기, 돼지고기, 닭의 염통이나 간을 다져 파 · 고추 · 산초 · 생강 · 참기름으로 양념하여 채우고 중탕으로 찐다. 찜요리에서 일반적으로 알아두어야 할 것은 질긴 고기(갈비 · 사태 등)는 미리 삶아서 쓸 것이며, 양념간을 할 때는 처음부터 간을 맞추지 말고 싱겁게 해서 오래 익히는 동안에 졸아서 알맞게 되도록 한다.

(4) 선 stew for vegetables

생선이나 육류로 만든 찜과 구별하여 채소로 만든 찜을 선이라 부르고 있는데, 그 개념이 명확하지는 않다.

만드는 방법은 먼저 애호박이나 오이를 4~5cm의 길이로 잘라 칼집을 내고 잠깐 절여서 약간 짜놓는다. 쇠고기와 양파는 다져서 양념하여 소로 만든다. 애호박이나 오이에 소를 끼워서 적당한 냄비에 담고 육수나 채소 국물에 간을 해서 잠길 정도로 5~10분간 끓인다. 익으면 석이채 · 실고추 · 지단을 고명으로 얹는다. 이밖에 선의 종류로는 가지선 · 고추선 · 동아선 · 무선 · 배추선 등이 있다.

(5) 조림 hard-boiled food

어패류 · 육류 · 두부 · 채소 · 건어 등의 재료에 약간 세게 간을 하여, 약한 불에서 오래 익힌 반찬으로 일반화되었으나 그 역사는 비교적 짧다. 궁중용어로는 '조리니'라 하고, 간은 주로 간장으로 하지만 고등어 · 꽁치 · 아지 · 전갱이 등과 같이 살이 붉고 비린내가 강한 생선은 간장에 고추장을 섞어서 조린다. 수 · 조육류는 결체조직이 많으므로 물을 붓고 조리고, 마른 생선은 물에 불려서 엽차물에 삶아서 조린다.

조선시대 조리서에 기록된 조림의 종류로는 장조림 · 닭고기조림 · 제육조림 · 풋고추조림 · 생치조림 · 붕어조림 · 민어조림 · 도미조림 · 병어조림 · 준치조림 · 천어잔생선조림 · 명태조림 · 북어조림 · 전복장아찌 · 숭어조림 · 조기조림 · 고등어조림 · 갈치조림 등 종류가 다양하다.

(6) 전골hot pots

쇠고기 · 돼지고기 · 내장 등을 잘게 썰어 양념하여 채소를 섞어서 냄비에 담고, 국물을 조금 부어 즉석에서 볶으며 먹는 음식으로 부엌에서 아주 볶아서 담아 올리면 '볶음'이라 하고, 국물을 잘박하게 붓고 미리 끓여서 올리면 '조치' 또는 '찌개'라고 한다. 재료는 대개 생으로 쓰지만 국물이 탁하게 되거나 익는 데 시간이 걸리는 것은 미리 삶거나 우려서 사용한다.

전골은 원래 궁중음식에서 전수된 것으로, 잔칫상 · 주안상을 차릴 때 곁상에 재료와 참기름 · 장국 등을 준비하여 즉석에서 볶아 대접하는 것이므로, 뜨겁고 알맞게 익혀 먹을 수 있어 매우 특색 있고 좋은 요리법이다. 전골은 주재료에 따라 조개전골 · 내장전골 · 도미전골 · 생치전골 · 송이전골 · 낙지전골 · 두부전골 · 닭전골 · 고기전골 · 곱창전골 · 각색(各色)전골 등 여러 가지로 나뉜다.

(7) 볶음stir-fried dishes

어떤 재료에 양념을 하여 볶은 음식으로 '초炒'라고도 한다. 볶음에는 콩을 볶는 것과 같은 건열볶음과 습열볶음이 있다. 건열볶음에는 명태볶음 · 자반볶음 · 고추장볶음 · 멸치볶음 · 새우볶음 · 조갯살볶음 · 오징어채볶음 · 쥐치채볶음 등이 있고 습열볶음에는 가리볶음 · 간볶음 · 낙지볶음 · 송이볶음 · 우엉볶음 · 제육볶음 등이 있다.

(8) 구이meat roasted with seasoning

어패류나 수 · 조육류獸鳥肉類를 반찬으로 만들 때 쓰는 조리법으로 간장 · 기름 · 파 · 마늘 등의 양념을 하여 굽는 것과 소금과 기름으로 조미하여 굽는 방법이 있다. 생선이나 고기의 종류에 따라 다른 양념을 더하기도 한다. 고기는 강한 불에 익혀야 맛이 있고, 굽기 전에 양념장을 따로 만들어 고기를 연하게 잔칼질한 다음 양념장에 재워 두어 간이 충분히 배었을 때 굽는 것이 좋다. 쇠고기는 약간 덜 익힌 것이 연하고 맛이 있지만, 돼지고기는 완전히 익혀야 기생충 감염의 위험이 없다.

고추장양념구이를 할 때는 2번 구워야 한다. 먼저 기름과 소금만을 발라 애벌 굽고 고추장양념을 발라 다시 굽는다. 처음부터 고추장양념을 바르면 겉만 타고 속이 익지 않기 때문이다. 구이의 종류에는 너비아니구이 · 산적구이 · 생선구이 · 가지구이 · 곱창구이 · 김구이 · 더덕구이 등 다양하다.

(9) 전유화pan-fried delicacies

재료를 얇게 썰어 밀가루와 달걀을 묻혀 기름에 지진 음식으로 궁중에서는 전유화煎油花라고 쓰고 '전유어'라 읽으며 보통 '저냐 · 전 · 지짐개'라고 한다.

전은 반상 · 면상 · 교자상 · 주안상 등에 차려지며, 간장 또는 초간장을 곁들여 놓는다. 전의 겉에 씌우는 달걀은 낮은 온도에서 응고되므로 약한 불에서 부쳐야 하고 재료에 입힌 달걀이 타지 않도록 기름을 넉넉히 사용한다. 전의 종류에는 파전 · 김치전 · 가자미전 · 굴전 · 고기전 · 화전 · 두부전 등이 있다.

(10) 회raw dishes

생선이나 조개류, 쇠고기의 살, 간, 천엽, 염통 등을 날것으로 먹도록 만든 음식으로 대체로 가늘게 썰어 초고추장 · 겨자초장 · 소금 · 후추 등에 찍어 먹는다. 생선을 살짝 익혀 만든 요리를 숙회熟膾라고 한다. 또 미나리나 파를 데쳐서 상투 모양으로 잡아 초고추장에 찍어 먹는 강회康膾, 두릅을 데쳐서 초고추장에 찍어 먹는 두릅회, 날 송이를 참기름 · 소금에 찍어 먹는 송이회도 있다.

광어회 · 꼬막회 · 낙지숙회 · 대합숙회 · 대합회 · 도미회 · 두릅회 · 멍게회 · 물회 · 미나리강회 · 민어회 · 생오징어초회 · 오징어회 · 육회 · 잉어회 · 자라회 · 장어회 · 전어회 · 죽순회 · 짱뚱이회 · 청각회 · 해삼초회 · 해파리회 · 홍어회 등이 있다.

(11) 족편cowheel, 묵jellied food

족편은 쇠족을 장시간 고아서 콜라겐을 젤라틴화하여 묵처럼 굳힌 것을 썬 것이다.

묵은 우리나라에만 있는 고유한 식품인데 특별한 맛은 없지만 매끄럽고 산뜻해서 입맛을 돋워 준다. 곡식이나 열매의 전분을 추출해서 물을 붓고 끓여 되직하게 풀을 쑤어서 굳힌 것이다. 쇠족편, 도토리묵, 청포묵, 메밀묵 등이 있다.

(12) 편육slices of boiled meat

쇠고기나 돼지고기를 삶아 눌러서 물기를 빼고 얇게 저며서 썬 것으로 얇고 작은 조각으로 썬 고기이기 때문에 붙은 이름이다. 쇠고기편육에는 초간장을 곁들이고, 돼지고기편육에는 새우젓국이나 배추김치를 곁들인다.

(13) 포dried slices of meat seasoned with spices

얇게 저며서 양념하여 말린 고기조각으로 장기간 두고 먹을 수 있도록 만든 저장식품이다.

쇠고기 · 노루고기 · 꿩고기 · 생선 등으로 만들며, 주재료에 따라 노루포 · 생치(꿩)포 · 대구포 · 민어포 등으로 부른다. 쇠고기로 만든 포에는 약포 · 염포(산포) · 장포 · 편포 · 대추편포 · 칠보편포 등이 있으며, 약포나 편포에 실백을 싸서 말린 육포쌈 · 편포쌈 등도 있다.

(14) 튀각fried kelp과 부각vegetable and seaweed chips

부각이나 튀각은 일본식으로 밀가루와 달걀을 입히는 것도 아니고, 중국처럼 녹말즙을 묻히지도 않고, 마른 것을 그대로 튀긴다. 채소나 해초를 손질해서 찹쌀풀이나 밀가루를 묻혀서 말려 기름에 튀긴 것을 부각이라 한다. 튀각은 찹쌀풀을 바르지 않고 그대로 튀긴 반찬을 말한다. 부각은 가을철 볕이 좋을 때 한 가지씩 풀을 발라서 정성들여 말렸다가 기름에 튀겨서 주안상이나 귀한 손님상에 올렸다.

부각이나 튀각은 절에서 즐겨 만드는 별식이다. 동물성 식품을 섭취하지 못하므로 부각이나 튀각에서 식물성 지방을 섭취하는 것이다.

(15) 젓갈salted seafood

어패류의 근육 · 내장 또는 생식소生殖素 등에 비교적 다량의 식염을 가하여 알맞게 숙성시킨 발효식품으로 조직 자체에 들어 있는 자가소화효소와 내장에 들어 있는 효소의 작용에 의하여 진행된다.

조선시대의 젓갈 담그는 법은 소금에만 절인 것, 소금과 술에 기름과 천초 등을 섞어서 담근 것, 소금과 누룩에 담근 것, 소금 · 엿기름 · 찹쌀밥 등을 섞어서 담근 것 등 크게 넷으로 나눌 수 있다. 조선시대에는 젓갈의 종류가 현재보다 다양하였다. 젓갈을 담글 때 술이나 누룩을 이용한 경우가 많았던 것으로 미루어 보아 젓갈은 주조법酒造法에서 연유한 것으로 추측된다. 어리굴젓처럼 고춧가루를 이용하지 않은 것은 고춧가루의 이용이 지금보다 적었음을 알려준다. 젓갈류에는 엿기름이나 밥을 섞어 생선을 삭히는 식해도 있다.

현재 젓갈은 반찬과 김장용으로 주로 쓰이며 술안주 · 찌개, 그리고 지방에 따라서는 젓국이 간장 대용으로 이용되기도 한다.

(16) 장아찌pickled vegetables

무 · 오이 · 마늘 등 제철에 흔하게 나는 채소를 간장, 고추장, 된장, 소금, 식초, 술지게미, 젓갈 등에 장기간 저장하여 두고 그 재료가 귀한 철에 먹는 절임류의 일종이다. 오랫동안 저장한 장아찌는 먹기 직전에 꺼내어 물에 한번 정도 헹구어 짠맛을 제거한 후에 갖은 양념으로 무쳐먹거나, 조미하지 않고 그대로 썰어 밥반찬으로 사시사철 먹을 수 있다. 주로 지난해에 먹다 남은 장에 넣어 장아찌를 담그는데, 장맛이 채소에 고루 배어들고 미생물에 의해 발효되어 독특한 맛과 향이 있으며 아삭아삭한 식감이 특징이다. 예부터 장아찌는 채소가 부족한 겨울철에 김치와 더불어 비타민을 공급해주는 중요한 식품 중의 하나였다

(17) 숙채boiled vegetables

물에 데치거나 기름에 볶은 나물을 말한다. 콩나물 · 시금치 · 숙주나물 등은 끓는 물에 데쳐서 무치고, 호박 · 오이 · 도라지 등은 소금에 절였다가 냄비나 팬에 기

름을 두르고 볶아서 익힌다. 시금치 · 쑥갓 등 파랗게 데쳐야 할 나물 종류는 끓는 물에 소금을 약간 넣어 살짝 데치고, 말린 고사리나 고비 · 도라지 등은 물에 충분히 불려서 볶는다. 잡채도 일종의 숙채요리로서, 당면에 고기와 여러 가지 채소 볶은 것을 곁들여 무친 음식이다. 나물을 맛있게 무치려면 알맞게 데쳐서 찬물에 헹구어 낸 다음 물기를 꼭 짜고 양념을 넣어서 손으로 무치는 것이 좋은데, 참기름과 깨소금을 약간 넉넉히 넣어야 맛이 난다.

(18) 쌈 rice and condiments wrapped in leaves

푸성귀에 밥과 양념장을 얹어 싸서 먹는 음식. 재료의 향기, 씹는 맛, 혀에 닿는 촉감 등이 좋아서 많은 사람들이 즐겨 먹는다.

'동국세시기'에 의하면 대보름날 나물잎에 밥을 싸서 먹는데 이것을 복쌈이라 한다고 기록되어 있다. 쌈이란 무엇을 싼다는 뜻이 있으므로, 복을 싸서 먹었으면 하는 소박한 기원이 담긴 대보름의 절식이라 할 수 있다.

쌈으로 쓰는 나물에는 상추 · 콩잎 · 취나물 · 호박잎 · 배추속대 등이 있으며, 미역잎 · 김 등도 쓰인다. 나물은 날로 쓰는 것과 데쳐서 쓰는 것으로 나눌 수 있다.

(19) 생채 raw or uncooked vegetables

채소를 얇게 저미거나 채 썰어 소금으로 간을 하고 양념을 넣어 무친 것으로 숙채熟菜와는 달리 식초를 넣어 새콤한 맛이 난다. 초고추장이나 고춧가루를 넣어 만드는 것으로 무생채 · 도라지생채 · 오이생채 등이 있고, 겨자즙이나 잣즙으로 무치는 것으로 겨자채가 있고, 초간장양념으로 만든 달래무침 등이 있다. 특히 겨자채는 채소 외에 편육이나 전복 · 새우 등 해산물을 삶아 차게 식혀서 함께 무치기도 한다.

(20) 김치 kimchi, fermented vegetables

김치는 무, 배추, 오이, 열무 등의 채소를 저농도의 소금에 절여 고추, 파, 마늘, 생강, 젓갈 등의 양념을 혼합하여 저온(4~5°C)에서 발효시켜서 먹는 식품으로 우리 조상들은 예로부터 수분이 많은 채소를 오래 저장하기 위한 수단으로 여러 가지 방법을 고안하였다. 여기에서 채소를 소금으로 절여 여러 가지 양념에 섞어 먹는 방법을 개발하였고 이것이 오늘날의 김치가 되었다. 김치는 여러 종류의 식재료를 이용하여 만든 발효식품으로 각종 무기질과 비타민이 풍부해 영양학적으로 우수하다. 젖산균에 의해 정장작용장을 깨끗하게 함을 하고 소화를 도와주며, 식욕을 증진시키는 역할을 한다. 특히 김장 김치는 채소가 부족한 겨울철에 비타민의 공급원이 되고 있다.

김치의 종류는 재료별, 지방별, 계절별로 너무나 다양해서 그 수를 헤아릴 수 없으나 대략 150종으로 조사되고 있다. 또한 조리방법의 응용으로 더욱 다양한 김치를 만들 수 있다.

3. 후식류

(1) 떡 rice cake

곡식가루를 찌거나 삶아 익힌 음식으로 우리나라에서 언제부터 떡을 만들어 먹기 시작하였는지는 확실하지 않으나, 원시농경의 시작과 함께 행해진 것으로 추측된다.

우리나라에서 떡이 가장 발달하였던 때는 조선시대이다. 이 시대의 문헌에 수록된 떡의 종류를 보면 다음과 같다.

① **증병**(시루떡) : 곡분을 시루에서 익힌 떡으로 시루의 등장시기부터 우리나라 떡의 원형이 생겨났다고 추측된다. 종류에는 백설기, 콩시루떡, 무시루떡, 밤설기떡 등이 있다.

② **도병**(친떡) : 곡류를 그대로 또는 가루 내어 익힌 다음, 안반이나 절구에서 매우 쳐서 만든 떡이다. 종류에는 인절미, 잡과찰편, 송고유밀병, 흰떡, 절편, 차륜병 등이 있다.

③ 유전병油煎餠 : 곡분을 반죽하여 기름에 지진 떡으로, 계절에 따라서 진달래꽃 · 장미꽃 · 배꽃 · 국화꽃 등을 전병 위에 붙여 지진다. 이것을 화전花煎이라 한다. 지진떡에는 두견화전 · 장미화전 · 국화전 · 진감전 · 토지병土芝餠 · 주악 등이 있었다.

④ 단자團子 : 찹쌀가루를 물에 반죽하여 끓는 물에 삶아 건진 떡이다.

고물의 종류는 콩고물 · 계핏가루 · 거피팥고물 · 거피녹두고물 · 흑임자 · 깨 · 잣가루 등 다양하였다. 또 향애단자처럼 쑥을 찧어서 쌀가루와 함께 반죽하여 삶아 고물을 묻혀 만들기도 하였다.

우리나라의 떡은 제례를 비롯하여 대소연회 · 농경의례, 토속신앙을 배경으로 한 각종 행사, 또는 계절에 따라 즐기는 절식 등에서 일차적으로 주식에 앞서는 음식이며, 토착성과 전통성이 가장 깊은 음식이다.

'조선상식'에서는 동양 삼국의 떡의 특징으로 중국에서는 밀가루를 주재료로 하여 굽는 것이 본위요, 일본에서는 찹쌀가루를 주재료로 하여 치는 것이 본위인데, 우리나라에서는 멥쌀가루를 주재료로 하여 찌는 것이 본위라고 하였다.

"밥 먹는 배 다르고 떡 먹는 배 다르다."고 할 정도로 떡 배를 따로 찼던 우리의 생활은 "떡방아소리 듣고 김칫국 찾는다.", "떡 줄 사람은 꿈도 안 꾸는데 김칫국부터 마신다."는 속담을 낳기도 했다. 별식이며 동시에 간식이 되기도 하는 떡은 계절적으로는 가을과 겨울철에 주로 많이 해놓고 먹었다.

또한 겨울철에는 인절미를 해두었다가, 화로에 석쇠를 올려놓고 딱딱하게 굳은 인절미를 구워 조청이나 홍시에 찍어 먹었으니, 그 맛이 겨울 정취의 으뜸이며 별미였음은 말할 것도 없다. 이런 별식의 떡은 이웃과 친지와 함께 나누어 먹는 것이 풍속으로 되어 있었다.

떡은 별식이나 간식으로서 뿐만 아니라 잔치나 제사의 중요한 진설품이기도 하다. 특히 잔치 때에 올리는 떡은 맛을 즐기기 위해서라기보다는 보이기 위하여 상차림에 쓰이기도 하였다. 그리하여 일정한 모양으로 예쁘게 떡을 만들기 위한 기구도 고안해 내어 다식판처럼 나무토막에 무늬를 조각한 나무떡쌀이나 자기떡쌀 등을 사용하였다.

(2) 조과confectionary made at home. 造果

한국에서 만드는 전통적인 과자류의 총칭으로 실과實果에 대응되는 말로서, 강정 · 유밀과 · 숙실과 · 다식 · 엿강정 · 정과 · 엿 등을 들 수 있으며, 오래 전부터 제례나 혼례 · 회갑연 등이 있을 때는 집에서 과자를 만들었다. 우리나라에서 제일 먼저 만든 과자는 엿 종류인 것으로 보이며, 고려시대에는 귀족층에서 애용되어 온 과자로 유밀과가 있었다.

(3) 화채·차fruit salad·tea

우리나라 전통 음료에는 더운 차보다는 차가운 음료가 훨씬 많다.

첫째, 과일즙이나 꿀물, 오미자 물에 건지를 띄운 화채가 있고, 둘째로 쌀밥을 엿기름물에 당화시킨 식혜, 셋째로 쌀이나 곡물을 쪄서 말려 볶은 가루를 꿀물에 타서 마시는 미숫가루, 넷째는 생강이나 계피 또는 한약재를 달여서 단맛을 낸 수정과류, 다섯째로 꿀물에 떡을 띄운 수단이나 원소병 등이 있다.

차는 발효 정도에 따라 강발효차, 약발효차, 불발효차, 후발효차로 나눌 수 있다.

강발효차란 홍차류를 말하고, 약발효차란 반발효차를 통칭한다. 즉 포종차, 백호차, 우롱과 화관음차를 말한다. 불발효차는 녹차류로 작설차나 용정차가 이에 속한다. 후발효차는 세계적으로 인기를 끄는 덩이 모양의 보이차류를 말한다. 이는 또한 중국의 차 종류를 크게 구분할 때에도 쓰이는 기준으로 녹차綠茶, 백차白茶, 황차黃茶, 청차靑茶, 흑차黑茶, 화차花茶 등을 포함하며 일반적으로 6대 다류라고 한다. 6대 다류는 처음 중국에서 부르기 시작했다.

한국도 중국처럼 여러 종류의 차가 있다. 한국의 차는 발효차황차, 홍차와 불발효차 덖음차녹차, 작설차 후발효차보이차, 흑차로 구분할 수 있다. 최근에 우리 차도 녹차 중심에서 발효차로 바뀌는 추세다.

차의 효능에 따른 종류는 다음과 같다.

표 10-2 우리나라 차의 종류

탕, 차의 종류	적응증
은 행 차	대하증, 설사, 기침, 천식, 폐병
갈 근 차葛根	두통, 구토, 감기예방 및 치료, 설사, 해열, 발한, 소갈, 중풍, 위장 허약
금앵자차金櫻子	설사, 정력보강, 조루방지
감 인 차茍仁	양기강화, 조루방지, 대하증, 설사
등 심 차燈心	복수제거, 신장염, 담결석, 신결석, 요도염
인 삼 차人蔘	빈혈, 저혈압, 냉증
당 근 즙 차	혈액증가, 빈열
결 명 자決明	건위 정장, 이뇨, 변지, 만성위장병, 황달, 췌장염
녹 두 차綠豆	해독, 뇌막염, 뇌염, 장티푸스
석 자 차石子	소화불량, 토사, 위장염통
죽 엽 차竹葉	소변을 이롭게, 머리와 눈을 맑게, 간염
연 근 차蓮根	체중증가
복분자차覆盆子	강장제, 혈액을 맑게
석 류 차石榴	강장제, 이질, 토혈, 비혈, 설사
냉 이 차薺茶	고혈압, 설사, 하혈, 해독, 빈혈
도 화 차桃花	미용, 변비, 각기, 결석, 해독
홍 화 차紅花	정혈제, 월경불순, 냉습, 울혈
송 화 차松花	중풍, 고혈압, 심장병, 신경통, 두통, 폐보호
선 화 차旋花	정력강화, 미용, 이뇨
행 화 차杏花	빈혈, 불감증, 미용
원추리차萱草花	이뇨, 신진대사촉진, 혈액순화, 소화, 눈을 밝게
무 궁 화 차	이질, 하혈, 이뇨, 중풍, 대장염, 설사
괴 화 차槐花茶	혈압하강, 동맥경화, 소염, 미혈, 빈혈, 심장병
연 차蓮茶	강장강정제, 만성설사, 대하증, 주 · 식독제거
목 향 차木香茶	위장을 튼튼히, 소화, 이질, 불면
모 란 차牡丹茶	요통, 관절염, 두통, 생리불순, 지혈, 해혈
다시마차昆布茶	고혈압, 신경통, 류마치스, 당뇨병, 심장병, 위궤양

탕, 차의 종류	적응증
버 섯 차食蘭茶	고혈압, 동맥경화, 심근경색, 성인병 예방
두 중 차杜仲茶	요통, 관절통, 신경통, 고혈압, 부인병, 강장강정
형 개 차荊芥茶	감기, 신경통, 소화, 두통, 현기증, 산전 · 후
매 실 차梅實茶	피로회복, 기미, 주근깨, 버짐
행 인 차杏仁茶	천식, 각기
동 아 차冬瓜茶	미용, 이뇨, 신장
배 차	소화촉진, 해열, 소갈증, 거담, 기침
현 미 차玄米茶	노화방지
보 리 차大麥茶	소화, 변통을 원활히, 각기병
두 향 차豆香茶	신장보호
들 깨 차白蘇茶	자양강정제, 위장, 천식, 미용
감 잎 차柿樹茶	당뇨병, 뇌출혈, 고혈압, 각기, 신장병, 북수, 수종
쑥 차艾葉茶	위장병, 변비, 신경통, 냉병, 부인병, 요통, 천식
솔 잎 차松葉茶	고혈압, 동맥경화, 중풍, 위장병, 각기, 신경통, 소화불량, 불면증
뽕 잎 차桑葉茶	중풍예방, 신경통, 고혈압, 보혈, 강장
차조기차桑蘇茶	건위, 노이로제 해소, 콜레스테롤 제거, 발육촉진, 야맹증 예방
아 가 위 차	소화, 설사
쌍 화 탕	원기쇠약, 피로회복
오 과 탕	노인성 해소기침, 신체 허약
봉 수 탕	보양補陽
건 목 과 탕	
여 지 탕	
온 조 탕	
감 자 차	위, 십이지장궤양, 위통
배 추 차	식욕촉진, 위, 십이지장궤양, 위통
염 주 차念珠	암 예방, 위경련
건 강 차	수족냉증, 위경련
노순즙차汁	자율신경안정, 니코틴중독, 위궤양

탕, 차의 종류	적응증
은 이 차銀耳	이질, 간장과 신장을 보함, 암, 고혈압
적 근 차赤根	배변을 순조롭게, 폐보호, 피를 맑게
무 즙 차	소화, 변통을 원활히, 기력을 순조롭게
국 화 차菊花	눈을 맑게, 해열, 주독과 충독제거, 순조로운 배변
상 상 차桑霜	감기, 두통, 피부병, 변비, 간을 튼튼히
밤 차栗	위 보호, 설사, 풍통, 장을 튼튼히
시 상 차柿霜	고혈압, 지혈, 설사, 이질
질경이차草前茶	이뇨, 소화, 위궤양, 방과염, 요도염, 질염, 대하증

(4) 술alcohol beverage

술은 알코올 함량의 최저한도로써 다른 음료와 구별한다. 그 양은 0.5~1%로써 나라에 따라 다르지만, 우리나라의 주세법상으로는 알코올 1도 이상의 음료를 말한다.

① 우리나라 술의 기원

술은 인류사회에서 민족의 형성과 더불어 원시시대 이래 자연발생적으로 출현하였던 음료의 일종이라는 견해가 오늘날 지배적으로 대두되고 있다. 우리나라의 경우도 예외는 아니어서 '고삼국사기'에서 밝혀지고 있는 바와 같이 고구려를 세운 주몽동명성왕의 건국신화 가운데, 천제의 아들 해모수가 웅심연 가에서 하백의 딸 세 자매를 취하려 할 때, 미리 술을 마련해 놓고 이것을 먹여 취하게 한 다음 수궁으로 들어가지 못하게 하고 세 처녀 중에서 큰딸 유화와 인연을 맺어 주몽을 낳게 하였다는 설이 있고 보면 우리나라의 술의 기원 또한 신화 속에서 뒷받침되고 있다.

② 우리나라 술의 종류

주 명	재 료	효 능
안 동 주	안동꽃, 설탕, 소주	불로장수, 피로회복, 부종, 냉증, 해독
국 화 주	국화의 꽃, 줄기, 잎, 청주	눈, 귀를 밝게, 두통
상실주橡實	도토리, 누룩, 찹쌀	피로회복
광 귤 주	광귤, 설탕, 소주	피로회복, 감기, 감습답답, 위약증세

주 명	재 료	효 능
이강주이강고	배즙, 생강즙, 꿀, 소주	감기, 고열, 피로회복
모 과 주	모과, 설탕, 소주	피로회복, 식욕증진, 빈혈, 이뇨제
오미자주	오미자, 설탕, 소주	피로회복, 기관지염, 천식
감홍로甘紅露	홍국紅麴, 관계, 용안육, 진피, 방품, 정향, 꿀, 소주	감기, 풍병, 심복통, 구토, 발한제, 건위제, 건위강장제, 완화자양제
생 강 주	생강, 설탕, 소주	속답답, 위약증세, 감기
머 위 술	머위, 설탕, 소주	거담, 진해, 천식, 폐질환
민들레주	민들레 꽃, 설탕, 소주	건위 정장, 이뇨
회 양 주	회향, 설탕, 소주	위질환, 복통, 감기, 피로
백목련주	백목련 꽃, 봉오리, 설탕, 소주	두통, 진통, 곳속이 허할 때
정 자 주	정자, 설탕, 소주	건위 정장, 부인과 질환
칡 술	칡꽃, 설탕, 소주	주독, 중독, 정장제
매 실 주	청매실, 행인, 설탕, 소주	피로회복, 식욕증진, 설사, 최면, 진통, 빈혈증, 냉증, 정장
해당화주	해당화꽃, 열매, 설탕, 소주	정장, 설사, 식욕증진
구기자주	구기자나무 뿌리, 잎, 꽃, 열매, 줄기, 청주, 쌀, 누룩	회춘回春, 허虛를 보함
살 구 주	살구, 설탕, 소주	피로회복, 식욕증진, 감기, 최면
유 자 주	유자, 설탕, 소주	불면증, 냉증, 거친 피부
월 귤 주	월귤, 설탕, 소주	피로회복, 식욕증진, 강장, 신장병, 류마치즈
보리수주	보리수, 설탕, 소주	피로회복, 식욕증진, 정장, 설사
말오줌나무주	말오줌나무 열개, 설탕, 소주	피로회복, 식욕증진, 강장불면증
오정주五精	천문동, 황정, 솔잎, 구기, 백미, 누룩, 백출白朮	회춘, 건강회복
호 도 주	호도, 누룩, 백미	보기補氣
백 자 주柏子	백자잣, 백미, 누룩	보양補陽

주 명	재 료	효 능
고 본 주固本	인삼, 청주, 지황, 천문동, 맥문동, 백복령	회춘, 연년
감제풀주	감제풀 뿌리, 설탕, 소주	정장, 완화제, 이뇨, 건위, 피로회복
오디주桑葚	오디, 뽕나무내피, 설탕, 소주	변비, 이뇨, 자양강장, 빈혈, 담제거, 피로회복, 부종, 식욕증진, 눈귀를 밝게
감 귤 주	갈귤, 설탕, 소주	고혈압, 모세혈관벽 튼튼히
송엽주松葉	솔잎, 누룩, 백미	위장, 중풍, 고혈압
오랑캐꽃주	오랑캐꽃, 소주	혈압강화, 이뇨, 부인과 질화
홰나무주	홰나무꽃, 설탕, 소주	혈압강화, 동맥경화, 건위, 정장, 피로회복
목 통 주	목통 열매, 설탕, 소주	이뇨제, 두통
애주艾酒	쑥, 백미, 누룩	건강회복
치 자 주	치자열매, 설탕, 소주	이뇨, 건위, 소염, 황달, 토혈, 감기, 불면증
무화과주	무화과, 설탕, 소주	신경통, 류마치스
삽 주 주	삽주뿌리, 설탕, 소주	거위, 신경통, 류마치스, 이뇨
표 고 주	표고버섯, 설탕, 소주	강장, 골연하증, 구루병, 허약체질
두견주杜鵑	두견화, 백미, 누룩	진해, 류마치스, 부인냉증
송절주松節	소나무 마다, 청주	담, 관절염, 신경통, 각기풍
마 늘 주	마늘, 생강, 레몬, 꿀, 소주	저혈압, 냉증, 생리불순, 부인과 질환
당귀주當歸	당귀, 목향, 청주, 유향, 백지白芷, 랄계辣桂 청주, 찹쌀	종기, 빈혈
작 약 주	작약꽃, 뿌리, 설탕, 소주	설사, 진통, 이뇨, 부인과 질환
다 래 주	달래 열매, 설탕, 소주	강장, 피로회복, 보온, 진통, 이뇨, 강심
음양곽주	음양곽, 설탕, 소주	강장, 강정
꼭두서니주	꼭두서니 뿌리, 설탕, 소주	토혈, 지혈, 강장, 해열, 생리불순
오가피주五加皮	오가피나무 줄기, 근피根皮, 누룩, 백미	고혈압, 강정, 연년

주 명	재 료	효 능
천 궁 주	천궁, 설탕, 소주	보혈, 중혈, 냉증, 생리통, 두통, 강장
주 력 고	생지황, 꿀, 석창포, 계심, 소주	중풍, 열담, 번갈
감 초 주	감초꽃, 설탕, 소주	강장, 피로, 이뇨, 식욕증진
주공백세주	황정, 지황, 황기, 육계, 당귀, 백복령, 당삼, 백출, 적복령, 진피, 맥문동, 산수유, 구기자, 청궁, 방풍, 귀판, 오미자, 강활, 소주	강장, 강정, 불로장수, 피로회복, 식욕증진
천문동주天門冬	천문동 뿌리, 누룩, 찹쌀	장수, 보익補益
맥문동주	맥문동, 설탕, 소주	장장, 이뇨, 해열, 기침
지 황 주	생지황, 서숙가루, 누룩	혈액순환, 정기강화
창 포 주	창포 줄기, 누룩, 찹쌀	불로, 풍진치료, 정신계통 보양 및 안정
복 령 주茯苓	복령, 청주	불로, 풍진치료, 정신계통 보양 및 안정
백 세 주	황정, 누룩, 백미, 지황, 하수오何首烏	노화방지, 회춘

4. 한식의 상차림

한국 음식의 '상차림'은 한 상에 차리는 음식 이름의 가짓수를 뜻하기도 하고, 그 음식을 놓는 자리, 정확히는 설찬設饌을 뜻하기도 한다. 상의 종류는 먹는 사람의 수에 따라 외상單차리기, 겸상複차리기 그리고 2사람 이상이 한 상에 둘러앉아 먹는 두리반상 또는 교자상차리기가 있다.

표 10-3　반상차림의 규범

내용 구분	첩수에 들어가지 않는 음식 (기본음식)							첩수에 들어가는 음식 (쟁첩에 담는 음식)										
	밥	국	김치	장류	찌개 (조치)	찜	전골	나물 생채	나물 숙채	구이	조림	전	마른 반찬	장과	젓갈	회	편육	수란
3첩	1	1	1~2	1				택1		택1			택1					
5첩	1	1	2	2	1			택1		1	1	1	택1					
7첩	1	1	3	3	2	택1		1		1	1	1	택1			택1		
9첩	1	1	3	3	2	1	1	1		1	1	1	1	1	1	택1		
12첩	1	1	3	3	2	1	1	1		2 찬구이 더운구이	1	1	1	1	1	1	1	1

(1) 초조반상初潮飯床

원래는 궁중에서 왕이 아침 식사 전, 오전 7시 전에 먹던 음식으로, 죽 · 미음 · 응이와 같은 유동식과 국물김치와 마른찬으로 구성된다. 여럿이 먹을 때는 유동식을 큰 그릇에 담아 중앙에 두고 각자의 공기에 덜어서 먹는다.

(2) 반상飯床

밥을 주식으로 하여 반찬과 함께 차리는 상차림으로, 반찬 수에 따라 3 · 5 · 7 · 9 · 12첩 반상으로 나뉜다. 밥상과 같은 뜻으로 밥과 여기에 알맞은 반찬을 장만하여 상을 차린다는 뜻이다. 술에 안주를 곁들여서 차리면 술상이 되는 것과 같다.

반상의 기본음식은 조리법 중심으로 격식이 정해져 있다. 또 그 찬의 수에 따라서 반상의 첩수가 정해진다. 수라상은 12첩반상, 사대부집 또는 양반집은 9첩반상을 최고의 상차림으로 한다. 9첩 이하는 보통 홀수로 하여 7첩 · 5첩 · 3첩 등으로 첩수를 정하였는데 홀수는 양수陽數라 하여 발생發生 · 장성長成의 뜻을 가지고 있어 길수吉數로 여겼기 때문이다. 첩은 접시 또는 쟁첩이라는 뜻이며, 반찬은 주로 쟁첩에 담고, 쟁첩의 수효에 따라 반상의 이름이 정해진다. 식단 작성은 기본음식과 찬품으로 나누고 조리법별로 겹치지 않게 한다.

반상의 기본음식은 ① 밥 ② 국 또는 탕 ③ 찌개 또는 조치(조칫보에 담아 차려지는 음식) ④ 찜 또는 선 ⑤ 전골 ⑥ 김치 ⑦ 장종지맑은간장 · 초장 · 초고추장 · 젓국 등 먹는 사람이 간을 맞추는 데 쓸 것들 등이고, 찬품은 ① 편육 또는 수육熟肉, ② 전유어저냐 ③ 회생회 · 숙회 · 강회 등 ④ 달걀水卵 · 熟卵 ⑤ 조림 또는 볶음 ⑥ 구이더운 구이 · 찬 구이 또는 적炙 ⑦ 나물숙채 ⑧ 생채生菜 또는 겉절이 ⑨ 장아찌 또는 장과 ⑩ 젓갈 ⑪ 자반佐飯 또는 마른 찬류 등이다.

반상에 쓰이는 그릇이나 접시를 반상기飯床器라 하는데 따로 정해진 것이 있다.

(3) 낮것상

점심點心을 궁중에서는 낮것이라 하였다. 평일에는 과일 · 과자 · 떡 · 화채 등의 다과반상 차림을 하거나 미음이나 응이를 차린다. 그러나 종친이나 외척의 방문이 있을 때는 장국상을 차린다. 장국상에는 온면과 편육, 전유어, 배추김치 등을 간단하게 차린다. 장국상을 물리면 반드시 다과상을 올리는데, 일반적으로 떡 · 과자 · 과일과, 음료로는 따뜻한 차나 화채 · 수정과 · 식혜 등을 계절에 따라 마련한다.

(4) 주안상酒案床

손님에게 술대접을 하기 위하여 차리는 상차림으로 술과 그 술에 적합한 안주로 구성하며 술이나 안주에 계절감각이 많이 담긴다. 우리나라는 예로부터 좋은 술이 많았고 주례酒禮와 주행酒行을 존중하였으므로 손님에게 주안상을 차려 대접하는 것이 상례였다. 주안상차림의 범절은 각 가정의 일상사에서 비교적 큰 비중을 차지하고 있었다.

술은 곡물로 빚어 거른 청주가 주류를 이루었다. 계절에 따라 다양한 종류의 술을 이용하였다. 삼해주 · 약산춘 · 소국주 · 이화주 · 두견화주 등은 봄철에 좋은 술이다. 여름철에는 가양청주에 소주를 섞어 빚은 과하주 · 창포주, 햅쌀로 빚은 신도주 · 국화주 · 구기자주 등을 이용하였다.

이른 가을에는 일일주 · 삼일주 등도 즐겼다. 이와 같은 가양주집에서 빚은 술가 집안에 비축되어 있으므로 필요할 때에는 이 가양주에 안주를 갖추어 주안상을 차리면 되었다. 안주로는 마른안주, 젓갈, 전, 회, 전골 등을 쓰였다.

주안상은 외상인 경우도 있으나 2인 이상이 함께 받는 상차림인 경우가 많으며, 3~4인 이상일 때에는 교자상에 차린다. 술그릇으로는 술병 · 술주전자 등이 쓰인다. 찬 술일 때에는 술병이, 더운 술일 때에는 주전자가 쓰인다. 술잔은 잔받침과 술잔이 한 벌로 된 것을 쓰며 자기 · 사기 · 은제품 · 놋제품 등이 있다.

(5) 잔칫상

잔칫상은 결혼을 축하하여 차리는 음식상이다. '큰상'이라고도 하였다. 큰상은 축하의 뜻으로 차리는 가장 경사스럽고 화려한 상차림으로 결혼잔칫상뿐만 아니라 환갑, 칠순, 회혼례상에도 쓰이는 명칭이었다. 잔칫상은 신랑과 신부가 각기 따로 받는 경우(신랑은 신부집에서, 신부는 신랑집에서)와 신랑 신부가 함께 받는 경우가 있었으나, 근대부터 잔칫상을 신랑 신부가 함께 받는 풍습이 생겼다. 우리나라 사람들은 대가 끊어지지 않고 자손이 번성하기를 바라면서 아들이 많아야 행복해진다는 관념이 있어 다남다복을 상징하는 석류, 포도, 닭, 대추 등을 잔치 의식에 많이 사용하였다.

술을 마시는 것은 경사를 축하하는 의미이며, 특히 신랑과 신부가 술을 나누어 마시는 것은 술을 신성시하는 관념과 결부되어 있었다. 술은 많은 민족들이 피를 대신하는 신성한 것으로 생각했던 것만큼 술을 나누어 마시는 것으로써 신의를 맹세하는 의례로 삼았던 것이다.

큰상차림에서 특별히 눈에 띄는 것은 색떡이었다. 색떡은 흰쌀로 만든 절편에 여러 가지 물감을 들여서 꽃잎, 나뭇잎 모양으로 빚어서 나무에 꽂아 큰상 양옆에 담아 놓았다. 색떡을 만들어 담은 그릇은 보통 양푼에 다리가 붙은 놋그릇이었다. 절편은 큰 덩어리째로 높이 쌓아올렸다.

큰상차림은 지방과 빈부에 따라 차이가 있었다. 가난한 사람들은 밥 한 그릇에 맹물을 놓고 대사를 치루는 것이 예사였다. 중류급 혼인잔칫상에는 교자상에 22가지 음식을 차려놓았다. 앞줄에는 과일류, 둘째 줄에 떡과 약과류를 높이 고여 차리는 것은 혼인잔칫상이나 환갑상 등 큰상차림에서는 공통적인 방식이었다. 이것을 '바라보는 상'이라고 불렀다. 혼인잔칫상이나 환갑상의 차림은 다 기쁜 날에 차리는 잔칫상이므로 될수록 보기 좋으면서도 화려하게 차리는데 커다란 관심을 두었다.

서울지방 중류이상 가정의 혼례 큰상에는 음식의 종류도 많고 질적으로도 더 좋은 것이 놓였다. 떡은 증편 · 인절미 · 백설기 · 송편, 국수는 달걀국수 · 냉면, 당과류는 유밀과 · 산자, 다식 · 요화 · 강정, 찬은 고기만두 · 물고기채 · 물고기회 · 고기회 · 개장국 · 영계찜, 삶은 양지머리고기 · 전유화 · 화약 · 나빔이 · 돼지고기, 탕은 잡탕, 채는 탕평채 · 화채, 과실류는 사과 · 배 · 대추 · 밤 등이 쓰였다.

(6) 어상御床

궁중에서 국가적인 즐거운 행사나 관혼 · 회갑 · 진갑 · 탄일 등 경축일을 맞이하여 진연을 베풀 때 수라상 외에 왕이 받는 상이다.

(7) 통과의례 상차림

사람이 태어나서 죽음을 맞이할 때까지 특별한 날에 음식을 만들어 격식과 법도에 맞게 상차림을 하여 축하해주거나 그날을 기리는 의식의 상차림문화이다.

1) 백일상차림

아기가 태어난 지 100일 되는 날에 아기의 무병장수를 빌면서 음식을 마련한다. 대표적으로는 백설기, 수수팥경단, 송편, 미역국과 흰밥이다. 백설기 떡은 순수무구하기를 기원하는 것이고 수수팥경단의 붉은색은 부정을 막는 주술적인 의미가 있으며, 송편은 아기가 속이 차기를 기원하는 음식이다.

2) 돌상차림

아기가 태어난 지 1년이 되는 날에 아기의 무병장수를 빌면서 음식을 마련한다. 음식은 백설기, 수수팔경단, 송편, 인절미, 과일, 국수 등을 놓고 음식 외에 돈, 책, 붓, 흰색무명실, 청홍실, 대추, 화살, 초록색미나리 등을 놓는데 지역이나 집안에 따라 다르다.

3) 생신상차림

어른의 생신날에 자손들이 차리는 상으로 미역국에 흰밥을 차리고 교자상에 차리거나 5첩, 7첩, 9첩으로 차려 드린다.

4) 교배차림

혼례식에서 신랑 신부가 절하는 상차림으로 음식으로는 떡과 과일만을 차리고 쌀 · 팥 · 콩 등의 곡물과 소나무 · 대나무 등을 올리는데 평생을 곧고 푸르게 살아가라는 의미가 있다.

5) 폐백음식

혼례식이 끝나고 신부가 시부모님께 올리는 음식으로 지방이나 가문의 형편에 따라서 달라질 수 있다.

6) 회갑상

부모의 60회 생일에 자녀들이 차리는데 차림상으로 높이 고이므로 '고임상' 또는 '고배상'이라고도 한다. 고임상 앞에 부모님이 드실 음식을 따로 차린다.

7) 제사상

돌아가신 분의 기일에 제사를 지내고 추석이나 정월초하루에도 차례를 지내면서 선조의 은덕을 기린다. 차리는 제물과 진설의 순서는 가문이나 지방풍습에 따라 다르나 술, 과(생과 · 건과), 포(육포 · 어포) 등을 기본으로 차리고, 국, 밥, 적, 김치, 포, 편, 다식, 밤, 대추, 과일, 숙채 등을 차리며, 상 앞에 향로와 제주병을 놓고 상 가장자리에 촛불을 양쪽에 놓으며 돌아가신 분의 약력을 적은 신위를 상 위 가운데 가장자리에 놓는다.

① 제사상차림에 있어 음식 진열 법도

- 좌포우혜左脯右醯 : 포는 왼편에 식혜는 오른편에 놓는다.
- 어동육서魚東肉西 : 어물은 동쪽에 놓고 육류는 서쪽에 놓는다.
- 두동미서頭東尾西 : 생선의 머리는 동쪽으로, 꼬리는 서쪽을 향하게 한다.
- 홍동백서紅東白西 : 붉은 색의 과일은 동쪽에, 흰색은 서쪽에 놓는다.
- 조율시이棗栗柿梨 : 대추, 밤, 감, 배(또는 대추, 밤, 배, 감)의 순으로 진설한다.
- 건좌습우乾坐濕右 : 마른 것은 왼쪽에 젖은 것은 오른쪽에 놓는다.
- 접동잔서接東盞西 : 접시는 동쪽에 잔은 서쪽에 놓는다.
- 우반좌갱右飯左羹 : 메(밥)는 오른쪽에 국은 왼쪽에 놓는다.
- 남좌여우男左女右 : 신위는 남자가 왼쪽, 여자는 오른쪽에 모신다.

② 젯상 차림법

- 제1열은 술잔, 메(밥) 혹은 떡국(설), 송편(추석)을 놓는다. 앞에서 보아 떡국(송편)은 우측에 술잔은 좌측에 차린다. 시접(수저와 대접)은 한 분일 경우 앞에서 보아 왼쪽에 올리며, 두 분 합제의 경우에는 중간 부분에 올린다.
- 제2열은 적炙과 전煎을 놓는 줄로 대개는 3적으로 육적, 어적, 소적(두부 · 채소류 적)의 순서로 올린다.
- 제3열은 탕을 놓는 줄로 대개는 3탕으로 육탕, 소탕, 어탕의 순으로 올리며, 5탕으로 할 때는 봉탕(닭 · 오리탕), 잡탕 등을 더 올린다. 한 가지 탕으로 하는 경우도 많이 있다.
- 제4열은 포와 나물을 놓는 줄로 좌측 끝에는 포(북어, 대구, 오징어포)를 쓰며, 우측 끝에는 식혜나 수정과를 쓴다. 그 중간에 나물반찬은 콩나물, 숙주나물, 무나물 순으로 올리고, 삼색나물이라하여 고사리, 도라지, 시금치나물 등을 쓰기도 하며, 김치와 청장(간장), 침채(동치미)는 그 다음에 올린다.
- 제5열은 과실을 놓는 줄로 좌측부터 대추, 밤, 감(곶감), 배(사과)의 순서로 차리며, 그 이외의 과일들은 나무과일, 넝쿨과일 순이며, 끝에는 과자(유과)류를 놓는다.

(8) 절식節食과 시식時食

1) 절식節食

① 절식의 의의와 기원

절식은 연중 24절기에 맞춘 음식으로, 세시풍속의 기원은 농경생활이 정착되던 시기인 신석기 시대부터라고 추측할 수도 있겠으나 문헌에 의하면 고대국가를 갖춘 시기인 삼국 시대부터라고 기록되어 있다.

새해가 되면 천지신이나 시조신께 제사를 지내는데 백제가 성립되기 전의 마한 지역에서도 제천행사가 이루어졌었다고 한다. 신라는 시조 묘로 왕이 직접 신궁께 제사를 지냈고 '원일(설날)'을 중히 여겨 서로를 축하하며 일월신에게 제사를 지냈다고 한다. 고구려는 천제의 아들인 해모수신과 신모적 성격인 유화신, 건국신인 주몽신에게 제사를 지냈다. 고구려의 '동맹'은 왕실이 주관한 행사로 국가의 세시풍속으로 여겼다. 부여에서는 12월에 '영고'라는 행사가 열리는데 술과 음식을 먹고 형옥刑獄을 중단하고 죄수를 풀어준다. 동예에서도 '무천'이라는 행사가 있었는데 영고와 유사하였다. 반면 통일신라에서는 유교 · 도교 · 전래 신앙 등 종교적인 요소가 첨가된 국가적 세시풍속이 있었다. 가야에서는 매년 7월 29일 수로왕에게 제사를 지내는데 고대로부터 전승된 신화가 놀이와 풍속으로 이어졌다. '삼국사기'의 '제사조'에는 계절마다 정기적으로 산제가 있었다고 기록되어 있다.

이러한 모든 제천 의식과 고유한 세시풍속은 대대로 전승되어 오다가 국가가 건설되면서 왕실의 신성성과 결합하여 국가적 행사가 되었으며, 일반 백성들의 생활문화가 되었다. 한편 고려시대의 세시풍속은 불교가 국가종교의 역할을 하여 정치·경제·문화와 민간신앙에도 영향을 미쳤다. 이러한 이유로 고려시대의 세시풍속은 불교와 밀접한 연관을 갖는다. 불교관련 행사로는 태음력 2월15일(1월15일)의 '연등회'와 4월8일의 석가탄신일, 백중행사인 '우란분재', 11월 5일경의 개경의 '팔관회'와 10월15일 서경의 '팔관회'로 왕실 중심으로 국왕이 참여하고 주관하던 행사였다.

또 새해가 되면 왕은 정릉을 참배하고, 신년의식으로 신하는 왕에게 축하의식을 올리고 왕은 비단 등을 신하에게 선물로 내렸다. 밤에는 연회와 연등을 밝혔다. 특히 정초에 산초나무열매로 빚은 장수를 뜻하는 도소주를 마시며 즐기는데 이는 중국의 영향으로 보이나 할아버지와 어른들께 세배를 올리는 풍속은 토속적인 우리 민족의 예의범절이었다. 상원보름날 음식인 약밥과 유사한 찰밥은 중화절에 먹었고, 모과와 귤을 넣어 빚은 경단도 만들어 먹었다.

단오에는 석전놀이와 쑥으로 빚은 수리치떡을 만들어 조상께 제사를 지냈다. 칠월칠석은 중국의 답습으로 보이며 추석도 중국에서 유래한 것이나 우리나라의 정서로 변화되었으며 후기에는 조상제사를 위한 성묘 등으로 귀향 풍속 등이 있었는데 원래 토속풍속으로 전해져 오던 것이 활성화된 것 같다. 중구절에는 국화주를 마시고 국화차를 마셨는데 중국의 풍속이 유래된 듯하다.

11월의 동지는 중국의 중요한 행사였지만 고려시대에도 중요한 행사로 새해 달력을 얻는 때가 동지였다. 또 팥죽을 절식음식으로 먹었으며 순챗국과 양유를 마셨다고 한다. 고려는 불교와 유교 · 성리학 등의 종교적 의례가 세시풍속과 결합하여 왕실과 민간인들에게 퍼져 행해졌던 다문화의 국가였다.

② 절식의 성격

1년을 주기로 행해지는 중요한 절식은 1월, 단오, 추석 등 추수와 관련한 시기에 중요성을 두었다. 협동과 공동체적인 의미이며 생산물의 풍성한 수확과 액막이의 염원을 담고 있다. 절식은 풍년을 기원하는 기풍祈豊의 풍속과, 신이나 조상께 천신하고 제사 지내는 제의祭儀의 풍속이 있으며, 자신과 가족의 행복과 무사안일을 위한 액막이의 풍속이 있다.

절식은 예방과 치료의 성격으로 설날에 먹는 떡국은 머리가 아프지 않게 된다는 속설이 있으며, 정월대보름날 먹는 부럼은 부스럼을 예방하기 위함 등 모든 질병에서 자유로워지고 싶은 염원일 것이다.

2) 시식時食

절식은 12 달마다 행해지는 명절과 음식문화풍속이고, 시식은 봄, 여름, 가을, 겨울 사계절에 따라 즐겨먹었던 음식문화이다.

① 봄철 시식

추운 겨울이 가고 만물이 소생하는 봄이 되면 몸은 왠지 나른해 지고 입맛도 없다. 겨우내 추위에 익숙해져 있던 신체가 따뜻한 기온에 적응을 하지 못하면서 일어나는 현상이다. 또한 겨우내 운동부족과 피로, 편식 등을 통해 단백질, 비타민 무기질이 부족한 계절이기도 하다. 새로 나오는 봄나물 냉이, 달래, 씀바귀 등은 부족한 비타민을 보충하고 입맛을 돌 수 있도록 해 주며 또한 겨우내 땅속에 있던 기운을 받아 봄에 새로 움트는 생동하는 싹의 기운으로 원기를 불어넣어 주는 역할을 한다. 봄에 먹는 음식도 몸의 기운을 북돋아 주는 식품재료로 만든 음식이다. 오신채나물, 생강, 마늘, 부추, 염교, 순무즙, 움파, 산개, 승검초, 물쑥, 씀바귀, 냉이, 미나리 등과 시루떡, 맑은술, 돼지머리, 탕평채, 애탕, 진달래화전, 두견화주, 과일 등을 먹고 벽이나 문에 길어吉語를 붙인다.

② 여름철 시식

여름은 삼복더위로 몸과 마음이 지치는 때이다. 몸에 보양을 주는 음식을 섭취하여 기운을 찾고자 한 여름철 음식으로는 임자수탕, 삼계탕, 만두 속에 오이를 넣은 수교의, 증편, 상화병, 칼국수 등이 있다.

③ 가을철 시식

농민에게 풍요와 수확의 기쁨은 마음을 넉넉하게 하고 결속을 다지는 새로운 시기이다. 음식을 나누어 먹으며 이웃 간에 친목을 도모하는데 무시루떡과 호박고지 시루떡, 국화주, 너비아니구이, 전골 등을 먹는다.

④ 겨울철 시식

일년동안 묵은해의 좋지 않았던 일들을 버리고 새로운 해를 맞이하여 새롭게 출발하고자 하는 염원과 함께 음식의 맛과 풍류를 즐겼다. '규합총서'에는 눈 오는날 화로에 구어 먹는 설야멱적의 깊은 맛은 또한 일품이었다고 하며, '음식법'에서는, 냉면은 가을과 겨울에도 더운 음식을 먹은 후 냉면을 먹으면 몸보신하기가 온면보다 낫다고 하여 겨울에 먹었던 음식으로 추측된다. 그 밖에 깨강정, 콩강정, 곶감, 대추, 밤, 유밀과, 흰떡치기, 골동반, 팥죽, 동치미, 식혜, 수정과 등이 있다.

(9) 한국의 향토음식

향토음식은 그 지방에서만 생산되는 특산재료를 사용하여 적절한 조리법으로 조리한 음식으로, 과거부터 현재까지 그 지방 사람들이 먹고 있는 것이라 할 수 있으며, 그 지방에서 생산되거나 타지방에서 공급받아 그 지방의 특색을 살려 개발한 음식(춘천막국수, 속초 오징어순대)도 향토음식이라고 할 수 있다. 문헌 '도문대작'에는 각 지역의 산출식품과 그 지방에서만 생산되는 특별한 식품재료를 이용하여 만든 음식들이 수록되어 있으며 현재까지 특별한 음식으로 전해져 오고 있다. 한 예로 강원도의 방풍죽과 여주의 차수叉手인 실국수 등은 각 지방의 산출식품으로 만든 음식이다.

1) 서울의 향토음식

서울은 모든 귀한 식품재료가 집중되어 올라오는 곳이며 임금님이 계셨던 곳으로 궁중음식과 함께 사대부가들의 음식문화가 함께 발달된 곳이기도 하다. 음식류는 중간 정도의 맛으로 담백하고 신선하게 조리하는 것이 특징이었다. 종류로는 설렁탕, 잣죽, 장국밥, 비빔국수, 편수, 메밀만두, 흑임자죽, 꿩만두, 갈비찜, 구절판, 추어탕, 약식, 각색단자, 매작과, 각색다식 등이 있다.

2) 경기도 지방의 향토음식

경기도는 수도권의 근접지역이며 바다와 근접한 지역으로 해산물이 풍부하였다. 음식으로는 개성편수, 조랭이떡국, 제물칼국수, 팥밥, 오곡밥, 삼계탕, 호박선, 우메기떡, 수수부꾸미, 개떡, 여주산병, 오미자 화채 , 배화채 등이 있다.

3) 강원도 지방의 향토음식

강원도는 산이나 고원지대가 많아 옥수수나 도토리 등을 이용한 음식류가 많았으며 동해근처에는 오징어 등의 해산물이 많았다. 음식으로는 감자밥, 메밀막국수, 강냉이범벅, 메밀막국수,오징어순대, 감자송편, 올챙이묵 등이 있다.

4) 충청도 지방의 향토음식

충청도는 농업이 발달하였으나 남도와 북도의 음식문화가 많이 달랐다. 남도는 바닷가 근처로 해산물이 풍부하여 다양한 음식문화가 발달한 반면, 북도는 해안이 없는 지역으로 해산물 음식은 발달되지 못하였다. 콩나물밥, 보리밥, 청포묵국, 호박찌개, 청국장찌개, 굴비구이, 가지김치, 어리굴젓, 애호박나물 등이 있다.

5) 전라도 지방의 향토음식

전라도는 평야와 바다가 지리적으로 적절하게 위치하여 다양한 식품재료가 많이 생산되어 음식문화도 화려하다. 그러나 기후가 더운 지역이어서 간이 조금 짠 듯한 맛을 즐겼다. 음식으로는 전주비빔밥, 콩나물국밥, 꼴뚜기젓, 대합죽, 대추죽, 토란탕, 홍어회, 감단자, 동아정과, 연근정과, 광주백당, 창평엿 등이 있다.

6) 제주도 지방의 향토음식

제주도는 섬지역으로 해산물과 어패류가 많아 음식도 어패류를 말리거나 가공하는 식품재료가 발달되었다. 음식으로는 옥돔죽, 전복죽, 메밀, 저메기, 곤떡국, 차좁쌀떡, 오메기떡, 빙떡, 톳, 냉국 등이 있다.

7) 경상도 지방의 음식문화

동해를 끼고 평야와 바다가 있어 다양한 식품재료가 발달되었다. 음식은 간이 세고 매운 음식류가 발달되었다. 안동식혜, 미더덕찜, 모시잎송편, 대구육개장, 우렁찜, 대합구이, 아귀찜 등이 있다.

8) 함경도 지방의 향토음식

북쪽에 위치한 지역으로 밭농사를 주로 하며 조와 수수, 보리 등이 많아 음식류의 발달도 식품재료에 따라서 찐조밥, 동태순대, 천엽국, 가자미식혜, 북어전, 채칼김치, 도루묵 순대 등이 발달되었다.

실습 평가표 [예]

과목명 : 한식조리실습 Ⅱ

학 과	학년 / 반	성 명	회차	담당교수
호텔조리과정			1	

한글 메뉴명	대하찜	메뉴 종목 구분	
영문 메뉴명	daehajjim (steamed prawn)		
(완성사진) ※반드시 이름 표찰 있는 완성 사진		조리시간	30
		조리 포인트	

재료	재 료 명	수량	단위	재 료 명	수량	단위

조리방법	
실습 후기	

실습평가 점수 (10점)					
레시피	위 생	맛	숙련도	모 양	점 수
2. 1. 0	2. 1. 0	2. 1. 0	2. 1. 0	2. 1. 0	______ 점 (인)

Chapter 11

일본요리 메뉴관리

1. 일본요리의 특성
2. 일본요리의 분류
3. 일본요리의 메뉴
4. 조림요리
5. 찜요리
6. 구이요리
7. 튀김요리
8. 초밥
9. 그 밖의 요리

Chapter
11.

일본요리 메뉴관리

1. 일본요리의 특성

① 일식은 흔히 눈으로 먹는다고 할 만큼 색깔의 조화를 대단히 중요시 여기므로 오색五色, 오미五味 오법五法을 잘 조화시켜 시각적인 아름다움과 멋을 창출한다.

- 오색五色 : 흰색, 검정색, 빨간색, 노란색, 파란색
- 오미五味 : 단맛, 짠맛, 신맛, 쓴맛, 매운맛
- 오법五法 : 굽기, 찌기, 조리기, 튀기기, 날것

② 원 재료가 가지고 있는 맛을 최대한 살리기 위하여 가능한 한 조미료 사용을 적게 하며, 제철 재료를 사용하여 고객들이 계절의 흐름을 느낄 수 있도록 한다.

③ 요리를 담는 방법에서는 비교적 적은 양의 요리를 섬세하게, 그리고 그릇에 가득차지 않도록 담아 내어 공간의 미美를 살린다.

④ 섬나라의 특성상 어패류를 이용한 요리가 발달되어 있다.

2. 일본요리의 분류

(1) 지역별 분류

1) 관동요리關東料理

현재의 도쿄인 에도를 중심으로 발달하였기에 에도요리라고도 하며, 도쿄만의 옛 이름인 에도마에江戸前와 스미다가와隅田川 등에서 잡은 어패류를 주로 사용한 요

리이다. 무가武家 및 사회적 지위가 높은 사람들에게 제공하기 위한 의례요리가 발달 하였으며 요리가 달고, 짜고, 자극적이며, 농후한 맛을 내는 것이 특징이다. 또한 진간장을 주로 사용하고 많은 조미료를 첨가하여 색과 간을 강하게 하며 국물이 적은 요리가 주를 이루고 있다. 대표적인 요리로는 초밥, 튀김, 민물장어, 메밀국수 등이 있다.

2) 관서요리 關西料理

오사카와 교토를 중심으로 발달한 요리로 가미가다 요리上方料理라고도 하며 그 역사가 상당히 길다. 오사카는 바다가 가깝고 어패류를 많이 접할 수 있어서 생선요리가 발달되어 있으며 교토는 오사카와 달리 바다로부터 멀리 떨어져 있고 물이 좋아 야채와 건어물을 사용한 요리가 발달되어 있다.

관동요리에서는 주로 진간장을 사용하지만 관서요리에서는 색이 연한 연간장을 주로 사용하여 재료의 맛과 형태를 최대한 살리는 담백한 맛과 국물이 많은 것이 특징이다.

(2) 형식적 분류

1) 본선요리 本膳料理, 혼젠료우리

행사 및 의례용 요리로 정식으로 차리는 의식요리를 말한다.

식단은 국과 요리의 수에 따라 구분하는데 보통은 1즙3채一汁三菜 나 2즙5채二汁五菜, 3즙7채三汁七菜 등을 기본으로 하며, 1즙5채一汁五菜, 2즙7채二汁七菜 3즙9채三汁九菜 등으로 변형되기도 한다. 여기에서 즙汁은 국물을 뜻하며 채菜는 반찬을 뜻한다. 이와 같은 형식은 에도시대부터 갖추어져 왔으며, 메이지시대에 와서 일반화되면서 민간에게까지 알려졌다.

본선요리는 손님마다 각각의 상膳이 따로 차려지는데 상이나 음식을 놓는 위치가 정해져 있을 만큼 엄격한 예법을 따른다. 상차림과 먹는 방법이 복잡하여 요즈음에는 상당 부분 간소화 되었으며 지금의 회석요리會席料理의 기본이 되는 상차림이다.

3즙7채의 상차림

- 첫번째 상(혼젠, 本膳) : 크기가 가장 크고 중앙에 나오는 기본상으로 미소시루味噌汁, 고항御飯, 니모노煮物, 고노모노香の物, 사시미刺身로 구성된다.
- 두번째 상(니노젠, 二の膳) : 스마시지루清まし汁, 아에모노和え物, 니모노煮物, 스노모노酢物 등으로 구성된다.
- 세번째 상(산노젠, 三の膳) : 혼젠과 니노젠에서 제공되지 않은 다른 종류의 국물요리와 아게모노揚物, 니모노煮物, 사시미刺身로 구성된다.
- 네번째 상(요노젠, 四の膳) : 야키모노焼物를 올리는데 보통은 통으로 구운 생선인 스가타야끼統焼가 제공된다.
- 다섯번째 상(고노젠, 五の膳) : 손님이 가지고 갈 수 있도록 다이히키台引라는 선물용 모둠요리를 낸다. 보통 술안주나 생과자와 같이 물기가 적은 것을 준비한다.

2) 차 회석요리茶懷石料理, 차가이세키료우리

차를 마시기 전에 공복을 달래기 위한 소량의 간단한 음식을 말한다.

회석懷石의 뜻은 선종의 승려들이 수업 중 추위와 배고픔을 견디어 내기 위하여 따뜻하게 한 돌을 품었다는 뜻으로, 일즙일채一汁一菜, 일즙삼채一汁三菜 등 배고픔을 견디는 정도의 가벼운 식사라는 의미로, 차를 마실 때 행하는 식사를 말한다. 차를 대접하기 전에 가벼운 식사를 하는 것은 차를 맛있게 마시도록 하고 또 공복 시에 자극적인 것을 피하기 위한 것이다.

3) 회석요리會席料理, 가이세키료우리

에도시대부터 기초가 정립되어 내려온 연회용 정식요리이다. 일본의 정식요리인 본선요리本膳料理를 간단하게 변형한 것으로 결혼식이나 공식연회 또는 손님을 접대할 때 사용한다. 식단의 형태는 국과 생선회를 먼저 차리고 다음 요리를 차례대로 내는데 보통 1즙3채一汁三菜, 1즙5채一汁五菜, 2즙5채二汁五菜로 구성한다. 요리는 손님의 취향에 맞추어 계절에 어울리는 것으로 준비하며, 각 음식마다 일본요리의 5법에 맞게 재료, 조리방법, 맛이 서로 중복되지 않도록 구성하는 것이 중요하다. 또한 음식의 맛과 색, 모양을 감안하여 요리하고, 그릇에 담을 때도 그릇의 모양과 재질까지 고려하여야 한다.

Check point

회석요리會席料理**의 구성**

① 先附 (센스케) : 진미

② 前菜 (젠사이) : 전채요리

③ 吸物 (스이모노): 맑은국

④ 刺身 (사시미): 생선회-관서지방에서는 츠쿠리라고 부름.

⑤ 煮物 (니모노) : 조림

⑥ 燒物 (야키모노) : 구이요리

⑦ 揚物 (아게모노) : 튀김요리

⑧ 强肴 (시이자카나) : 술을 권할 때 내는 요리

⑨ 酢物 (스노모노) : 초회

⑩ 止椀 (도메완) : 마지막 국물요리 -주로 일본식 된장국이 제공됨.

⑪ 食事 (쇼쿠지) : 식사 또는 면 요리

⑫ 甘味 (아마미) : 후식

4) 정진요리精進料理, 쇼진료우리

일본의 사찰요리로 불교에서 금기시하는 육류나 어패류 등 동물성 재료와 향이 강한 오신채를 사용하지 않고 곡물이나 채소 등의 식물성 재료와 해조류를 사용한 요리이다.

불교에서 수행 중 잡념을 버리고 정신을 수양 한다는 뜻으로 음식도 하나의 수행이라는 선의 정신을 근거로 한 요리법이다.

3. 일본요리의 메뉴

(1) 조 정식朝 定食

조식은 기본적으로 한 두 젓가락으로 먹을 수 있는 적은 양의 음식인 고바치, 조림요리를 뜻하는 니모노, 구이요리인 야키모노, 일본식 김치인 코노모노, 샐러드, 김, 그리고 밥과 미소시루로 이루어지며 각각의 메뉴별로 약간의 차이는 있으나 위의 기본 상차림 외에 달걀말이나 찜, 또는 밥 대신 죽으로 이루어지기도 한다.

(2) 국물요리스이모노 吸物

국물요리는 크게 맑은 국과 탁한 국으로 나눌 수 있는데 기본적으로 다시마와 가다랑어포를 이용하여 국물의 기본을 만들며, 맑은 국은 대합 맑은 국, 도미 맑은 국과 같이 원 재료를 그대로 사용하는 것과 그 밖에 여러 해산물이나 육류, 채소류 등 다양한 주 재료를 사용하며, 주 재료에 따라 명칭이 달라진다.

탁한 국에는 일본식 된장국인 미소시루가 있다.

맑은 국

탁한 국

(3) 생선회 사시미, 刺身

어패류를 주로 하여 생식을 하는 일본의 대표적인 요리이다. 일명 사시미 또는 츠쿠리라 부른다.

사시미의 어원은 생선에 그 지느러미를 꽂아서 담았다고 해서 사시미라는 이름이 붙게 되었다. 생선을 자르는 방법에 따라 히키츠쿠리, 이도츠쿠리, 우스츠쿠리, 가쿠츠쿠리, 유비키, 사사나미츠쿠리 등이 있으며 또 야끼시모후리쓰꾸리, 곤부지메, 세고시쯔꾸리 등을 들 수 있다. 생선회를 먹을 때는 다양한 식재료를 곁들여 먹는데 기본적으로 무채와 간장, 고추냉이가 있으며 때에 따라 겨자, 마늘, 초간장, 일본식 된장인 미소 등을 곁들여 먹기도 한다. 사시미는 생선뿐만 아니라 닭고기나 소고기, 말고기, 곤약 등을 식재로도 사용한다.

1) 히키츠쿠리 引作り

주로 방어나 도미와 같은 두툼한 생선회를 써는 방법 중 하나로 짧고 힘 있게 당겨서 썬다.

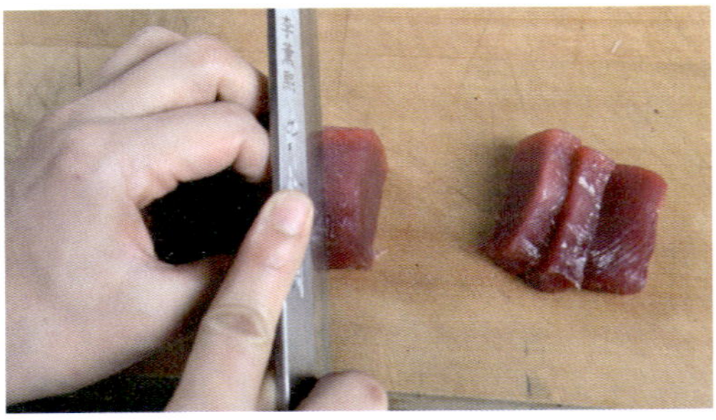

2) 이토츠쿠리絲作り

실처럼 가늘게 써는 것을 말하며 오징어나 공미리 등 주로 작은 생선에 폭넓게 사용한다.

3) 우스츠쿠리薄作り

흰 살 생선을 접시의 바닥이 보일 정도로 아주 얇게 썬 것을 말하며 복어와 같이 조직이 질긴 생선에 사용되는 방법이다.

4) 가쿠츠쿠리角作り

주사위 모양으로 썬 생선회를 말하며 주로 참치나 가다랑어와 같이 살이 두껍고 부드러운 생선에 적합하다.

5) 유비키引湯

생선의 껍질에 뜨거운 물을 부은 후 식혀서 만든 생선회를 말한다.

6) 사자나미츠쿠리細波作り

살이 단단하거나 육질이 질긴 생선 등에 물결이 일어나듯 써는 방법으로 주로 문어나 전복 등에 사용되며 모양적인 측면과 양념이 잘 묻게 하는 기능적인 측면이 있다.

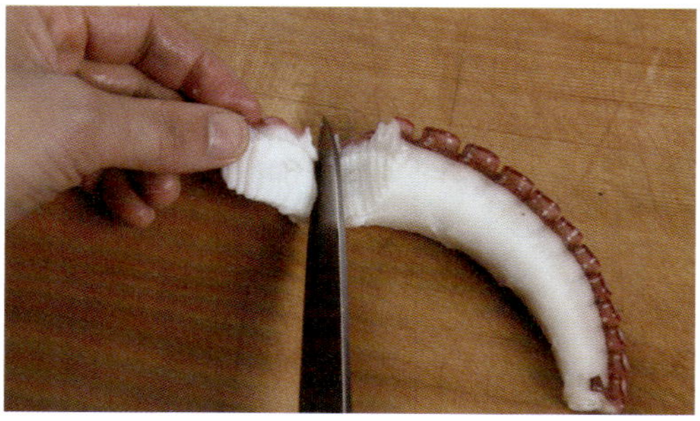

4. 조림요리 니모노, 煮物

끓이거나 삶아서 조려내는 일본요리를 총칭하는 말로 니모노의 재료는 지역별로 다양하나 여러 가지 양념으로 간을 한 후 졸여서 재료에 간이 골고루 스며들게 하는 요리이다.

만드는 방법에 따라 종류가 달라지는데 청주와 설탕을 넣고 달게 조린 아마니甘煮, 된장을 넣고 조린 미소니味噌煮, 소금으로 졸인 시오니塩煮, 가쓰오부시 국물에 간을 하여 조린 우마니旨煮, 생선을 잘게 토막내어 조리는 아라니粗煮 등이 있다.

5. 찜 요리 무시모노, 蒸物

찜기를 사용하여 증기로 익히는 요리로 재료의 모양이 흐트러지지 않으며 비타민 등 영양소의 손실이 삶는 것에 비해 적다는 장점을 가지고 있으나 생선의 비린내나 채소류 특유의 아린 맛은 제거가 쉽지 않다는 단점이 있다. 종류에는 어패류에 술을 뿌려 쪄내는 사카무시酒蒸, 메밀국수를 이용하여 쪄내는 신슈무시信州蒸, 순무를 이용하여 쪄내는 가부라무시蕪蒸 등이 있다.

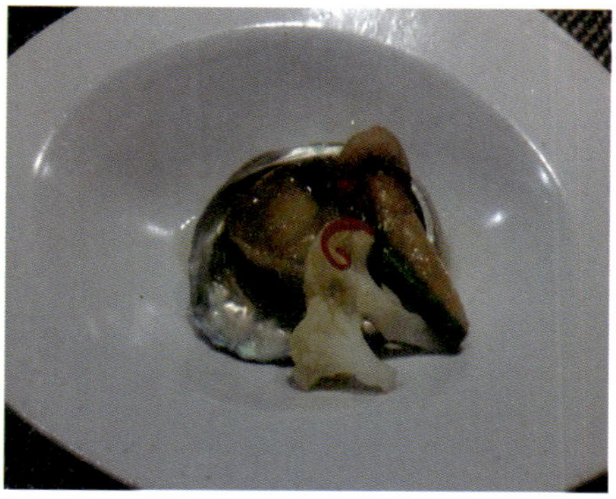

6. 구이요리 야키모노, 燒物

직 · 간접적으로 불을 사용하여 굽는 요리를 뜻하며, 일본요리의 메뉴구성에서 중심적인 위치를 차지하는 중요한 요리이다. 주 재료에 따라 꼬챙이나 기타 도구를 사용하여 굽고 불의 강약 조절이 필요하며 재료별 특성에 따라 굽는 순서가 가장 중요하다. 조리방법에 따른 구이요리의 종류에는 소금을 뿌려 굽는 시오야키, 간장 소스에 재웠다가 굽는 유안야키, 된장을 사용하여 굽는 미소야키, 소스를 발라가며 굽는 데리야키 등이 있다.

시오야키

미소야키

7. 튀김요리아게모노, 揚物

흔히 덴푸라天婦羅라고 하며 기름을 사용하여 튀겨 내는 모든 것을 총칭하는 말이다.

튀김요리의 장점은 고온에서 비교적 단시간에 요리할 수 있기 때문에 재료의 조직이 파괴되지 않고 비타민이나 영양소의 손실이 적다. 튀김요리의 종류로는 밀가루반죽을 입혀 튀겨 내는 고로모아게, 재료에 밀가루나 전분을 묻혀 튀겨 내는 가라아게, 재료자체의 수분만 제거하여 튀겨 내는 스아게 등이 있다.

8. 초밥스시, 壽司

생선회와 더불어 일본을 대표하는 세계적인 요리가 초밥이다.

초밥은 아시아권에서 오랜 역사를 가지고 있는데 초창기에는 초밥을 장기발효 · 숙성시켜 먹었는데 시대의 변화에 따라 오늘날과 같이 즉석에서 조리하여 먹는 형태로 변화되어 왔다.

대표적인 스시의 종류에는 손으로 쥐어 만드는 니기리스시, 오사카의 대표적인 스시로 나무상자 안에 생선을 깔고 밥을 올려 누른 후 칼로 잘라 먹는 하코스시, 일본식 회덮밥인 지라시스시, 우리나라 김밥과 같은 마키스시가 있으며, 이 밖에도 유부초밥을 뜻하는 이나리스시, 공처럼 둥글게 말아 놓은 데마리스시 등이 있다.

모둠초밥

데마리초밥

9. 그 밖의 요리

(1) 냄비요리 나베모노, 鍋物

토기 또는 철로 만든 냄비에 재료를 끓여서 익혀 먹는 요리로 맑게 끓이는 지리, 뜨거운 육수에 살짝 데쳐 먹는 샤부샤부, 일본의 스모선수들이 체중과 체력을 키우기 위해 먹던 쟝코나베, 철냄비에 소스와 고기를 같이 익혀 먹는 스키야키 등이 있다.

(2) 면요리 멘 료우리, 麵料理

대표적으로 우동, 소바, 라멘 등이 있다.

(3) 덮밥돈부리, 丼

밥 위에 다양한 재료를 조리하여 토핑하여 먹는 것으로 소고기를 이용한 규동, 돈카츠를 이용한 카츠동, 닭고기와 달걀을 이용한 오야코동, 장어를 구워 올려 먹는 우나기동, 튀김을 올려 먹는 텐동, 신선한 해산물을 올려 먹는 가이센동 등이 있다.

(4) 초회스노모노, 酢物

기본적으로 식초와 설탕을 사용한 혼합초를 재료에 곁들여 새콤달콤한 맛을 내는 요리로서 주로 해산물을 이용하여 만든다. 문어초회, 해삼초회, 모둠초회 등이 있다.

Chapter 12

중국음식 메뉴관리

1. 중국 음식의 특징
2. 중국의 지방별 음식 특징
3. 중국 음식 식단작성 시 유의사항
4. 중국 음식의 분류
5. 중국 음식의 조미품과 식재료
6. 중국 음식의 조리법
7. 중국의 술
8. 중국의 차

Chapter 12.

중국 음식 메뉴관리

중국은 세계 4대 문명의 주축을 이루고 있었으며 그들 스스로 중화 5,000년의 역사라고 한다. '중화사상中華思想'은 다양한 소수 민족으로 이루어진 중국을 하나로 묶는 역할과 세상의 중심은 중국이라는 자부심을 심어 준다. 현재 중국의 인구는 13억6,000만 명이 넘었으며 생활 소득수준의 향상과 함께 먹는 것에 대한 인식이 날로 향상되고 있다. 중국인은 우리가 일반적으로 표현하는 '의식주'가 아닌 '식의주'라는 표현을 사용하며 '약식동원藥食同源'이라는 사상에서 보듯이 고대로부터 먹는 것의 중요성을 인식하고 있었다고 할 수 있다.

중국은 오랜 역사에서 많은 왕조의 교체와 함께 전쟁을 겪었다. 이는 음식의 발전과 쇠퇴가 함께 공존하는 모순된 점도 함께 병행하게 된다. 이처럼 중국은 여러 왕조와 귀족들의 식습관의 영향으로 다양한 식재료의 발굴과 조리기술의 발달이 있었다. 왕과 귀족들을 위한 연회 음식들은 모두 화려하고 진귀한 것들이 많았으며 이런 요리들이 민가나 음식점으로 유입됨으로써 오늘날의 중국 요리로 정착하게 된 계기가 되었다.

넓은 국토와 다양한 기후는 많은 식재료를 요리에 응용할 수 있는 계기가 되었으며, 살아있는 그 어떤 것이든 식재료로 응용이 가능하다는 얘기가 있을 만큼 조리법과 식재료의 종류도 매우 풍부하며 다양한 소스의 접목과 새로운 조리법의 개발은 중국 음식을 전 세계 음식으로 바꿔놓는 계기가 되기도 하였다.

이처럼 현재에도 꾸준히 중국의 음식은 세계인의 입맛을 사로잡고 있으며 앞으로도 다양한 종류의 요리가 선보일 것으로 생각된다.

1. 중국 음식의 특징

① 다양한 종류의 식재료를 음식에 자유롭게 응용하여 맛이 풍부하고 다양하다.

중국의 국토 면적은 한반도의 43배 정도이며 기후가 각각 다르며 농작물과 가축, 가금류의 종류와 수산물의 종류도 역시 많아서 살아 있는 모든 것을 먹을거리로 사용하여 수많은 요리와 이에 걸맞는 다양한 맛과 풍미를 가지고 있다.

② 간단한 조리도구와 다양한 식재료를 활용하여 수없이 많은 음식을 만들어 낸다.

중국 요리를 만드는 조리도구는 상당히 간단하다. 이는 수많은 왕조의 교체 속에서 전쟁을 피할 수 없었으며 이에 도구들 역시 간단할 수밖에 없었다. 다양한 식재료를 이용할 수 있어서 43가지 정도 조리법을 가지고도 다양하고 수많은 음식을 만들어낼 수 있는 것이다.

③ 중국 음식은 기름을 많이 사용하는 특징을 가지고 있다.

전 처리를 먼저 한 식재료를 단시간에 기름에 넣어 볶는 방법을 많이 사용하는데 이는 재료의 본래의 식감이나 향, 영양 성분을 파괴하지 않고 요리를 함으로써 요리 본연의 풍미와 향미를 끌어낼 수 있는 것이다. 물론 오랫동안 끓이거나 고는 요리도 있다.

④ 대부분의 중국 음식에는 전분을 첨가하는데, 이는 수분과 분리되는 것을 방지하는 목적 외에도 보온의 역할도 함께 한다.

음식을 만들어 손님에게 제공되는 시간과 손님이 먹는 시간은 일정하지 않기 때문에 최대한 오랫동안 음식의 온기를 보존하는 것에 대한 필요성을 인식하여 전분을 음식에 첨가하여 음식의 향미와 온도를 유지할 수 있도록 하였다.

⑤ 중국은 그 어느 나라보다 향신료의 종류도 더 많으며 다양하다.

다양한 많은 조리법과 더불어 중국 고유의 조미료와 향신료 외에도 외국의 것을 받아들여 더욱 다양한 음식을 선보이고 있다.

⑥ 허례허식과 스토리텔링식 식재료

중국인들은 먹거리에 대한 허례허식이 상당히 많고 요리의 가짓수도 많으며, 또한 음식은 눈으로 먼저 먹는다는 말이 있을 정도로 요리 구성에도 고전의 이야기를 넣어 식단을 구성하거나, 화려한 모양을 조각하여 테이블에 올리기도 하고 식재료로 요리의 테마를 구성하기도 한다.

⑦ 시각과 후각의 만족, 불 조절의 기술

중국 요리는 색감의 배열에 많은 신경을 기울이며 여기에 향을 첨가하여 후각적인 만족을 이끌어내는 특징을 가지고 있다. 입으로 먹는 것에 국한되지 않고 눈으로 먹는 것의 중요함을 인식하여 요리 주재료와 부재료의 색감의 배열에 신경을 쓴다. 중국 음식은 불 조절이 중요해서 똑 같은 음식도 불 조절에 따라 음식의 품질이 좌우된다고 할 정도이다.

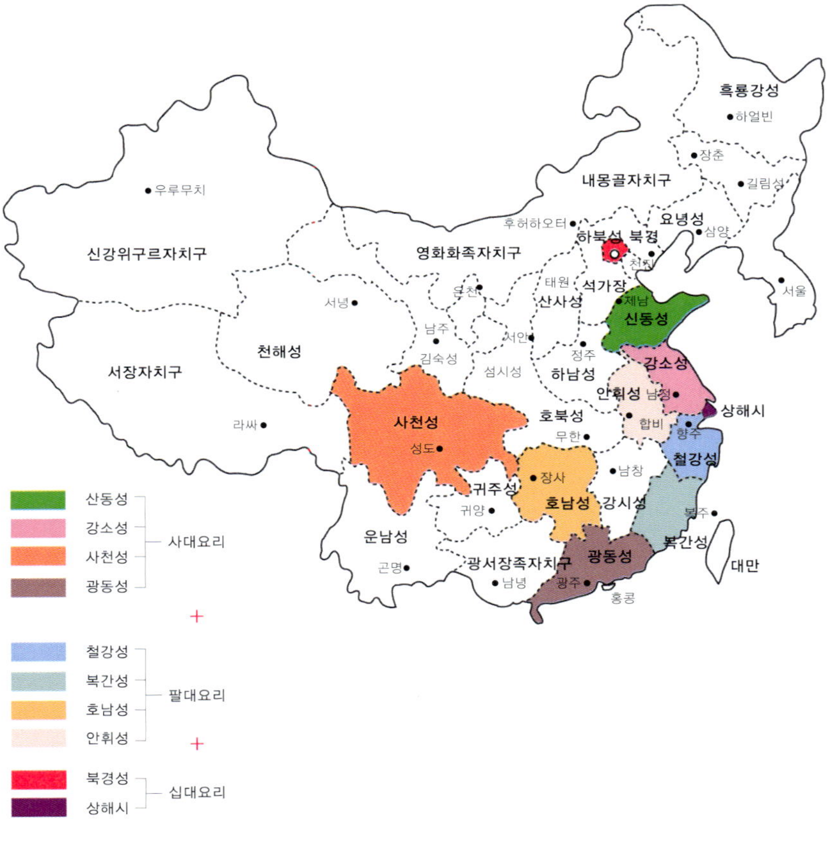

그림 12-1 중국의 4대 요리, 8대 요리 및 10대 요리

2. 중국의 지방별 음식 특징

중국 음식은 식재료의 생산 지역, 조리 기술, 지역 간 특색에 따라 다양한 지방별 음식 지역을 형성하였다. 각 지역 간의 상호 영향으로 공통점이 생겨나서 비교적 큰 지역별로 음식계통이 형성되었다.

각 지방별로 독특한 조리 방법, 맛내는 방식과 맛내는 수단, 많은 종류의 맛내는 원료, 간식에서 연회에 이르기까지 일련의 음식 조리 방법을 가지고 있으며, 음식 계통이 형성되기까지에는 경제, 지리, 사회, 문화 등의 많은 요소가 필요하였다.

중국음식은 크게 황하유역과 산동 음식의 영향을 받아 형성된 북방 음식과, 장강 유역, 회하 유역, 상강 유역, 주강 유역의 음식을 일컫는 남방 음식으로 분류된다. 황하유역 및 기타 북방은 산동 음식, 장강 유역의 하류는 회양 음식, 장강의 중상류는 사천 음식, 남경 · 상해는 강소 음식, 주강 유역은 광동 음식을 그 대표로 한다. 산동山東, 강소江蘇, 사천四川, 광동廣東음식을 중국의 4대 요리라 할 수 있으며, 여기에 절강浙江, 안휘安徽, 복건福建, 호남湖南 음식을 더하여 중국 8대 요리라고 할 수 있다.

(1) 산동 음식山東菜: 魯菜-lu chai

산동은 중국 고대 문화 발원지의 하나로 다양한 취사기구가 출토되어 초기 문명이 번영하였음을 입증하고 있다. 산동 음식의 출발점은 춘추전국시대이며 남북조에 와서 발전하기 시작하여 하나의 음식계통으로 이루어지게 되었다.

현재 산동 음식은 황하유역 중 · 하류 및 기타 북방지역과 동북까지 영향을 미쳐 북방음식의 대표가 되었다. 산동은 바다와 인접하고 있기 때문에 해산물을 중심으로 하는 음식들이 발전해 왔다. 산동 음식은 재료의 선택폭이 넓고, 가축, 해산물, 야채 등의 재료로 다양한 조리 방법을 사용하며 강한 불로 재빨리 볶는 기술과 파의 향을 이용하여 맛을 내는 기술이 발달되어 있다. 음식의 맛은 간장을 많이 사용하여 짠맛이 있고 신선하며 향기로우면서 바삭거리고 부드러운 특징이 있다.

주로 간장, 파, 마늘 등의 재료를 넣어 음식을 만들고 해산물 요리가 비교적 유명하며 식재료 본래의 맛을 중요시한다.

(2) 강소 음식淮揚菜: 蘇菜-su chai

강소 음식(회양 음식)은 진나라에서 기원하여 청나라에 와서 하나의 유파를 이루게 되었는데, 이곳은 장강과 운하 교통의 요충지로 음식 사업도 발달하여 먼 곳까지 전파되었으며 요리사가 많았고, 장강 중·하류와 동남 근해 일대까지 음식의 명성이 알려졌다. 음식의 특징으로는 수산품이 위주가 되고 조리 방법이 다양하며 맛은 신선하고 설탕이 즐겨 사용된다. 현재 강소 음식은 남경, 상해 등의 지방 음식으로 구성되어지며 공통된 특징은 탕 끓이기를 중요시하여 맛은 진하며 느끼하지 않고 담백하며, 조각하는 기술로도 유명하다.

(3) 사천 음식四川菜: 川菜-chun chai

사천 음식은 천미川味라 하며 명나라와 청나라 이후에는 널리 해외까지 영향을 미쳤다. 사천 음식은 야생의 특산물을 이용하지만 맛은 그 곳 특유의 조미 방식을 많이 사용하는데 맛이 매우 다양하며 진하고 신선하다. 지리적 환경과 기후 등의 영향으로 인하여 매운 고추와 산초가 많이 사용되며, 일반 가정 풍미로는 아린 맛과 맵고 독특한 향이 있는 것으로 유명하며 사천 지역은 내륙지역이라서 건조하고 산지가 많아 식품의 저장을 생각해서 절임류가 발달하였다. 또한 호수나 강, 바다와 멀리 떨어져 있기에 식재료 운용에서 한계가 있었으나 발효와 저장성이 있는 소스를 야채와 고기에 응용하여 풍미를 완성하기도 하였다. 사천 음식은 고추를 사용하여 조리하는 전통을 발전시켜 구성된 지방 음식이며 사천 음식은 마랄麻辣을 잘 사용하는 것으로 유명하다.

(4) 광동 음식廣東菜: 南菜-yue chai

광동 음식은 매우 오랜 역사를 가지고 있으며 청나라 말기에는 세계적인 명성을 얻었다. 다양하고 신선한 재료를 사용하고 그 조리 방법 또한 다양하며 모양이 아름답고 수많은 특이한 식재료를 사용하는 것이 특징이다.

광동 지역은 동남 연해에 위치하여 기후가 온화하고 재료가 풍부한 것이 특징으로 근래에는 서양 요리 기술을 흡수 융합하여 선명한 지방 특색과 풍미를 형성하였다. 식재료 사용의 범위가 넓고 특이하여 식재광주라는 표현을 사용하기도 한다. 아울러 양생의 효과도 중요시하는데 광동 음식은 광주, 조주, 동강 지역의 음식으로 구성되어 있으나 그 중에서도 광주 음식을 대표로 한다. 상어지느러미, 제비집, 녹용 등 특이한 재료를 이용하고 뱀, 원숭이 등을 이용한 요리도 있어 중국에서는 음식이라 하면 광동 음식을 제일로 생각한다.

(5) 호남 음식湖南菜: 湘菜-xiang chai

호남 음식의 주요 특징은 칼 사용법이 훌륭하고 모양과 맛이 모두 좋으며 시큼하고, 사천 음식과 비슷하게 매운 음식이 많고 향기롭고 연하며 바삭함의 특징을 가지고 있으며 음식의 기법이 다양하고 능수능란하다.

(6) 절강 음식浙江菜: 浙菜-zhe chai

절강 음식은 오늘날에 이르러 훌륭한 요리가 3천여 가지 이상이 된다는 영예를 누리고 있다. 절강 음식의 공통된 특징은 재료를 사용하는데 해박하며 배합에 엄격하다. 주 재료를 중시하여 어울리는 품종의 배합 재료와 조미료를 사용하여 주 재료가 두드러지게 하며 신선하고 향기로움을 증가시키고 비린 맛과 느끼함을 제거한다.

(7) 복건 음식福建菜: 閩菜-min chai

복건 음식은 복주, 천주, 하문 세 곳이 중심이며 복주 음식이 대표적이다. 해산물 요리로 유명한데 짠맛, 신맛, 매운맛과 연하고, 신선하고, 향기롭고, 기름지지 않는 특색을 가지고 있다.

(8) 안휘 음식安徽菜: 閩菜-hui chai

안휘 음식은 가축과 물고기, 자라 등으로 만든 요리가 특색이 있으며 음식 모양에 신경을 쓴다. 강에서 잡히는 물고기, 집에서 기르는 가축 요리에 능숙하며 간장으로 볶기, 찜하기나 연기로 훈제하는 것 등의 기법으로 유명하다.

(9) 그 밖에 지방 음식

위에서 소개한 지방 음식을 제외하고도 근대 대도시가 형성되면서 북경 요리와 상해 요리가 많은 사람들의 사랑을 받고 있어서 중국의 10대 요리로 다루고 있다.

그 밖에도 중국에는 많은 다양하고 독특한 맛의 지방 음식이 있다.

① 섬서陝西음식의 특징은 조리 기술이 좋고 향토색이 짙으며, 맛이 독특하고 순수하다. 당나라 음식을 모방하여 새로운 요리를 선보이고 있다.

② 산서山西음식은 불에 굽기, 삶기, 숯불에 굽기 등의 기법이 훌륭하며 과정이 복잡하고 기술이 다양하다. 요리는 향기가 짙고 맛이 진하며 원시적 맛을 중시하고 씹는 맛이 연하고 맛이 순수하고 뒷맛이 아주 좋다.

③ 영하寧夏음식은 짜고 매우며 겨울에는 시큼하고 매운 것을 즐기는데, 회족은 단 음식을 즐기고 이슬람 음식을 기본으로 한다.

④ 내몽고內蒙古 음식은 맛이 소박하며 양고기 음식, 굽는 음식, 유지방 음식에 능숙하며 유명한 음식들이 많이 있다.

⑤ 요녕遼寧음식의 특징은 짠맛이 있으며 탕의 즙이 아주 진하고 푹 익히는 것이 특징이며 음식의 모양이 예쁘고 색깔이 진하다.

⑥ 길림吉林음식은 원료 선택폭이 넓고 저장 음식이 발달하였으며, 맛과 향이 풍부하고 조리 과정에서 칼과 국자 사용 기술이 세심하다.

중국대륙에서 발달한 음식을 총칭하여 청清음식 또는 중화中華음식이라고도 한다. 중국은 오랜 세월을 두고 넓은 영토와 넓은 영해에서 다양한 산물과 풍부한 해산물을 얻을 수 있었고 이들 산해진품을 이용한 요리는 불로장생을 목표로 하여 오랜 기간의 경험을 토대로 꾸준히 다듬고 연구 · 개발되어 현재는 세계적인 음식으로까지 발전하게 되었다.

다양한 재료의 이용, 맛의 다양성, 풍부한 영양, 손쉽고 합리적인 조리법, 풍성한 외양 등이 중국 음식으로 하여금 세계 어느 곳, 누구에게나 환영을 받게 하였다. 중국은 영토가 넓어 풍토 · 기후 · 산물 · 풍속 · 습관이 다른 만큼 지방색이 두드러진 음식을 각각 특징있게 독특한 맛을 내는 음식으로 발전시켰다. 이처럼 독특한 개성을 지니고 발전해 온 각 지방의 음식은 잦은 민족의 이동과 더불어 상호 교류 · 보완되어 오늘날의 중국 음식을 창출해 낸 것이다.

3. 중국 음식 식단작성 시 유의사항

① 음식의 가짓수는 그날 식탁에 앉을 참석자에 의해 결정된다.

② 음식의 가짓수는 참석자만큼 준비하거나 그보다 1~2 가지 정도 많은 것이 예의이며 가능하면 짝수로 음식을 준비한다.

③ 진한 맛의 음식에서 담백한 맛을 내는 음식으로 이어지도록 한다.

④ 연한 색에서 진한 색, 바다 음식에서 육지 음식으로 이어지도록 한다.

⑤ 요리는 중복을 피하고 볶음, 튀김, 찜, 조림 등으로 다양하게 준비한다.

⑥ 주재료와 부재료는 생선, 육류소고기, 양고기, 돼지고기, 닭고기, 채소, 두부 등이 골고루 사용되도록 한다.

⑦ 단맛, 신맛, 쓴맛, 매운맛, 짠맛의 음식이 골고루 들어가도록 한다.

4. 중국 음식의 분류

(1) 중국 음식의 기본 코스

서양 음식처럼 전채, 주채, 후식이 중국 음식의 기본 코스라고 할 수 있다. 메뉴를 중국어로는 차이단菜單이라 하며 성격에 따라 코스의 종류가 많아지기도 한다. 중국인들은 일반적으로 전채 2종류, 주 요리 4종류, 후식 2종류를 기본으로 하고 전채와 메인 음식 사이에 탕채를 첨가시키는데 많을 때에는 전채 4종류, 메인 음식 8종류, 후식 2종류를 차리기도 한다.

(2) 음식 조리방법에 따른 분류

1) 전채前菜-qian cai

① 냉채冷盤-liang cai

냉채는 식사를 하기 전에 술과 함께 곁들이면 좋은데 냉채라고 해서 반드시 차게 해서 테이블에 올리지 않으며 뜨거울 때 테이블에 올리는 경우도 있다. 차가운 요리 두 가지와 뜨거운 요리 두 가지를 내는 것이 일반적이다. 냉채를 몇 종류 배합시켜 담아 내놓는 것을 병반餅飯이라고 하고 하나의 종류를 냉훈冷燻이라고 하는데 접시에 담은 모양이나 맛의 배합에 세심한 신경을 써서 식욕을 돋우게 한다.

냉채는 재료의 종류에 따라 사품 냉채, 오품 냉채가 있으며, 동식물의 이야기나 설화의 배경을 접시에 담아 내는 냉채도 있다.

② 열채熱菜

전채의 하나로서 더운 요리 중 가장 먼저 내는 요리이다. 질과 맛이 강조 되는 요리로 볶음이나 튀긴 것이 많고 양은 주요 음식보다 적고 그릇은 냉채보다 조금 큰 것을 사용한다.

2) 탕채湯菜-tang cai

탕채는 일정한 규칙이 있는 것이 아니라 음식의 중간이나 끝에 나올 수도 있다. 하지만 탕채는 열채가 다 나온 뒤에 나오는 것이 일반적인 순서이다. 고급 재료로 만든 탕채는 연회 중간에 나오기도 한다. 고급 재료로 만든 탕채를 두채頭菜라고 하며 이 두채에 따라 연회의 명칭이 결정된다. 일반적으로 중국 음식의 코스에서는 탕이 두 차례 나오는데 한 번은 앞에 설명한 두채가 나오고 다른 한 번은 음식을 다 먹은 다음 식사와 함께 나온다.

3) 주 요리大菜-da cai

메인 음식은 탕, 볶음, 튀김 등의 순서로 나오는 것이 일반적이나 순서에 상관없이 나오기도 한다. 그러나 대규모의 연회에서는 찜이나 삶은 요리 등이 추가된다. 흔히 중국 음식은 처음부터 많이 먹으면 나중에 맛있는 음식을 못 먹는다고 말하는 것은 정식 코스에서 기름진 음식이 나오기 때문이다. 또한 우리나라의 국이나 서양의 수프에 해당하는 탕채는 전채가 끝나고 메인 음식이 나오기 전에 입안을 깨끗이 가시고 메인 음식의 식욕을 돋우게 한다는 의미로 나오는 요리이나 메인 음식의 중간이나 끝 무렵에 내는 경우도 있다. 처음에는 걸쭉하거나 국물기가 많은 조림 등을 내며 끝에는 국물이 많은 요리를 낸다.

4) 후식

코스의 마지막을 장식하는 것으로 앞서 먹었던 음식의 맛이 남아있는 입안을 단맛으로 정리하는 의미가 있으며 중국약식, 맛탕, 음료, 과일 등 산뜻한 음식이 쓰인다. 중국 음식의 코스에서 단 음식이 나오면 일단 코스가 끝났다고 보아야 하며 코스 중간 이후에 나오는 딤섬도 후식의 일종으로 단 음식의 다음으로 빵이나 면을 들면서 식사를 끝내기도 한다.

5) 점심點心-dian xin

중국의 점심에는 짠 음식과 단 음식이 있다. 짠 음식은 면류나 교자 등의 일품으로 가벼운 식사 대용이 되는 것들이며, 단 음식은 과자 또는 과자 대용이 있으며 보통 1~2가지를 대접한다. 쌀 과자, 튀김 과자, 찐만두, 국수 따위가 여기에 해당되며 때로는 과일을 내기도 한다.

(3) 식사 예절

① 중국 음식은 한 식탁에 둘러앉아 큰 접시에 나온 음식을 각자 자기 접시에 담아 나누어 먹는 방식으로, 동석한 사람들이 식사를 즐길 수 있도록 하는 것이 중요하다.

② 좌석은 지정되어 있어, 앉을 때 특히 주의해야 하는데 좌석 배치는 손님이 가장 안쪽에 앉고 주인은 드나드는 문 쪽에 앉는다. 음식점에서 식사 초대를 받은 경우에는 지정하는 자리에 앉는다. 왜냐하면 음식 값을 지불하는 사람은 좌석으로 결정되기 때문이며 계산하는 사람의 자리는 대개 손수건, 유리잔 등으로 표시되어 있다.

③ 중국 음식은 한식처럼 음식이 다 차려져 있는 나열형이 아니라 서양식같이 시간의 순서에 따라 하나씩 나오는 코스 형태이다.

④ 식탁 차림은, 중앙에 덜어 먹을 때 쓰는 접시가 놓이고 왼쪽에는 국을 담는 그릇, 오른쪽에는 젓가락과 수저가 놓인다. 컵과 찻잔은 왼쪽의 안쪽에, 상아나 나무로 만든 긴 젓가락과 사기로 만들어진 탕 수저가 수저받침 위에 놓인다.

⑤ 숟가락은 탕을 먹을 때만 사용하고 밥은 물론 모두 젓가락을 사용한다. 중국의 젓가락은 멀리 있는 것을 집어야 하기에 한국의 젓가락보다 길며 표면이 매끄럽기에 음식을 집을 때는 주의해야 하며, 밥이나 탕이 담긴 그릇은 손에 들고 그릇은 입에 가까이 대고 먹는다. 사용한 수저가 타인에게 보이는 것은 실례이므로 사용한 뒤 뒤집어 놓는다.

⑥ 물고기 요리가 나오면 생선 머리는 손님 쪽으로 향하게 하고 제일 상석인 사람이 먹는다. 특히 생선을 먹을 때는 절대로 뒤집어서는 안 되는데 이는 배반의 의미와 연해 지역에서는 배가 뒤집어진다는 생각 때문인데 연해지역에 사는 사람들에게는 거의 철칙처럼 통한다.

⑦ 회전식탁인 경우에는 음식은 먼저 손님부터 덜도록 배려하고 손님 옆에 앉은 순서대로 식탁을 돌리며 각자 먹을 양만큼 개인접시에 덜어 낸다. 옆 사람을 위해 회전식탁을 시계방향으로 움직여 주는 것이 예의이다. 중국인들이 식사를 하는 광경은 왁자지껄하다. 우리는 깨끗하고 정갈하게 먹어야 예의지만 그들은 최대한 난장판이 되도록 먹어야 주인에 대한 예의가 된다. 그래서 식사가 끝난 뒤 탁자는 마치 전쟁을 한 것처럼 폐허가 된다. 또 나온 음식을 의무적으로 다 비울 필요는 없다. 그럴 경우 아직 양이 차지 않아 음식을 더 원하는 뜻이 되니 주의하여야 하며 접시에 있는 음식은 약간 남기고 그릇의 밥은 다 먹는다. 중국인들은 음식을 넉넉히 주문하여 1/3정도 남아야 풍성한 접대를 한 것으로 생각한다. 또한 남는 음식은 주인에게 포장을 원할 수 있으며 실례가 되지 않고 오히려 초대자는 만족한다. 이점은 우리와는 약간 상반되는 식사 예절일 수 있다.

중국에서는 전통적으로 둥근 식탁에 둘러 앉아 식사를 하는데 보통 앉는 좌석은 신분에 따라 위치가 정해져 있기 때문에 앉을 때 항상 주의해야 한다.

5. 중국 음식의 조미품과 식재료

- 설탕 白糖bai tang
- 식초 醋cu
- 고추 辣椒la jiao
- 후추 糊椒粉hu jiao fen
- 굴소스 蠔油hao you
- 계란 鸡蛋ji dan
- 고추 辣椒la jiao
- 두부 豆腐dou fu
- 돼지고기 猪肉zhu rou
- 마늘 蒜suan
- 무 萝卜luo bo
- 배추白菜 bai cai
- 소라 海螺hai luo
- 오리고기 鸭肉ya rou
- 옥수수玉米yu mi
- 양송이 洋蘑菇yang mo gu
- 죽순 竹笋zhu sun
- 청경채 青根菜qing gen cai
- 해파리 海蜇hai zhe
- 표고 香菇xiang gu
- 꿀 蜂蜜feng mi
- 간장 醬油 jiang you
- 고추기름 辣油la you
- 버터 黄油huang you
- 가지 茄子qie zi
- 겨자 芥末jie mo
- 고추기름 辣油la you
- 당근 红萝卜hong luo bo
- 쇠고기 牛肉niu rou
- 생강 姜jiang
- 목이버섯 黑蘑耳hei mo er
- 부추 韭菜jiu cai
- 새우 虾xia
- 오이黄瓜huang gua
- 아스파라거스芦笋lu sun
- 양파 洋葱yang cong
- 조기 黄鱼huang yu
- 호박 南瓜nan gua
- 피망 青椒qing jiao
- 케찹 番茄酱fan qie jiang
- 소금 鹽yan
- 술 酒 jiu
- 참기름 香油xiang you
- 두반장 豆瓣醬dou ban jiang
- 간장 酱油jiang you
- 고구마地瓜di gua
- 누룽지锅巴guo ba
- 닭 鸡ji
- 레몬 獰朦ning meng
- 밀가루 面粉mian fen
- 브로콜리 西蓝花xi lan hua
- 시금치 菠菜bo cai
- 셀러리 西芹xi jin
- 오징어 鱿鱼you yu
- 양고기 羊肉yang rou
- 완두콩 莞豆wan dou
- 전분 淀粉dian fen
- 해삼 海滲hai shen
- 파 葱cong
- 땅콩花生米hua sheng mi

1) 굴소스蚝油: hao you

굴을 발효시켜 만든 중국의 대표적인 조미품이다. 중국의 광동성이나 복건성 일대에서 많이 생산되고 진한 갈색을 띠며 짠맛과 단맛이 있으며 신선한 향이 있어 육류나 채소를 볶을 때 간장 대용으로 사용하면 윤기와 색은 물론 감칠맛을 낼 수 있으며, 볶음, 조림, 찜, 구이 등 다양한 음식에 사용할 수 있고, 육류를 재울 때 사용하면 잡냄새를 잡아주는 기능도 한다.

2) 두반장豆瓣酱 : dou ban jiang

사천 음식에서 가장 많이 사용되는 두반장은 붉은색으로 고추, 소금, 발효시킨 잠두로 만든 걸쭉하고 풍미가 강한 장으로 사천성 대부분에서 제조된다.

들어가는 재료의 가짓수는 많지 않지만 두반장은 발효 및 숙성 과정 중에 매운 정도나 향미가 매우 다양하다. 시간이 지나면 고추의 매운맛이 누그러지므로 오래 묵힌 장일수록 덜 매우며 대신에 더욱 복합적인 맛을 얻을 수 있다. 짠맛과 매운맛이 강하여 조미할 때는 신경을 많이 기울여야 하며 볶아서 사용하기도 하며 일반적으로 볶는 음식에 많이 사용된다. 그러나 한국인들이 좋아하는 매운맛의 향과 사천 지방의 매운맛에는 차이가 있으므로 주의해야 한다.

3) 노두유老抽: lao chou

음식의 색을 내기 위해 사용하는 짙은 색의 중국식 간장으로 맛은 진하고 농도가 있으며 단맛이 있는 것이 특징이다.

4) 해선장海鮮醬: hai xian jang

호이신Hoisin 라고도 부른다. 호이신은 해선을 광동어로 발음한 것이다. 해선장은 해산물이 연상되지만 해선장을 만들 때 해산물은 사용하지 않는다. 전통적으로는 고구마를 이용하여 해선장을 만들었으나 오늘날의 해선장은 물, 설탕, 대두, 식초, 쌀, 소금, 밀가루, 마늘, 고추, 그리고 약간의 식용색소를 이용하여 만드는데 대두를 발효시켜 만든다는 점에서 춘장과 유사하지만 마늘, 식초, 고추가 들어간다는 점이 다르며 춘장보다는 톡 쏘는 맛이 적다. 주로 짠맛과 단맛이 나며 특유의 고소하면서도 독특한 향을 내기 때문에 구이용 소스, 찍어 먹는 소스를 비롯하여 재우는 요리에 향을 더하거나 국물에 간을 맞출 때 사용하는 등 다양하게 이용되며 중국에서는 북경 오리를 찍어 먹을 때 많이 사용된다.

5) 매실소스梅實醬 : mai shi jiang

매실을 주원료로 해서 만들었으며 달콤하고 상큼한 맛을 내며 튀김 요리를 찍어 먹기에 적합하다.

6) 바비큐소스烤肉酱 : kao rou jiang

소고기, 돼지고기 등을 양념할 때 사용하며 양념장을 발라서 구우면 달콤한 맛과 향을 즐길 수 있다.

7) 마늘콩소스豆豉酱 : dou chi jiang

발효시킨 콩과 마늘을 으깬 후 갖은 양념을 섞어 만든 소스로, 육류 및 생선 찜 또는 볶음에 사용하면 비린내를 없앨 수 있을 뿐만 아니라 발효 콩의 진하고 고소한 맛을 느낄 수 있다.

8) 고추마늘 소스辣椒酱: la jiao jiang

고추와 마늘을 주원료로 하여 매콤한 맛과 향이 특징이며 육류나 해물 등의 볶음이나 튀김 등에 찍어 먹는 소스로 사용할 수 있으며, 한식의 김치찌개나 김치전골 등 김치가 들어가는 요리에도 잘 어울리며 마늘이 들어가 있어 조리 중 마늘을 따로 넣지 않아도 되고 생선조림이나 구이에 사용하면 비린내를 줄여 준다.

9) 칠리소스干烧汁: gan shao zhi

고추와 마늘이 배합되어 있어 느끼하지 않고 상큼한 맛을 내며 볶음 요리나 새우 소스에 첨가하면 칼칼한 맛을 낼 수 있다.

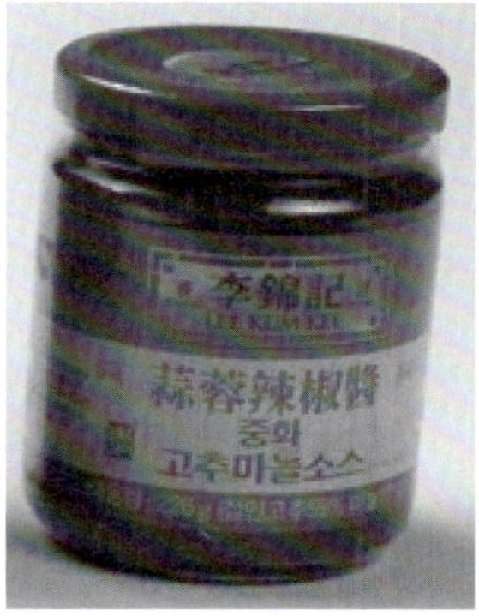

10) X.O. 소스

소스의 프리미엄으로서 각종 조개, 새우, 관자, 햄 등의 재료를 혼합하여 만든 소스이다. 국수, 육류, 해산물, 채소, 두부, 밥 등의 요리 시에 사용된다.

6. 중국 음식의 조리법

① 초炒: chao

초는 '볶다'는 뜻으로 알맞은 크기와 모양으로 만든 재료에 기름을 조금 넣고 강한 불이나 중불에서 짧은 시간에 볶아서 익히는 이 조리법은 중국 음식에서 가장 많이 사용하는 요리법 가운데 하나이다.

② 폭爆: bao

1.5cm 정육면체로 썰거나 칼집을 낸 재료를 뜨거운 물이나 탕, 기름 등으로 먼저 열처리를 한 후에 강한 불에서 재빨리 볶아 내는 조리법으로 재료 자체의 맛이 그대로 살아있어 부드럽고 아삭한 질감을 살리는 데 적당하다.

③ 류溜,熘: liu

조미료에 재워 놓은 재료를 녹말이나 밀가루 튀김옷을 입혀 기름에 튀기거나 삶거나 찐 다음에 다시 여러 가지 조미료로 걸쭉한 소스를 만들어 재료 위에 끼얹거나 또는 조리한 재료를 소스에 버무려 묻혀 내는 조리법이다.

④ 작炸: zha

넉넉한 기름으로 정선한 식재료에 옷을 입히거나 그냥 넣어 튀기는 조리법으로 작만으로 조리할 수 있고, 류, 소, 증의 조리법과 함께 사용할 수도 있다. 온도가 다른 기름으로 재료를 빨리 가열하여 표면의 수분을 증발시키면 표면이 딱딱하게 되어 속 재료 고유의 맛을 살릴 수 있다.

⑤ 전煎: jian

뜨겁게 가열한 팬에 기름을 조금 두르고 정선한 재료를 펼쳐 놓고 중간 불이나 약한 불에서 한 면 또는 양 면을 지져서 익히는 조리법이다.

⑥ 팽烹: peng

재료를 익힌 후에 양념된 즙을 뿌리고 고온에서 즙이 대부분 기화하면서 원료에 투입되어 빠른 속도로 마르는 것을 이용하는 요리방법이다.

⑦ 소燒: shao

완전하게 익지 않은 재료에 물 혹은 적당량의 육수를 넣고 강한 불로 끓인 다음, 중간 혹은 약한 불로 맛이 들게 하는 요리방법이다.

⑧ 배扒: pa

기본은 소와 같지만 약한 불로 오래 끓여 조리 시간이 더 오래 걸리는데 완성된 요리는 부드럽고 녹말을 풀어 넣어 맛이 부드러우며 요리의 모양새를 흐트러뜨리지 않는 것이 관건이며 즙이 비교적 많이 남는 편이다.

⑨ 민燜: men

일단 기름에 튀기거나 볶은 것을 조미료나 향신료와 함께 식재료가 잠길 정도로 물이나 육수를 넣고 장시간 약한 불로 국물이 졸아들 때까지 조리는 방법이다.

⑩ 외煨: wei

냄비에 식재료와 조미료를 넣은 다음 물을 넣지 않고 약한 불로 천천히 조리는데, 다 익은 것은 매우 연하고 맛이 진하며 윤기가 있다. 샤오와 비슷하나 차이점은 외는 물을 넣지 않고 조리하는 반면 샤오는 물을 넣고 조리한다는 점이다.

⑪ 돈炖: dun

원래는 냄비 속에 여러 가지 재료와 물을 넣고 약한 불로 오랜 시간 푹 무를 때까지 천천히 끓인 것이었는데, 방법이 개선되어 항아리 같은 용기에 넣어 중탕함으로써 재료의 맛도 손상하지 않고 맛도 진하며 국물도 흐리지 않게 되었다.

⑫ 자煮: zhu

삶는 것이다. 신선한 동물성 식재료를 잘라서 탕에 푹 담그고 강한 불에서 끓이다가 약한 불로 바꾸어 익히는 조리법이다.

⑬ 증蒸: zheng

간단한 조리법이다. 재료를 시루나 찜통에서 찜을 하는 방법으로, 뚜껑을 꼭 덮기 때문에 재료가 지닌 맛이 손상되지 않고 향기와 맛도 그대로 보존되며 국물도 흐려지지 않는다. 재료로는 생선, 닭, 육류, 만두, 딤섬 등 다양하다.

⑭ 고烤: kao

불에 직접 굽는 방법이다. 강한 불의 힘으로 양념한 재료를 s자로 된 쇠꼬치에 매달아 불로 구웠었는데, 최근에는 오븐을 사용하게 되면서 불꽃보다는 그 불의 열기를 이용하여 조리한다.

⑮ 훈熏: xun

식재료를 밀봉된 용기 안에 넣고 불완전 연소로 생기는 연기를 이용하여 음식물을 훈제하는 요리방법이다.

⑯ 락烙: luo

취사도구의 마른 열을 이용하여 음식물을 익히는 요리방법이다.

⑰ 홍烘: hong

식재료를 불꽃이 없는 약한 불 위에 놓고 복사열을 이용하여 음식을 익히는 요리방법이다.

⑱ 국焗: ju

밀봉식으로 가열하여 원료의 수분을 기화시켜 익히는 요리방법으로 일종의 찜요리법이다.

⑲ 오熬: ao

원료에 탕이나 물을 첨가하거나 혹은 조미품을 첨가하여 강한 불로 끓인 후, 중간 혹은 약한 불로 장시간 삶아 말랑말랑하게 익히는 요리방법이다.

⑳ 독獨: du ＝도渡

약한 불로 삶거나 끓여서 원료에 맛이 들게 하는 요리방법이다.

㉑ 회燴: hui

몇 종의 식재료를 혼합하여 하나로 합치고 탕이나 물을 넣고 강한 불 혹은 중불로 끓여서 익히는 요리방법이다.

㉒ 오焐: wu

미세한 불 혹은 타고 남은 재의 열로 온도를 유지하여 밀봉한 원료가 부드럽고 말랑말랑하게 되도록 하는 요리방법이다.

㉓ 로鹵: lu

원료를 간수에 넣고 중간 혹은 약한 불로 외나 자로 익혀 부드럽게 하거나 맛이 들게 하는 요리방법이다.

㉔ 장醬: jiang

소스와 배합한 원료를 중불 혹은 약한 불로 원료를 소나 자하여 말랑말랑하게 익히는 요리방법이다.

㉕ 찬攛: cuan

작은 식재료를 끓는 탕 속에서 빠른 속도로 익히는 요리방법이다.

㉖ 탕燙: tang

끓는 물을 이용하여 음식물을 익히는 요리방법이다.

㉗ 작灼: zhou

생 원료를 90%정도 익힌 후에 다시 빠른 속도로 구워 완성하는 요리방법이다.

㉘ 침浸: jin

식재료를 소스에 넣어 완성하는 방법으로, 담그는 요리방법이다.

㉙ 전涮: shuan

좋아하는 식재료를 끓는 탕에 넣고 재료를 집어서 이리저리 흔들어 익혀 먹는 요리방법이다(샤브샤브).

㉚ 탄汆: tun

비교적 저온의 기름 온도(약 150° 내외, 200°를 넘기지 않는다)로 중간 혹은 약한 불로 작하는 요리방법이다.

㉛ 첩贴: tie

식재료에 소스가 스며들게 버무려 소량의 기름으로 먼저 한 면을 전하여 갈색으로 되도록 하고 다른 한 면은 전을 하지 않는 요리방법이다.

㉜ 탑塌: ta

식재료를 먼저 전하고 다시 소스에 넣어 부드럽게 하는 요리방법으로 이것은 마른 재료에 육수나 물이 스미게 하여 재료가 수분을 흡수한 후에 부드럽게 변하게 하는 것이다.

㉝ 림淋: lin

식재료를 팬에 넣지 않고 뜨거운 기름을 원료에 직접 붓거나 뿌려서 만드는 방법으로 가금류나 부드러운 채소, 어류, 작은 식재료에 적합하다.

㉞ 반拌: ban

소스를 직접 재료에 넣어 버무려 제작하는 요리방법으로 각종 식재료에 적용이 가능하고 동물성 식재료는 일반적으로 먼저 익힌 후 버무려 만든다.

㉟ 창熗: qiang

식재료를 가늘게 막대기 모양이나 편으로 잘라서 물에 데치거나 기름에 튀겨 뜨거울 때 휘발성이 비교적 강한 양념(고춧가루, 고추기름, 후춧가루, 술, 겨자)을 넣어 양념이 스며들게 하는 요리방법이다.

㊱ 조糟: zao

술 또는 초醋의 지게미를 재료로 하여 절이거나 적시거나 침전시켜 만드는 요리방법으로 동물성 재료를 많이 이용하고, 계란이나 두류 제품과 소수의 채소를 이용한다.

㊲ 취醉: zui

재료에 양념을 하여 술에 담그거나 적신 후 다시 양념하여 만드는 요리방법이다. 신선한 닭, 오리, 오리 간, 새우, 게 혹은 채소나 조개류를 재료로 이용하고, 술은 과일주와 백주를 많이 이용한다.

㊳ 엄腌: yan

소금을 위주로 하여 재료를 손으로 주무르거나 문질러 식재료를 절여서 맛이 들게 하는 요리방법이다.

㊴ 지漬: zi

액체 상태의 조미료(간장, 식초, 꿀, 설탕물)를 짧은 시간 내에 재료에 넣어 만드는 요리방법으로, 설탕으로 재료를 절일 때는 일반적으로 즙을 많이 사용한다. 채소, 과일은 모두 가능하고 일반적으로 시간이 매우 짧은 것이 특징이다.

㊵ 동凍: dong

응고 원리를 이용한 일종의 특수한 요리방법으로, 일반적으로 단 음식이나 간식에 이용하며 콜라겐 성분이 많은 동물성 식재료도 이용이 가능하다.

㊶ 밀즙蜜汁: mi zhi

설탕 혹은 얼음 설탕, 꿀 등을 물에 넣어 외 혹은 자로 하여 즙으로 요리를 완성하는 방법이다.

㊷ 발사撥絲: ba si

설탕을 끓여 시럽으로 만들어 가는 실처럼 나오게 하는데 일반적으로 작을 한 식재료에 부어 완성하거나 버무려 접시에 담아내는 요리방법이다.

㊸ 괘상掛霜: gua shuang

기름에 작한 작은 재료에 한 층의 설탕을 입혀 응결시켜 분상粉霜으로 완성하는 요리방법이다.

7. 중국의 술

중국에서는 쌀, 보리, 수수 등의 곡물을 원료로 하며, 만드는 법도 각기 다르며 같은 원료로 만드는 술도 그 나름대로의 독특한 맛을 지니고 있다. 북방지역은 추운 지방이라 독주(백주)가 발달하였으며 남방지역은 순한 양조주(황주)가 발달하였고 산악 등 내륙지역은 초근목피를 이용한 한방적 성격의 혼성주를 즐긴다.

고대부터 중국인은 사람을 사귀는데 있어서 술을 중요한 척도로 여겼다. 술의 좋고 나쁨을 따지는 기준은 향기가 짙고 부드러우며 달콤한 맛이 있고 뒷맛이 오래가는 점에 있는데, 이것은 중국인들이 사람을 품평하는 기준이 되기도 한다.

중국의 전통술은 일반적으로 백주라고 하여 알코올 도수가 50~60° 정도로 매우 독한 것이 특징이며, 중국인들은 대개 이 백주를 선호하고 있으며 요즈음은 현대적 취향에 맞게 알코올 도수 40° 전후의 고량주들도 많이 시판되고 있다. 또 하나의 전통술로 황주를 꼽을 수 있는데, 황주는 찹쌀과 쌀을 주원료로 하며 색깔은 황색이며 도수는 15~20° 정도이며 2,300년의 전통을 자랑하고 있다. 특히 소흥지방의 황주가 제일 유명하다.

① 황주黃酒

일반적으로 15~20°이며, 황색이며 윤기가 있다고 해서 황주라고 불린다. 종류로는 소흥가반주, 심항주 등이 있다.

② 백주白酒

백주는 중국을 대표하는 술이며 수수 등의 곡류나 잡곡류를 원재료로 해서 만들어진다. 보통 알코올 도수가 40~60°이며 아주 독한 것은 65°까지 되는 것도 있는데, 종류로는 모태주, 분주, 오량액 등이 있다.

③ 과실주果實酒

과일을 직접 발효시켜서 만드는 20° 이하의 저알코올 술로 포도주가 대표적이다.

④ 약미주藥米酒

약초를 사용하여 만든 술로 일반적으로 자양강장을 위한 술로서, 종류로는 오가피주, 죽엽청주 등이 있다.

(1) 중국의 8대 명주

① 마오타이茅台酒

중국 귀주성에서 생산하는 마오타이주는 알코올 도수가 53°이며 마오타이촌의 물로 생산된 것이라 하여 마오타이주로 불린다. 1915년 파나마 만국박람회에서 세계 3대 명주로 평가받았다.

② 오량액주五粮液酒

당나라 시대에 처음으로 양조된 오량액주는 고량, 쌀, 옥수수, 찹쌀, 소맥 등 5가지 곡물로 양조하여 향기가 그윽하고 술맛이 순수하며 깨끗한 뒷맛이 일품이다. 중국의 증류주로서 가장 판매량이 많은 술이다.

③ 동주董酒

양질의 고량을 주원료로 하며 산속의 순수한 산천수를 사용하고 여기에 1백30종의 유명 약재를 첨가하여 만드는데 풍성한 향과 오묘한 맛을 지니고 있다.

④ 죽엽청주竹葉青酒

고량을 주원료로 하며 대나무 잎과 10여 가지의 천연약재를 첨가하여 양조한 술로 음주 후 나타나는 두통 등의 부작용을 전혀 느낄 수 없으며 기를 충족시킬 뿐만 아니라 혈액을 잘 순환시키는 작용을 한다고 한다.

⑤ 분주汾酒

1,500년 역사를 자랑하는 분주는 알코올 도수 61°의 높은 도수의 술로 빛깔이 맑고 빛이 난다.

⑥ 노주특곡蘆酒特曲

노주특곡은 400년의 역사를 가지고 있으며 사천성에서 생산되며 향기가 농후하고 순수하며 45° 정도의 도수를 가지고 있다.

⑦ **고정공주**古井貢酒

모란꽃이라는 별명을 갖고 있는데, 조조가 화타의 고향 안휘성의 고정물을 사용하여 만든 이 술을 한제에게 조공을 올려 황제의 칭찬을 받았다고 하는 것이 고정공주의 유래이다.

⑧ **양하주**洋河酒

양하대곡이라고도 불리는 양하주는 강소성에서 생산되는데, 중국 국내는 물론 여러 대회에서 상을 받았다. 달콤하고 부드러우며 연하고 맑고 깔끔한 향기 등 다섯 가지의 특색을 지니고 있어 음주량을 초과하더라도 음주 후 나타나는 불편한 증상이 전혀 없다고 입을 모으고 있다.

(2) 중국의 술 문화

① 술 마실 때 부지런히 권하고, 혼자 잔을 들어 마시고 내려놓으면 안 되며, 서로 술잔을 돌려가며 바꾸어 마시지는 않는다.

② 깐베이.깐乾杯.乾. 중국에서 '건배'는 말 그대로 '잔을 비우라'는 뜻으로 건배를 외치고 난 후 잔을 비우지 않으면 이상한 사람으로 오해받을 수도 있다. 그리고 '마시고 싶은 만큼 마시자'라는 뜻으로는 '수의隨意:쑤에이'라고 한다.

③ 술을 못하는 경우에는 음료수 잔을 들어 상대방에게 술을 권해도 실례가 아니다. 상대방이 술잔을 들어 자신에게 권했을 경우에도 음료수를 마시는 것으로 화답을 해도 무방하다.

④ 식사가 시작되면 주인이 손님들에게 돌아가면서 술을 권하는데 보통 첫 잔은 깐베이乾杯한다. 또한 상대방의 술잔에 술이 얼마가 남았든지 첨잔하는 것이 예의다. 상대방이 술을 따라줄 때 연거푸 감사의 뜻을 표하기도 하지만 검지와 중지로 탁자를 가볍게 두드리는 것으로 대신하기도 한다.

⑤ 중국요리에 꼭 올라오는 생선요리는 자리한 손님 중 지위가 가장 높은 사람 쪽으로 머리가 향하게 놓는다. 이때 상석에 앉은 손님은 '어두주魚頭酒'라 하여 먼저 한 잔을 비워야 한다.

8. 중국의 차

중국이 세계에서 가장 유명한 차의 나라가 된 까닭이 무엇인가에 대한 의문을 가질 수 있다. 이는 중국이 차나무를 처음으로 발견하고 이용하기 시작했기 때문이며 따라서 차에 있어서 지금의 위치에 이를 수 있었던 것이며, 차의 대표적인 원산지로는 중국과 더불어 인도를 꼽을 수 있다.

고대 중국인들은 차의 효능 때문에 약초의 개념으로 차를 접하다가 저장법이 발달하여 기호 음료로 사용하였으며 음료로서 차의 유래는 농경사회의 식생활 문화와 더불어 발전되었다고 볼 수 있다.

문헌상 차 마시기를 즐기는 실제 인물이 등장한 시기는 BC 59년의 일이다. 당나라 육우陸羽가 쓴 '다경茶經'에 의하면 중국은 오래전부터 차를 마셔왔다는 기재가 있는데 여기서 신농 황제에 대한 기록이 진실인지 확인할 수는 없지만 이를 통하여 차를 마시기 시작한 기원을 알아볼 수 있다. 그 후 위진 시대에 접어들기 직전에, 차는 사치품 가운데 하나였으며 왕실이나 귀족사회에서는 차를 마시는 습관이 상당히 보편화되어 있었다. 수나라가 운하를 대대적으로 건설하여 남쪽 지방의 차를 북쪽으로 손쉽게 운반할 수 있도록 하였으며 당나라 때에는 차 마시는 습관이 시장에까지 퍼지게 되면서 차를 즐겨 마시는 것이 하나의 풍속이 되었다.

송나라 때에는 차에 대한 세금을 부과하였는데 이미 차가 일반인들에게도 널리 보급되어 생활필수품처럼 되어 있었기 때문에 송나라 재정수입의 1/4이 차의 전매수입에서 들어올 정도였다. 중국을 원나라가 지배하면서 차 마시는 습관은 북방의 유목민족들에게도 전파되었다. 그들은 차에 버터나 밀크를 타서 마시곤 하였다. 명나라의 주원장은 지금까지의 차 제조법이 너무 어려운 것을 감안하여 이를 개량토록 하였고 이때부터 엽차가 보급되기 시작하여 남쪽 복건의 단차보다도 절강이나 안휘, 강소의 화중 지방이 차의 명산지로 부각되기 시작하였으며, 당시 만들어졌던 용정차, 무이차 등은 지금도 인기가 높다.

또한 이때부터 차를 뜨거운 물에 불려 마시는 포다법泡茶法 방식이 대중화되었는데 그 중에서도 다관에 끓인 물을 절반 붓고 차를 넣은 다음 잠시 뚜껑을 닫았다가 다시 물을 부어 또 잠시 기다렸다가 마시는 중투법中投法이 유행하였다. 또한 뚜껑이 달린 찻잔에 뜨거운 물을 붓고 찻잎을 띄워서 찻물이 우러나면 뚜껑을 비스듬히 하여 틈새로 차만을 따라 마시는 충다법沖茶法도 이때부터 시작하였다. 청나라 시대부터는 꽃잎을 넣는 화차가 유행하기 시작하였다.

(1) 중국차의 분류 및 종류

차는 시기, 산지, 품질, 제조방법에 따라 여러 가지로 분류되는데, 중국에서는 녹차, 백차, 오룡차, 홍차, 황차, 흑차로 분류한다.

차는 만드는 산지와 만드는 방법에 따라 특징적인 이름이 있다.

① **불발효차** : 녹차 계열로서, 찐차와 덖음차로 나눈다.

- 찐차(증제차)
- 덖음차(볶음차)

② **반발효차** : 백차와 오룡차로 나눈다.

- 백차 : 백호은침,백모단
- 오룡차: 원래 오룡차는 50~70%가량의 발효정도가 높은 차를 일컫지만, 지금은 발효정도가 낮은 철관음차, 수선 등을 포함해서 모두 오룡차라고 한다.

③ **발효차** : 홍차 계열을 말하는데 기홍 공부차, 다즐링 홍차, 우바 홍차, 아샘 홍차 등이 있다.

④ **후발효차** : 녹차의 제조방법과 같이 효소를 파괴시킨 뒤 찻잎을 퇴적하여 공기 중에 있는 미생물의 번식을 유도해 다시 발효가 일어나게 하여 만든 차를 말하며 황차와 흑차로 나뉜다.

- 황차: 군산은침, 몽정황아
- 흑차: 보이차, 육보차

(2) 중국의 명차

1) 녹차

찻잎을 따서 바로 증기로 찌거나 솥에서 덖어 발효가 되지 않도록 만든 불발효차로서 중국과 일본이 주요 녹차 생산국이다.

① 용정차

녹차의 일종으로서, 용정이란 샘 옆에 있던 용정사란 절에서 재배한 차를 용정차라 칭한데서 유래된 명차로 용정차의 등급은 차를 따는 시기 이외에도 산지에 의해서도 구분된다.

② 동정벽라춘

중국의 녹차로서 강소성 동정산에서 생산되며 벽라춘은 향기가 높고 맛이 부드러우며, 잎이 가늘고 어리며 우려낸 빛깔이 벽록색이고 만들어진 찻잎은 나선형이고 잎에는 녹용에 있는 털과 같은 것이 있다.

③ 황산모봉차

모봉차가 생산되는 황산은 중국 안휘성의 유명한 명승지로서 중국의 5대 명산 중의 하나로 중국의 차 소개서에는 백차로 분류하지 않고 녹차로 분류하고 있다. 찻잎의 빛깔은 황록색이고 우려낸 색은 맑고 투명하며 또한 우려낸 잎도 선명한 황록색을 띠고 있다. 찻잎을 넣고 물을 부으면 찻잎이 둥둥 뜨다가 계속해서 물을 부으면 천천히 가라앉는다.

2) 백차

백차는 솜털이 덮인 어린 싹을 덖거나 비비기를 하지 않고 그대로 건조시켜 만든 차로서 찻잎은 은색의 광택을 가지고 있다. 백차는 향기가 맑고 맛이 산뜻하며 여름철에 열을 내려주는 작용이 강하여 한약재로도 많이 사용한다. 특별한 가공과정을 거치지 않고 그대로 건조시키면서 약간의 발효만 일어나도록 하기 때문에 과정은 가장 간단하지만, 간단한 만큼 오히려 숙련된 기술을 필요로 하기 때문에 제조방법이 어려운 편이고 아주 귀한 차이다.

① 백호은침

백차 중에서도 최고급품으로, 봄에 나온 어린 싹만을 따서 만들기 때문에 찻잎 표면에 흰색의 솜털이 붙어 있어 은백색을 나타낸다. 찻잔에 뜨거운 물을 부으면 찻잎이 하나씩 세워져 마치 꽃잎이 춤을 추는 듯이 아래위로 오르내리는 모양이 매우 우아하다. 또한 향기가 좋고 단맛이 있으며 떫은 맛이 적고 녹차보다 오래 보관하여도 향미의 변화가 적다.

② 백모단

백호은침을 만드는 어린 싹보다는 조금 더 자라서 잎이 약간 펴진 상태에서 따서 만든 차로서 가격은 약간 싼 편이다. 녹색의 찻잎에 흰색털이 끼어 있는 모양이 목단의 꽃과 같다고 하여 백모단이라고 부르며, 향기가 상쾌하고 맛 또한 산뜻하다.

3) 오룡차

오룡차는 중국 발음으로 통상 우롱차로 불리운다. 오룡차는 중국의 남부 복건성과 광동성 그리고 대만에서 생산되고 있는 중국 고유의 차이다. 녹차와 홍차의 중간의 발효정도(20~70%)의 차를 말하며 반발효차로 분류된다.

① 무이산 대홍포차

무이대홍포는 오룡차의 하나로서 이른 봄 찻잎이 필 때 멀리서 바라보면 차나무의 빛이 활활 타오르는 불처럼 아름다우며 붉은 천을 드리운 것처럼 보인다 하여 붙여진 이름이다. 대홍포는 무이차 중에 제일이며 산지는 복건성 무이산으로서 재배한 찻잎은 하나하나 손으로 작업하며 그 양이 매우 적어 가격은 비싼 편이며 맛은 순하고 향이 진하며 그윽하다.

② 철관음차

복건성 안계현은 산이 많고 사시사철 따뜻하고 강수량이 많아 철관음은 향이 좋으며, 맛이 단데 차를 마신 후에는 입안에 과일향이 난다. 철관음은 다 자란 잎으로 만드는데 차의 가운데는 푸른 빛이 나고 가장자리는 붉은 빛이 돌며 우려낸 색은 선명한 등황색이다. 또한 여러 번 우려내도 맛과 향이 변함이 없다.

③ 수선

중국 복건성의 수선이라는 차나무 품종으로 만든 차로 찻잎이 길고 큰 편이다. 가열처리를 많이 하기 때문에 약간 태운 냄새가 나며 발효도도 높은 편이라 찻물이 갈색을 띤 황색을 나타낸다.

④ 봉황단종

광동성 조주 지역에서 나는 오룡차의 일종으로, 생산과 소비의 역사는 약 900년이 되었다. 단종차는 봉황수선의 품종 중에서 우량 차나무를 선발하여 한 그루씩 심어 재배하고, 여기에서 딴 찻잎으로 차를 만드는데 이렇게 만들어진 차에서는 남달리 좋은 향기가 있고, 맛 또한 큰 차이가 있다.

4) 홍차

홍차는 발효정도가 85% 이상으로 떫은 맛이 강하고 붉은 색을 나타내는 차로써 세계 차 소비량의 75%를 차지한다. 홍차의 기원 역시 중국이며 인도, 스리랑카, 중국, 케냐, 인도네시아가 주요 생산국으로 영국과 영국의 식민지였던 영연방국가에서 많이 소비된다. 홍차도 처음에는 녹차나 오룡차와 같이 잎차 형태로 생산되었으나 티백의 수요가 늘어남에 따라 티백용의 홍차가 주류를 이루게 되었다.

5) 황차

녹차를 제조하는 과정에서 잘못 처리되어 녹차 색깔이 황색으로 변하면서 우연히 발견된 황차는 송나라 때에는 하등품으로 취급되었으나 연황색의 물색과 순한 맛 때문에 고유의 제품군을 형성하게 되었다. 대표적인 차로는 군산은침이 있다.

6) 흑차

중국의 운남성, 사천성, 광서성에서 생산되는 후발효차로서 찻잎이 흑갈색을 나타내고 물색은 갈황색이나 갈홍색을 띤다.

보이차는 중국의 운남성에서 생산되는 후발효차로서 보이현에서 모아서 출하하기 때문에 보이차라고 한다. 알칼리도가 높고 속을 편하게 해 주며 숙취제거와 소화를 도와준다. 체내의 기름기 제거 효과도 강하여 기름기가 많은 음식에 잘 어울리며 곰팡이 균을 번식시켜 만들기 때문에 특유의 냄새가 있다. 홍콩이나 싱가폴, 광동지방에서 주로 많이 소비되고 있으며 오래 숙성시킬수록 가격이 비싸다.

Chapter 13

제과 · 제빵 메뉴관리

1. 제과
2. 제빵

Chapter 13.

제과·제빵 메뉴관리

제과와 제빵은 설탕의 양, 팽창 형태, 쓰이는 밀가루의 종류, 그리고 반죽 상태에 따라 분류가 된다.

분류 기준	과자	빵
팽창 형태	화학적, 물리적	생물학적(이스트)
설탕의 함량과 기능	많음, 윤활작용	적음, 이스트의 먹이
밀가루	박력분	강력분
반죽상태	글루텐의 사용 억제	글루텐의 생성 발전

1. 제과

제과는 설탕의 양이 많아 저장성이 높고 발효를 하지 않는다. 또한 이스트 대신 화학 팽창제인 baking power이나 baking soda를 사용하며 주로 박력분을 쓴다. 케이크, 타르트tarte, 파이 등과 같이 매우 단sweet 제품에 속하며 팽창 형태, 굽는 방법, 수분 함량, 가공 형태 등에 따라 분류가 된다.

(1) 팽창 형태에 따른 분류

① 화학적 팽창 : 화학 팽창제를 사용하여 부풀린 제품

[예] pound cake, butter cake

② 공기팽창(물리적 방법) : 반죽에 공기를 주입하여 부풀린 제품

[예] sponge cake, meringue

③ 유지 팽창 : 유지를 밀가루 반죽에 넣고 유지층 사이에 생긴 증기를 이용하여 만든 제품 [예] puff pastry

④ 무팽창 : 반죽에 팽창 자체를 주지 않고 조금 부풀린 제품
[예] biscuit, American pie

⑤ 복합형 팽창 : 두 가지 이상의 팽창이 같이 쓰인 제품으로 이스트 팽창 + 공기 팽창이나 화학 팽창 + 공기 팽창 등을 이용 [예] 냉동생지(이스트와 베이킹 파우더), 데니쉬 페이스트리(이스트와 유지팽창)

(2) 가공 형태에 따른 분류

1) 케이크 Cake

기본적으로 계란, 설탕, 버터, 밀가루를 이용하여 구워낸 제품이다. 케이크는 반죽형과 거품형으로 나누어진다. 유지와 설탕을 휘핑하여 유지에 공기를 주입시키는 방법을 이용한 제품을 반죽형 케이크 또는 유지가 많이 들어갔기 때문에 버터케이크Butter cake라고도 하며, 계란과 설탕을 휘핑하여 계란의 기포성을 이용한 거품형 케이크 또는 스펀지 케이크Sponge cake가 있다. 또한 케이크는 양과자류, 생과자류, 페이스트리류로 분류할 수 있다.

① 양과자류

양과자는 기본적인 서구식 과자류로 반죽형, 거품형, 시폰chiffan형 케이크가 있다.

② 생과자류

수분함량이 30% 이상인 과자류로 pound cake, Devil's food cake 등이 있다.

③ 퍼프 페이스트리 puff pastry

퍼프 페이스트리는 밀가루 반죽에 유지를 넣고 밀어 펴서 결을 많이 낸 제품이다. 이것은 흔히 파이라고 하는데 맛이 바삭하다.

2) 데커레이션 케이크 Decoration cake

기본 케이크 제품에 여러 가지 종류의 장식으로 꾸며 주는 제품이다.

아이싱하는 크림으로는 생크림이나 버터크림 등이 쓰이고 케이크 위에 쓰이는 세공품들로는 설탕공예, 초콜릿, 머랭이나 과일 등이 있다.

① 공예과자

과자를 이용하여 미적 효과를 살린 제품이며 마지팬marzipan, 머랭meringue 공예, 버터 공예 등이 있다. 공예이기 때문에 먹을 수 없는 재료를 사용하여도 된다.

② 초콜릿 과자

밀가루 반죽에 초콜릿을 넣은 제품이나 구워져 나온 제품에 샌드를 하거나 코팅을 입힌 제품이다.

③ 슈Choux

구워져 나온 형태가 양배추 같다고 하여 붙여진 프랑스식 이름이다.

(3) 열처리 방법에 따른 분류

① **구움 과자** : 오븐에서 구워지는 대부분의 쿠키를 뜻한다.

② **튀김 과자** : 기름에 튀긴 과자로, 대표적으로 도넛과 화학적 팽창제를 이용하여 만든 케이크 도넛이 있다. 도넛에 여러 종류의 충전물과 글레이즈glaze, 아이싱 등으로 다양한 제품을 만들 수 있다.

③ **찜과자** : 찜통의 스팀을 이용하여 찐 과자로 푸딩이 대표적이다.

④ **냉과** : 생크림이나 젤라틴 등을 이용하여 차갑게 식히거나 굳혀서 먹는 제품이며 바바루아bavarois, 무스케이크mousse cake, 젤리, 아이스크림 등이 있다.

(4) 지역 특성에 따른 분류

지역 특성에 따른 분류는 크게 네 가지로 나누는데 한과, 양과, 화과자, 중화과자가 있다. 한과는 우리나라의 전통적인 과자이며 병과류와 과정류 등이 있다. 양과는 서구식 과자이며 화과자는 일본 전통 과자이다. 화과자에는 우리나라 병과와 비슷한 나마가시나 만주가 있다. 중화과자는 중국 전통과자로 월병이 있다.

(5) 수분 함량에 따른 분류

	수분 함량	제품
생과자	30% 이상	케이크, 파운드 파이 등
건과자	5% 이하	비스킷, 캔디, 초콜릿 등

2. 제빵

빵이란 물, 이스트, 소금, 밀가루 등을 혼합·반죽하여 발효시켜 구운 것을 말한다. 빵은 팽창 형태, 열처리 방법, 틀의 사용 유무 등에 따라 분류된다.

(1) 빵의 일반적인 분류

① 식빵

식빵은 일반적으로 틀에 넣어 굽는 빵을 뜻한다. 들어가는 첨가물에 따라 옥수수 식빵, 우유 식빵, 건포도 식빵 등으로 불린다.

② 단과자빵

다른 빵에 비해 유지, 설탕 그리고 계란이 많이 들어가는 제품이며, 충전물에 따라 앙금빵, 소보로빵, 크림빵이라 불린다.

③ 조리빵

기본 빵인 식빵이나 모닝빵 등에 야채나 고기 등을 다져 넣어 구운 제품이다. 야채와 고기 등이 들어가 있어 한끼 식사로도 충분하다.

④ 특수빵

오븐에 굽거나 튀기거나 스팀에 찌는 방식 등 특이한 방법으로 만든 빵이다.

(2) 팽창제 사용 유무에 따른 분류

① 발효빵

가장 일반적인 빵으로 대부분의 빵이 여기에 속한다.

② 무발효빵

이스트를 넣지 않고 발효도 시키지 않아 제조 시간이 단축된다. 하지만 발효빵과 풍미를 비교하면 무발효빵이 훨씬 좋다.

③ 속성빵

빵의 주재료인 이스트를 쓰지 않고 화학팽창제에 의하여 부피가 커진다. 대표적인 예로는 스콘scone이 있다.

(3) 열처리에 따른 분류

① 오븐에 구운 빵

우리가 알고 있는 기본적인 빵이며 식빵, 단과자빵, 조리빵, 특수빵, 발효빵, 무발효빵, 속성빵 등이 있다.

② 기름에 튀긴 빵

기본 빵 반죽에 여러 충전물을 넣고 튀기거나, 튀기고 그 위에 글레이즈를 뿌린 빵에 이스트를 넣어 만든 빵으로 도넛과 크로켓croquette 등이 있다.

③ 스팀에 찐 빵

찜기나 오븐의 스팀을 이용하여 찐 빵으로 우리나라의 대표적인 겨울 간식인 찐빵이 있다.

(4) 틀 사용 유무에 따른 분류

① 틀 사용 빵 : 대부분의 빵은 일정한 크기의 틀이나 평철판을 이용하여 굽는다. 대표적으로 식빵이 있다.

② 하트 브레드Heart bread : 오븐 바닥에 직접 굽는 빵으로 바게트나 하트계열 빵이 있다.

Chapter 14

음료 메뉴관리

1. 비 알코올성 음료
2. 알코올성 음료
3. 맥주
4. 증류수
5. 혼성주
6. 칵테일
7. 와인

Chapter
14.

음료 메뉴관리

1. 비 알코올성 음료 Non-alcoholic Beverage

(1) 청량음료 Soft Beverage

① 탄산음료 Carbonated Beverage : 사이다, 콜라, 칼린스믹스, 진저에일, 토닉워터

② 무탄산음료 Non-carbonated Beverage : 미네랄 워터, 광천수, 빙하수, 해양수, 심층수, 화산암반수, 납설수, 빗물, 수돗물

(2) 영양음료 Nutritious Beverage

① 주스류 Juices

과일 : 오렌지, 파인애플, 레몬, 라임, 포도, 자몽, 크렌베리, 사과

야채 : 토마토, 셀러리, 당근

② 유성음료 Milks : 일반우유, 저지방우유, 무지방우유

(3) 기호음료 Fancy Taste Beverage

① **커피류**: 아라비카, 로부스타, 리베리카

② **차류**: 일반차, 녹차, 인삼차

(4) 기능성 음료 Functionality Beverage

식이성섬유음료, 숙취해소음료, 자양강장음료, 스포츠음료, 에너지음료, 다이어트음료

2. 알코올성 음료 Alcoholic Beverage

(1) 양조주fermented : 발효주

① 과실주: 포도주, 사과주, 매실주, 복분자주, 산머루주, 오미자주, 아로니아주

② 곡류주grain : 맥주, 청주, 동동주, 탁주, 막걸리, 사케

③ 기타: 풀케pulque

(2) 증류주distilled : 스피리츠spirits

① 보드카Vodka : 러시아

② 진Gin : 영국, 네덜란드

③ 위스키Whisky : Scotch Whisky, Irish Whisky, Canadian Whisky, American Whisky

④ 브랜디Brandy

⑤ 칼바도스Calvados : 프랑스

⑥ 그라파Grappa : 이탈리아

⑦ 럼Rum : 서인도 제도

⑧ 데킬라Tequila : 멕시코

⑨ 아쿠아비트Aquavit : 북유럽

⑩ 소주燒酒 : 증류식 소주(문배주, 안동소주, 한주, 군포 옥로주 등), 희석식 소주(선양, 진로, 경월, 보해, 금복주, 무학, 대선, 참이슬 등)

(3) 혼성주compounded : 리큐어, 코디알

① 과일류Fruits : 카시스, 오렌지, 살구, 체리, 멜론, 딸기, 복숭아, 사과

② 약초 · 향초류Herbs and Spices : 베르뭇, 민트, 압상트, 갈리아노, 베네딕틴

③ 종자류Beans and Kemels : 카카오, 깔루아

3. 맥주

(1) 맥주의 종류

1) 상면 발효맥주 Top Fermentation Beer

① 에일 Ale 맥주 : 영국 대부분의 맥주

② 포터 Porter 맥주 : 영국

③ 알트 Alt 맥주 : 독일

④ 스타우트 stout 맥주 : 아일랜드

⑤ 램빅 Lambic 맥주 : 벨기에

2) 하면 발효맥주 Bottom Fermentation Beer

① 라거 Lager Beer 맥주 : 살균처리한 일반 병맥주

② 생 Draft 맥주 : 미살균 처리된 생맥주

③ 농색 Muchen 맥주 : 독일 뮌헨

④ 담색 Pilsner 맥주 : 체코의 필젠

⑤ 중간색 Vienna 맥주 : 오스트리아 빈(농색과 담색의 중간형)

⑥ 도르트문트 Dortmund 맥주 : 독일 도르트문트(한국과 일본 타입의 맥주)

⑦ 복 Bock 맥주 : 독일 라거 맥주의 일종

(2) 맥주의 유명상표

① 독일 : Löwenbraeu, Dab, Becks, Henninger, Warsteiner

② 벨기에 : Stella Artois, Leffe, Hoegaarden

③ 네덜란드 : Heineken

④ 스웨덴 : Tree Crown

⑤ 체코슬로바키아 : Pilsner Urquell

⑥ 미국 : Budweiser, Miller, Coors, Rolling Rock

⑦ 영국 : Guiness, Stout, Bass, Pale, Ale

⑧ 중국 : 칭따오맥주, 북경의 옌징맥주, 광동의 쭈지앙맥주

⑨ 일본 : 기린맥주, 아사이맥주, 삿포르맥주, 산토리맥주

⑩ 한국 : 카스맥주, 하이트맥주, OB맥주, 카프리맥주

4. 증류주

(1) 위스키Whisky

1) 스카치 위스키Scotch Whisky

① 올드 파Old Parr

② 커티 삭Cutty Sark

③ 발렌타인스Ballentine's

④ 화이트 호스White Horse

⑤ 조니 워커Johnnie Walker

⑥ 듀어스Dewar's

⑦ 그랜트스Grant's

⑧ 글렌피딕Glenfiddich

⑨ 배트 69 Vat 69

⑩ 로얄 샬루트Royal Salute

⑪ 시바스 리갈Chivas Rigal

2) 아메리칸 위스키American Whisky

① 버번Bourbon : 버번 드 룩스Bourbon de Luxe, I.W. 하퍼I.W. Harper, 짐 빔Jim Beam, 올드 그랜드 대드Old Grand Dad

② 테네시Tennesse : 잭 다니엘스(그린, 블랙)Jack Danial's(Green, Black)

③ 블렌디드Blended : 헨리Henley, 쉔리Schenley, 씨그램스 세븐 크라운Seagram's 7 Crown

3) 아이리쉬 위스키Irish Whisky

• 제임슨Jameson, 부시밀즈Bushmills, 미들톤Midleton

4) 캐나디안 위스키Canadian Whisky

• 캐나디안 클럽Canadian Club, 씨그램스V.O Seagram's V.O, 크라운 로얄Crown royal, O.F.C, 올드 캐나다Old Canada

(2) 꼬냑Cognac

꼬냑의 4대 유명생산자는 헤네시Hennesy, 레미 마틴Remy Martin, 마르텔Martell, 크루보아제Courvoisier이며 그 외의 생산자로는 비스키Bisquit, 오타르Otard, 까뮈Camus가 있다.

(3) 진Gin

① 영국 진England gin : 런던 드라이 진London Dry Gin, 비피터 진Beefeater Gin, 봄베이 진Bombay Gin, 길베이스 진Gilbey's Gin, 텡그레이 진Tanqueray's Gin, 고든스 진Gordon's Gin

② 네덜란드 진Holland Gin : 실버 탑 진Silver Top Gin, 볼스 진Bols Gin

③ 미국 진American Gin : 올드 톰 진Old Tom Gin, 플레이버드 진Flavored Gin, 골든 진Golden Gin

(4) 보드카Vodka

1) 보드카의 종류

무색 · 무미한 보드카와 향미(박하 · 벌꿀 · 약초 등)를 가한 보드카가 있는데 러시아가 원산지이며, 그 외에 영국산, 미국산 등이 있다. 대부분 미국산 보드카가 많이 보급되고 있다.

2) 보드카의 유명 상표

① 러시아 : 모스코프스카야Moskovskaya, 스톨리치나야Stolichnaya, 스톨로바야Stlolovaya, 페르트소프카Pertsovka

② 영국 : 고든스Gordon's, 길비Gilbey's, 워커Walker's

③ 네덜란드 : 볼스Bols

④ 미국 : 스미노프Smirnoff, 사모바르Samovar

(5) 럼Rum

① 라이트 럼Light Rum : White Rum

- 바카디 라이트Bacardi Light, 그린 아일랜드Green Island, 올드 자메이카Old jamaica, 핑가 폰탈Pinga Pontal

② 미디엄 럼Medium Rum : Gold Rum

- 바카디 골드Bacardi Gold, 올드 오크Old Oak, 네그리타Negrita

③ 헤비 럼Heavy Rum : Dark Rum

- 말티니크Martinique, 트리니대드Trinidad, 발바도스Barbados

(6) 데킬라Tequila

① 가볍고 샤프한 무색의 White Tequila : 데킬라 호벤Tequila Joven

② 오크통에서 장기간 숙성한 갈색의 브랜디 성격의 Gold Tequila

5. 혼성주 Compounded Liquor

혼성주란 곡류나 과일을 발효시킨 술을 다시 증류하여 주정Spirit한 것에 독특한 색과 향을 가미하여 단맛이 나게 만든 술이다.

혼성주의 종류

① 약초·향초류 : 베네딕틴Benedictine, 샤르트르즈Chartreuse, 압생트Absinthe, 갈리아노Galliano, 캄파리Campari, 아이리쉬 미스트Irish Mist, 드람브리Drambuie

② 종자류 : 말리부Malibu, 아이리쉬 벨벳Irish Velvet, 칼루아kahlua, 띠아 마리아Tia Maria, 아마레또Amaretto, 아니셋트Anisette

③ 과실류 : 오렌지 리큐르(퀴라소, 꼬인투르, 트리플 섹, 그랑 마니에)
체리 리큐르(체리 브렌디), 살구 리큐르(애프리코트 브랜디, 피터 해링)
복숭아 리큐르(피치 브랜디), 사과 리큐르(칼바도스)
야생 자두류(슬로우 진 : 야생자두류 · 오얏나무를 진에 첨가)

- 크렘류 : 크렘 드 바이올렛Cream de Violet, 크렘 드 민트Cream de Menthe
  크렘 드 카카오Cream de Cacao, 크렘 드 바나나Cream de bananas

6. 칵테일Cocktail

(1) 형태에 따른 분류

① 하이볼High Ball
Scotch & Soda, Bourbon Coke, Gin Tonic

② 피 즈Fizz
Gin Fizz, Cacao Fizz, Sloe Gin Fizz, Golden Fizz, Silver Fizz

③ 싸우어sour
Whisky(Bourbon, Scotch), Gin, Brandy

④ 콜린스Collins
Tom collins, John Collins

⑤ 플 립flip
Port, Sherry, Brandy

⑥ 코블러Cobbler
Gin, Rum, Wine, Coffee

⑦ 에그녹Eggnog
Brandy, Whisky, Rum

⑧ 프라페Frappé
Mint, Cacao, Blue Curacao

⑨ 쿨 러Cooler

Gin Cooler, Rum Cooler, Wine Cooler, Remsen Cooler

⑩ 펀 치Punch

Strawberry, Sherry, Champagne, Brandy Champagne, Planter's

⑪ 릭 키rickey

Gin, Scotch, Rum

⑫ 쥴 립Julep

Mint(Bourbon Whisky Base), Brandy

⑬ 스매쉬Smash

쥴립과 비슷하나 쉐이브드 아이스Shaved Ice 사용

7. 와인 Wine

① 레드와인 포도품종: 까베르네 소비뇽, 까베르네 프랑, 말벡, 그루나쉬, 메를로, 피노누아, 템프라니요, 가메, 네비올로, 시라(시라즈), 진판델, 산지오베제

② 화이트와인 포도품종: 샤르도네, 리슬링, 소비뇽 블랑, 쎄미용, 쉬냉 블랑, 삐노 블랑, 게뷔르츠트라미너, 비오니에

③ 색에 따른 분류

Red wine, White wine, Rose wine

④ 맛에 따른 분류

Sweet wine, Dry wine, Medium Dry Wine(Demi Dry or Semi Dry)

⑤ 제조방법에 의한 분류

Sparkling Wine, Still Wine

⑥ 식사에 따른 분류

Aperitif Wine, Table Wine, Dessert Wine

⑦ 저장기간에 따른 분류

Young Wine(1~2년), Aged Wine 또는 Old Wine(5~15년), Great Wine(15년 이상)

⑧ 알코올 첨가 유무에 따른 분류

Fortified Wine, Infortified Wine

참고 문헌 References

국내문헌 및 자료

- 김소미 외, "세계를 향한 한국조리", 지구문화사, 2012
- 김의근 외, "세계식생활", 백산출판사, 2009
- 김종금 외, "일본요리", 지구문화사, 2011
- 김충호, "현대 조리학", 진명출판사, 1978
- 박금순, "세계의 음식문화", 효일출판사, 2004
- 양향자, "세계의 음식문화", 지구문화사, 2012
- 이정하, "메뉴관리", 기문사, 1995
- 이훈희 외, "세계의 음식문화", 지구문화사, 2016
- 진양호, "서양조리입문", 지구문화사, 1998
- 진양호, "메뉴관리론", 지구문화사, 1998
- 진양호, "원가관리론", 지구문화사, 2014
- 최정희 외, "세계 식생활과 문화", 파워북, 2014
- 추적생 외, "창업을 위한 중국요리" 지구문화사, 2004
- "세계각국요람", 동경서적, 2009
- 네이버 지식백과
- 진양호, "외식업체의 메뉴분석의 적용방안에 관한 연구", 한국조리학회, 2005
- "메뉴평가 모델의 개발에 관한 연구", 외식경영연구, 1997

국외문헌 및 자료

- Albin G. Seaberg, "Menu Design", CBI Publishing Company, Inc., 1983
- Dearden John, "Cost Accounting Comes to Service Industries", "Harvard Business Review", 1978
- Doerfler Robert, "Menu Design for Effective Merchandising", "The Cornell H.R.A. Quarterly" Vol.19, No 5, 1978
- Eckstein Cleanor F., "Menu Planning", AVI, 1983
- Green Eric F. and Drake Galen G., "Profitable Food and Beverage Management Planning", VNR, 1991

- Hayes David K. and Huffman Lynn, "Menu Analysis : A Better Way". The Cornell H.R.A. Quarterly, Vol.26, No 3, 1985
- Herring, "Herring's Dictionary", London, 1978
- Kasavana Michael L., "Menu Engineering : A Practical Guide to Menu Analysis", Revised Edition, Hospitality Publication, 1990
- Kay M. Beverlyn, "Menu Design and Lay Out" The Degree of MOS, Faculty of the Graduate school of Cornell University, 1985
- Khan Mahmood A., "Concepts of Foodservice Operations and Management", VNR, 1990
- Khan Mahmood A., "VNR's Encyclopedia of Hospitality and Tourism", VNR, 1993
- Kreck Lothar A., "Menus : Analysis and Planning", VNR, 1984
- kreul Lee M., "Magic Numbers : Psychological Aspects of Menu Pricing", "Cornell H.R.A. Quarterly", Vol. 33, No 4, 1992
- Lendal H. Kotschevar, "Presenting service : The Ultimate Guide for the Foodservice Professional", 2nd Edition, 2006
- Lundberg Donald E., "The Restaurant : From Concept to Operation", John Wiley & Sons, 1985
- Miller Jack E., "Menu : Pricing and Strategy", CBI Books, 1992
- Ninemeier Jack D., "Principles of Food and Beverage Operations", Van Nostrand Rhinhold, 1989
- Pavesic David, "Cost-Margin Analysis : A Third Approach to Menu Pricing and Design", "International Journal of Hospitality Management", Vol 2, No 3, 1983
- Scanlon Nancy Loman, "Marketing by Menu", Van Nostrand Reinhold, 1990
- "Health and Nutrition Food", Group Infographic Chart Diagram

찾아보기 INDEX

ㅅ

ㅊ

ㅋ

ㅌ

Menu Management

에센스

메뉴관리론

2017년 6월 20일 초 판 인쇄
2017년 7월 1일 초 판 발행

저 자 김동균·김영은·이원영·이재현
이형근·이훈희·조재덕·현재원

발행인 주 병 오

발행처 지구문화사 JIGU PUBLISHING Co.

경기도 파주시 회동길 209
파주출판문화정보산업단지

영업팀 (031) 955－7566 · 7577
편집디자인팀 (031) 955－7731
F A X (031) 955－7730
홈페이지 www.ji-gu.co.kr
이메일 jigupub@hanmail.net

ISBN 978－89－7006－822－0

값 22,000 원

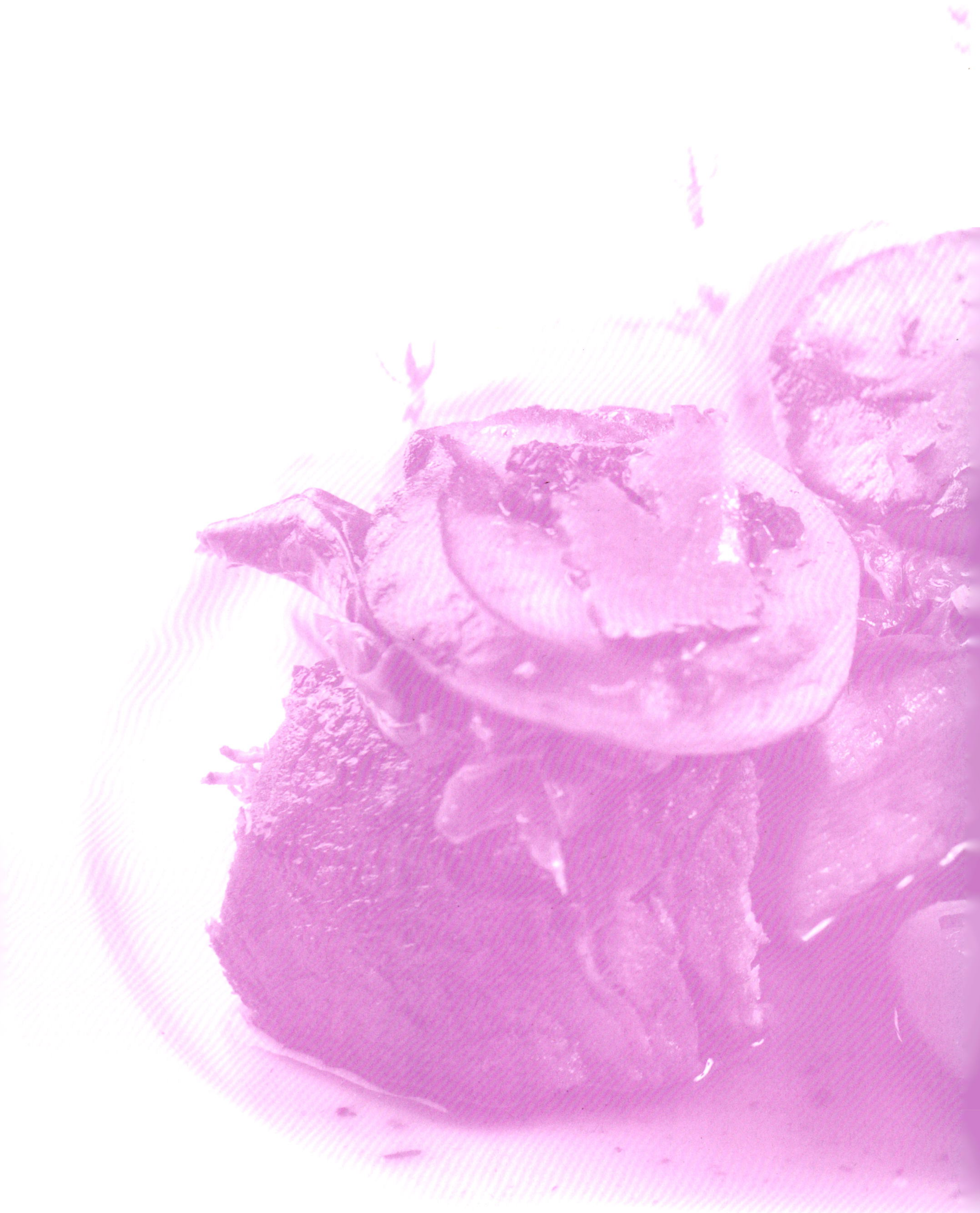